弁護士による
「中小企業の事業再生等に関するガイドライン」の実践

日本弁護士連合会
日弁連中小企業法律支援センター［編］

一般社団法人 金融財政事情研究会

発刊にあたって

　中小企業は国内企業の約99.7％、従業員の約70％を占めており、日本経済を支えるきわめて重要な役割を担っていますが、2020年から始まったいわゆるコロナ禍は中小企業の事業継続に大きな影響を与えることとなりました。当時、国や金融機関によるさまざまな支援策が講じられ、多くの中小企業は破綻を回避することができましたが、いまだ過剰債務に苦しんでいる中小企業も少なくありません。

　そのため、国はポストコロナに向けて「中小企業活性化パッケージ」（2022年３月）、「中小企業活性化パッケージNEXT」（2022年９月）等を定めて、中小企業を支援するさまざまな施策を打ち出しています。これらのパッケージではフェーズに応じた支援策が定められているところですが、特に本書で中心的に取り上げている「中小企業の事業再生等に関するガイドライン」（2022年３月４日。以下「中小GL」といいます）は中小企業が事業再生を行う場面で重要な役割を果たすものです。

　中小GLは第１部でガイドラインの目的等を、第２部で中小企業の事業再生等に関する基本的な考え方を、第３部で中小企業の事業再生等のための私的整理手続を定めています。そのなかでも第３部は新しい準則型私的整理手続を規定したものですが、再生型のみならず、廃業型にも対応している点が注目されます。

　中小企業の経営者が廃業を希望する場合、経営者の再チャレンジのために中小GLを利用した弁護士による円滑な廃業に向けた支援が必要です。

　本書の執筆者は日本弁護士連合会の日弁連中小企業法律支援センターの委員であり、各地で中小企業の事業再生等に従事している弁護士です。当連合会では、「地域の多様性を支える中小企業・小規模事業者の伴走支援に積極的に取り組む宣言」（2023年６月）を採択し、日々奮闘する経営者に寄り添い、中小企業者のフェーズに応じた支援を行っていくことを推進しています。

本書を活用して、より多くの弁護士が、中小GLに基づき中小企業の再生、円滑な廃業の支援を行うとともに、経営者保証ガイドラインを活用した代表者の保証債務整理に取り組むことを期待しています。

　2025年2月吉日

日本弁護士連合会　会長　　渕上　　玲子

はしがき

　本書は2022年3月に策定・公表された「中小企業の事業再生等に関するガイドライン」（以下「中小GL」といいます）の内容を解説するとともに、中小GLを具体的に実践するための手引き書です。

　日本企業の99.7％、雇用の7割を占める中小企業は、日本経済を底から支えているきわめて重要な存在であり、中小企業を支えることは弁護士の使命でもあります。この使命に応えるべく、日本弁護士連合会も2009年10月に「日弁連中小企業法律支援センター」を設立して、中小企業の支援を行ってきました。

　2020年頃から始まったコロナ禍は、中小企業の事業継続に甚大な影響を与えました。コロナ禍が過ぎた現在でも、過剰な債務に苦しんでいる中小企業は少なくなく、中小企業における事業再生の必要性は高まっていますが、他方で、残念ながら、中小企業の事業再生の場面では、相談者や金融機関の担当者から「弁護士に相談するとすぐに破産させられる」という風評に接することが少なくありません。このような弁護士はごく一部であると思われますが、このような風評があることは真摯に受け止める必要があります。

　たとえ廃業を決断して相談に来る中小企業の経営者であっても、仮に再生が可能であればそれを望むことが通常ですので、弁護士は中小企業の経営者に寄り添いながら、再生の可能性を検討し、再生の可能性がある場合はそのための手段や手続メニューを示して適切な手続選択をすることが求められます。

　中小企業の事業再生を行う場合、通常は、民事再生等の法的手続の前に準則型私的整理を検討する必要があります。なぜなら、準則型私的整理であれば取引先を巻き込む必要がなく、信用毀損が避けられるからです。準則型私的整理を用いた中小企業の事業再生は、これまで全国各地に設置されている中小企業活性化協議会を利用することが多かったと思います。今回新たに策定された中小GLの第三部は中小企業版私的整理を定めたものであり、今後

は活性化協議会と中小GLの二つが中小企業における事業再生の中心的な手続になると考えられます。そして、中小GLは、再生型のみならず、廃業型にも対応している点は重要です。これまで中小企業が廃業する場合は破産手続が選択されることが多かったと思いますが、中小GLを利用することで円滑な廃業を行うことが可能となります。中小企業の再生や円滑な廃業のサポートを行う弁護士にとって中小GLの理解は必要不可欠なものとなります。

　本書の執筆者は中小企業法律支援センターの事業再生PTに所属して、中小企業の事業再生について最前線で活動している弁護士です。

　本書は、主に中小GLを利用して、事業再生に取り組む弁護士を対象としたものですが、中小企業の支援に携わる税理士、公認会計士、中小企業診断士等の専門家、関係機関の担当者、金融機関担当者にも幅広く活用いただける内容となっています。

　最後になりましたが、本書の発刊および編集作業において多大なご協力をいただいた一般社団法人金融財政事情研究会の平野正樹氏に感謝申し上げます。

2025年2月

編集代表　石川　貴康
　　　　　髙井　章光
　　　　　宮原　一東

【編著者紹介】（50音順・所属は2025年2月現在）

石川　貴康（いしかわ　たかやす）

〈主な著書・論文等〉『破産管財実践マニュアル［第2版］』（青林書院、2013）（共著）、全国倒産処理ネットワーク編『私的整理の実務Q&A140問』（金融財政事情研究会、2016）（共著）、全国倒産処理ネットワーク編『ガイドラインによる個人債務整理の実務Q&A150問』（金融財政事情研究会、2023）（編共著）ほか
〈事務所〉コンパサーレ法律事務所（千葉県弁護士会）

髙井　章光（たかい　あきみつ）

〈主な著書・論文等〉『中小企業の事業再生等に関するガイドラインのすべて』（商事法務、2023）（編著）、「倒産局面における詐害行為取消権と否認権の役割」中島弘雅ほか編『民法と倒産法の交錯』（商事法務、2023）、「中小企業の再生支援・廃業支援―アフターコロナを見据えて」日本弁護士連合会編『現代法律実有無の諸問題（令和4年度研修版）』（第一法規、2023）
〈事務所〉髙井総合法律事務所（第二東京弁護士会）
一橋大学大学院法学研究科客員教授

宮原　一東（みやはら　いっとう）

〈主な著書・論文等〉『「中小企業の事業再生等ガイドライン」対応事業再生・廃業支援の手引き［改訂版］』（清文社、2024）、『社長・税理士・弁護士のための私的再建の手引き［第2版］』（税務経理協会、2016）、『ガイドラインによる個人債務整理の実務Q&A150問』（金融財政事情研究会、2023）（共著）ほか
〈事務所〉桜通り法律事務所（東京弁護士会）

【執筆者紹介】（50音順・所属は2025年2月現在）

今井　丈雄（いまい　たけお）

〈主な著書・論文等〉日本弁護士連合会日弁連中小企業法律支援センター編『事業承継法務のすべて［第2版］』（金融財政事情研究会、2021）（共著）、野村剛司監修『ストーリー　法人破産申立て』（金融財政事情研究会、2022）（共著）、野村剛司編著『個人事業主とフリーランスの債務整理ハンドブック』（民事法研

究会、2024）（共著）ほか
〈事務所〉今井法律事務所（千葉県弁護士会）

碓井　啓己（うすい　ひろき）

〈主な著書・論文等〉『注釈破産法［下］』（金融財政事情研究会、2015）（共著）、『改訂　事業再生・廃業支援の手引き』（清文社、2024）（執筆協力）
〈事務所〉一陽法律事務所（大分県弁護士会）

大西　雄太（おおにし　ゆうた）

〈主な著者・論文等〉「「事業再生、廃業・清算」と弁護士による伴走支援の意義」自由と正義2024年8月号、「中小企業支援の今後〜新たな4つのガイドラインを踏まえた実務のポイント〜」法律のひろば2022年10月号（共著）、「ウィズコロナ時代における事業再生・廃業支援のあり方」季刊事業再生と債権管理173号、野村剛司編著『個人事業主とフリーランスの債務整理ハンドブック』（民事法研究会、2024）（共著）ほか
〈事務所〉大西綜合法律事務所（東京弁護士会）
慶應義塾大学大学院法務研究科教授

尾田　知亜記（おだ　ちあき）

〈主な著書・論文等〉「事業再生等ガイドラインの事例と実務」季刊事業再生と債権管理186号（共著）、『実践　経営者保証ガイドライン—保証債務の整理』（青林書院、2020）（共著）ほか
〈事務所〉弁護士法人しょうぶ法律事務所（愛知県弁護士会）

髙砂　美貴子（たかさご　みきこ）

〈主な著書・論文等〉日弁連中小企業法律支援センター編「ゼロから始める創業支援ハンドブック」（2023）（共著）、『新破産実務マニュアル』（ぎょうせい、2023）（共著）、『新債権法に基づく建設工事請負契約約款作成の実務』（日本法令、2021）（共著）
〈事務所〉法律事務所　碧（東京弁護士会）

堂野　達之（どうの　たつゆき）

〈主な著書・論文等〉『最新　事業承継対策の法務と税務［改訂版］』（日本法

令、2023）（共著）、『フロー＆チェック　企業法務コンプライアンスの手引』（新日本法規、2016）（編共著）ほか
〈事務所〉堂野法律事務所（東京弁護士会）

丸田　由香里（まるた　ゆかり）

〈主な著書・論文等〉「再チャレンジ支援の実務と課題〜地方町村部における近年の再チャレンジ支援の事例」季刊事業再生と債権管理182号
〈事務所〉さくら・NAGANO法律事務所（長野県弁護士会）

三村　藤明（みむら　ふじあき）

〈主な著書・論文等〉『中小企業法務のすべて［第2版］』（商事法務、2023）（共著）、『ケースでわかる実践「中小企業の事業再生等に関するガイドライン」』（中央経済社、2022）（共著）、「倒産・事業再生実務からみた担保法改正―立法政策を中心に(4)」NBL1186号、『破産実務Q＆A220問』（金融財政事情研究会、2019）（共著）、『信託法実務判例研究』（有斐閣、2014）（共著）、『会社更生の実務Q＆A120問』（金融財政事情研究会、2013）（共著）ほか
〈事務所〉アンダーソン・毛利・友常法律事務所 外国法共同事業（東京弁護士会）

村上　雅哉（むらかみ　まさや）

〈主な著書・論文等〉『時効・期間制限の理論と実務』（日本加除出版、2018）（編者）、『債権法改正Q＆A』（銀行研修社、2018）（編者）、『民法改正対応 契約書作成のポイント』（商事法務、2015）（共著）
〈事務所〉愛宕虎ノ門法律事務所（第一東京弁護士会）

森　智幸（もり　ともゆき）

〈主な著書・論文等〉『倒産法講義』（日本加除出版、2022）（共著）、『実践経営者保証ガイドライン【補訂版】』（青林書院、2023）（共著）、『弁護士と銀行員による経営者保証ガイドラインの基本と実務』（日本加除出版、2024）（共著）ほか
〈事務所〉岡山ひかり法律事務所（岡山弁護士会）

山田　尚武（やまだ　ひさたけ）

〈主な著書・論文等〉「経営者保証契約における履行請求時の責任の範囲の黙示の合意」季刊事業再生と債権管理183号、『業務委託契約書の作成と審査の実務［全訂版］』（民事法研究会、2022）（共著）、『次世代ビジネス対応　契約審査手続マニュアル―「新しい資本主義」を踏まえた契約類型―』（新日本法規出版、2022）（共著）
〈事務所〉弁護士法人しょうぶ法律事務所赤池事務所（愛知県弁護士会）

横田　直忠（よこた　なおただ）

〈主な著書・論文等〉「ポストコロナの事業復活に向けた「中小企業活性化パッケージ」」週刊金融財政事情2022年4月12日号、「「中小企業の事業再生等に関するガイドライン」「廃業時における「経営者保証に関するガイドライン」の基本的考え方」に対する期待」季刊事業再生と債権管理177号、『中小企業の事業再生等に関するガイドラインのすべて』（商事法務、2023）（共著）
〈事務所〉阿部・井窪・片山法律事務所（第一東京弁護士会）

横山　朗（よこやま　あきら）

〈主な著書・論文等〉全国倒産処理ネットワーク編『ガイドラインによる個人債務整理の実務Q＆A150問』（金融財政事情研究会、2023）（共著）
〈事務所〉SKY総合法律事務所（神奈川県弁護士会）

若槻　良宏（わかつき　よしひろ）

〈主な著書・論文等〉「地元の金融機関が主導し、特定調停手続を利用して、地方の老舗旅館を第二会社方式により再生させ、代表者の保証債務を「経営者保証に関するガイドライン」に基づき整理した事例の紹介」季刊事業再生と債権管理154号（共著）、「日弁連特定調停の手引の改訂・新設と運用上の留意点」季刊事業再生と債権管理168号（共著）、「特定調停スキームによる廃業支援」季刊事業再生と債権管理172号ほか
〈事務所〉弁護士法人青山法律事務所（新潟県弁護士会）

凡　例

　本書においては下表の用語について原則として略語で表記する。なお、下表にない用語についても、本文中で略語を指定し、表記することがある。

用語	略語
中小企業の事業再生等に関するガイドライン	中小GL
「中小企業の事業再生等に関するガイドライン」Q＆A	中小GLQA
中小企業の事業再生等に関するガイドライン第三部4項の再生型私的整理手続	中小GL（再生型）
中小企業の事業再生等に関するガイドライン第三部5項の廃業型私的整理手続	中小GL（廃業型）
経営者保証に関するガイドライン	経営者保証GL
「経営者保証に関するガイドライン」Q＆A	経営者保証GLQA
「経営者保証に関するガイドライン」に基づく保証債務の整理に係る課税関係の整理	経営者保証GL税務処例
中小企業活性化協議会実施基本要領	実施基本要領
中小企業活性化協議会実施基本要領別冊1（収益力改善支援実施要領）	実施基本要領別冊1
中小企業活性化協議会実施基本要領別冊2（再生支援実施要領）	実施基本要領別冊2
中小企業活性化協議会実施基本要領別冊3（中小企業再生支援スキーム）	実施基本要領別冊3
中小企業活性化協議会実施基本要領別冊4（中小企業活性化協議会等の支援による経営者保証に関するガイドラインに基づく保証債務の整理手順）	実施基本要領別冊4
中小企業活性化協議会実施基本要領別冊4（中小企業活性化協議会等の支援による経営者保証に関するガイドラインに基づく保証債務の整理手順）Q＆A	実施基本要領別冊4QA
産業競争力強化法に基づく経済産業大臣の認定を受けた特定認証紛争解決事業者が行う特定認証紛争解決手続	事業再生ADR
私的整理に関するガイドライン	私的整理GL

中小企業活性化協議会	活性化協議会
中小企業再生支援協議会	再生支援協議会
デューデリジェンス	DD
日本弁護士連合会スキーム	日弁連スキーム

目　次

序章　中小企業の現状と弁護士の関与……1

1　中小企業の置かれている状況……1
　(1)　コロナ禍が中小企業に与えた影響……1
　(2)　中小企業支援の重要性……2
2　ポストコロナに向けた施策……2
　(1)　「中小企業活性化パッケージ」「中小企業活性化パッケージNEXT」……2
　(2)　「中小企業の事業再生等に関するガイドライン」の策定……2
　(3)　「挑戦する中小企業応援パッケージ」の策定……3
　(4)　「再生支援の総合的対策」の制定……3
3　ポストコロナにおける中小企業への弁護士の関与の姿勢……4
　(1)　平時における対応……4
　(2)　有事に陥る前の対応……5
　(3)　有事における対応……5
　(4)　私的整理による再生……5
　(5)　一部でも事業を残すことを検討……5
　(6)　経営者保証ガイドラインの活用……6
　(7)　伴走支援の重要性……6

第1部 活性化パッケージ、活性化パッケージNEXTの概要

第1章 活性化パッケージおよびその他支援策の概要……10

- 1 はじめに……10
- 2 活性化パッケージ作成の背景……10
- 3 活性化パッケージのポイント……11
  - (1) 「フェーズに応じたきめ細やかな支援」……12
  - (2) 「一元的な支援体制の構築」……14
  - (3) 「官民の総力の結集」……14
- 4 活性化パッケージNEXTの概要……15
  - (1) 中小企業再生ファンド……15
  - (2) 再生系サービサー……16
- 5 「再生支援の総合的対策」……16

第2章 中小GLの全体像……18

- 1 活性化パッケージとの関係……18
- 2 第一部（ガイドラインの目的）……18
- 3 第二部（中小企業の事業再生等に関する基本的な考え方）……20
  - (1) 中小企業と金融機関の共通の物差し……20
  - (2) 中小GL第二部のポイント……21
    - a 中小企業の平時における対応……21
    - b 収益力の改善……22
- 4 第三部（中小企業の事業再生等のための私的整理手続）……23
  - (1) 総　論……23

(2)　金融機関同士の共通の物差し………………………………………24
　　(3)　中小企業および中小企業支援者（金融機関含む）の中長期的な
　　　　地域経済を考える物差し……………………………………………25

第3章　活性化協議会の全体像……………26

1　活性化パッケージとの関係……………………………………………26
2　「中小企業活性化協議会実施基本要領」の構成………………………27
3　活性化協議会自身による支援内容（中小企業活性化協議会事業）……29
　(1)　事前相談・窓口相談……………………………………………………29
　(2)　収益力改善支援…………………………………………………………29
　　a　収益力改善支援創設の経緯…………………………………………29
　　b　特例リスケ支援と収益力改善支援の違い…………………………30
　　c　収益力改善支援の活用………………………………………………31
　(3)　経営改善計画策定支援事業に対する助言支援………………………32
　(4)　プレ再生支援・再生支援………………………………………………32
　　a　活性化協議会の再生支援の全体像…………………………………32
　　b　プレ再生支援について………………………………………………34
　　c　協議会スキームの変更点……………………………………………34
　　d　協議会スキームの税務上の取扱い…………………………………35
　(5)　再チャレンジ支援………………………………………………………36
4　民間プレーヤーを活用した支援（経営改善計画策定支援事業）………38
　(1)　はじめに…………………………………………………………………38
　(2)　早期経営改善計画策定支援……………………………………………38
　(3)　経営改善計画策定支援…………………………………………………39
　　a　通常枠………………………………………………………………39
　　b　中小版GL枠…………………………………………………………39

第2部 平時における弁護士の取組み

第1章 中小GLの記載（総論）……42

1 平時における中小企業者と金融機関の対応……42
(1) 平時の重要性……42
(2) 債務者である中小企業者の対応……43
　a 収益力の向上と財務基盤の強化……43
　b 適時適切な情報開示等による経営の透明性確保……44
　c 法人と経営者の資産等の分別管理……45
　d 予防的対応……45
　e 実務専門家の活用……46
(3) 債権者である金融機関の対応……46
　a 経営課題の把握・分析等……46
　b 最適なソリューションの提案……47
　c 中小企業者に対する誠実な対応……47
　d 予兆管理……48

2 経営者保証GLの積極的な活用……49

3 資金繰り支援と収益力改善の各支援……50

第2章 資金繰り支援（各論①）……51

1 資金繰り維持の重要性と資金繰り表作成の意義……51
(1) 資金繰り維持の重要性……51
(2) 資金繰り表作成の意義……51

2 日繰り資金繰り表……52

3　資金繰り表の作成手順ないし項目……………………………………52
　(1)　改善施策の効果を織り込むか否か……………………………………52
　(2)　資金繰り表の項目………………………………………………………52
　(3)　あると便利な項目等……………………………………………………53
4　(実態把握のための)資金繰り表の確認(資金繰り表の精度の把握)……53
　(1)　収　　入…………………………………………………………………53
　(2)　支　　出…………………………………………………………………54
5　改訂資金繰り表の作成………………………………………………………54
　(1)　収　　入…………………………………………………………………55
　(2)　支　　出…………………………………………………………………56

第3章　収益力改善(各論②)……………………………………57

1　民間プレーヤーによる収益力改善の支援と活性化協議会による収益力改善支援……………………………………………………………………57
2　活性化協議会による収益力改善支援………………………………………58
　(1)　位置づけ(特例リスケ、中小GL等)……………………………………58
　(2)　特例リスケ………………………………………………………………58
　(3)　活性化協議会による収益力改善支援制度……………………………59
　　　a　収益力改善支援制度の内容…………………………………………59
　　　b　書式および実務上のポイント………………………………………59
3　民間プレーヤーによる経営改善計画策定支援……………………………68
　(1)　405事業とポスコロ事業…………………………………………………68
　(2)　405事業枠(通常枠)と中小GL枠…………………………………………69
　(3)　経営改善支援センターによる支援……………………………………71
　(4)　伴走支援の強化…………………………………………………………71
　(5)　収益力改善支援実務指針………………………………………………72

目　次　15

第3部 有事における弁護士の取組み

第1章 中小GL第二部における考え方················78

1 有事における中小企業者の取組み················78
2 有事の場合における中小企業者の具体的な対応················80
(1) 経営状況等の適時適切な開示················80
(2) 本源的な収益力の回復················80
(3) 事業再生計画の策定················81
 a 中小企業者による事業再生計画の策定················81
 b 債権者たる金融機関への対応················81
(4) 有事における段階的な対応················83
 a 「イ 返済猶予等の条件緩和が必要な段階」················83
 b 「ロ 債務減免等の抜本的な金融支援が必要な段階」················83
 c 「ハ 上記イ、ロの対応策を講じてもなお事業再生が困難な場合（スポンサー支援等）」················84
 d 「ニ 中小企業者から廃業の申出を受けた場合（廃業支援）」················85
3 私的整理検討時の留意点················85
(1) 保証債務の整理················85
(2) 私的整理の結果を法的整理で流用················86
4 事業再生計画成立後のフォローアップ················86
(1) 事業再生計画の実行・金融機関への適時適切な報告················86
(2) 計画と実行の乖離が大きい場合の対応················87

第2章 事業再生の手続メニューおよび手続選択················88

1 事業再生の全体像··88
(1) 法的整理と私的整理··88
- a 事業再生手法··88
- b 法的整理とは··89
- c 私的整理とは··89
- d 法的整理と私的整理のメリット・デメリット····················90
(2) 協議会による支援と民間プレーヤーによる支援策·············92
(3) 金融支援のメニュー··96
- a リスケジュール··96
- b 債権放棄··98
- c 第二会社方式による債権放棄··································99
- d サービサー・再生ファンドへの債権譲渡······················100
- e DDS（デッド・デッド・スワップ）···························101
- f DES（デッド・エクイティ・スワップ）·······················101

2 手続選択···102
(1) 再生か廃業か··102
- a 再生を考える···102
- b 資金繰り···103
- c 優先債権の未払いの有無·····································103
- d 将来の弁済見込み···103
- e 経営者の意向···104
(2) 再生の場合の手続選択·······································104
- a 再生手続の検討···104
- b 再生手続による事業価値への影響·····························104
- c 資金繰り···104
- d 弁済見込み···106
- e 債権者の同意を得られる見込み·······························106
(3) 自主再建型かスポンサー型か·································107
- a 自主再建型とスポンサー型···································107

            b　選択基準··107
            c　スポンサーの選定··108
    ③　フォローアップ··109
        (1)　計画遂行状況等のモニタリング··109
        (2)　事業再生計画の変更··111
        (3)　他の手続への移行··112

第3章　廃業（再チャレンジ）の手続メニュー ··············113

    ①　再チャレンジ支援（廃業支援）の全体像··113
        (1)　廃業支援の意義··113
            a　専門家による取組みの意義··113
            b　廃業支援の傾向··114
        (2)　資産超過と債務超過··115
        (3)　資産超過の場合··116
        (4)　債務超過の場合··116
            a　私的整理と法的整理··116
            b　代表的な手法··117
    ②　活性化協議会による再チャレンジ支援···118
    ③　手続選択··119
        (1)　私的整理から検討する···119
        (2)　私的整理による廃業の手続···120
            a　中小GL（廃業型）···120
            b　廃業支援型特定調停（日弁連スキーム・手引3）···························121
            c　純粋私的整理（最終的に特別清算等）··121
            d　地域経済活性化支援機構（REVIC）の特定支援···························122
        (3)　各手法の特徴···122

第4部 弁護士が支援する事業再生・廃業手続の具体的実務

第1章 中小GL第三部の概要（私的整理手続）……………126

1 中小GLの手続の特徴……………126
(1) 中小企業の事業再生等のための準則型私的整理手続……………126
- a　はじめに……………126
- b　対象となる中小企業者……………127
- c　対象となる金融機関……………129
- d　専門家の活用……………129
- e　その他……………131

(2) 再生型手続と廃業型手続の特徴……………132
- a　再生型手続と廃業型手続の特徴と利用場面……………132
- b　税務上の取扱い……………133

2 再生型私的整理手続……………135
(1) 概　要……………135
(2) 手　続……………136
- a　外部専門家との契約……………136
- b　第三者支援専門家の選定……………137
- c　一時停止の要請……………138
- d　事業再生計画案の立案……………138
- e　小規模企業者の特則……………140
- f　事業再生計画案の調査報告……………141
- g　債権者会議の開催と事業再生計画の成立……………142
- h　モニタリング・事業再生計画の変更……………143
- i　廃業型私的整理手続との関係……………143

3 廃業型手続の流れ ················143
- (1) 概　　要 ················143
- (2) 手　　続 ················145
  - a　第三者支援専門家の関与のタイミング ················145
  - b　「一時停止の要請」の濫用可能性に対する措置 ················146
  - c　弁済計画案の立案 ················147
  - d　弁済計画案の調査報告 ················148
  - e　債権者会議の開催と事業再生計画の成立 ················148
  - f　弁済計画成立後のモニタリング ················149

第2章　事業再生の手続の具体的な実務1（自主再建（リスケジュール型）） ················150

1 相談段階（手続選択） ················150
- (1) 相談に向けた準備 ················150
- (2) 徴求資料 ················150
  - a　基礎資料 ················150
  - b　資金繰り表 ················151
- (3) 確認事項 ················151
  - a　事業内容 ················151
  - b　資金繰り状況 ················151
  - c　損益状況 ················151
  - d　資産負債状況 ················152
  - e　経営者の意向 ················152
  - f　スポンサー候補の有無・可能性 ················152
- (4) 手続選択――リスケジュールを選択する場合 ················152
- (5) 経営改善計画策定支援事業 ················153

2 デューデリジェンス（DD） ················153
- (1) DDの意義、目的 ················153
- (2) 財務DD ················153

		a	財務DDとは···	153
		b	実質債務超過··	154
		c	収 益 力··	154
		d	フリーキャッシュフロー（FCF）·························	154
		e	過剰債務···	155
		f	債務償還年数··	155
		g	非保全額···	155
		h	税務上の繰越欠損金···	155
	(3)	事業DD···		156
	(4)	DDのレベル感、リスケジュールが想定される場合のDD············		156
	(5)	DDにおける弁護士の役割···		157
3	事業再生計画策定···			157
	(1)	計画策定の流れ··		157
	(2)	現状分析··		158
		a	会社および事業の状況···	158
		b	財務状況···	158
		c	GoodとBadの見極め··	158
	(3)	窮境要因の明確化··		159
		a	SWOT分析···	159
		b	窮境要因···	159
	(4)	課題解決策の検討··		160
		a	自助努力···	160
		b	事業改善策··	160
		c	財務改善策··	161
	(5)	アクションプランの策定···		161
	(6)	数値計画の策定··		162
		a	数値計画···	162
		b	売上高計画··	164
		c	売上原価計画···	164

         d　販管費計画・人員計画 165
         e　法人税等計画 165
         f　設備計画 165
   (7)　金融支援の検討 165
   (8)　返済計画の策定 165
         a　返済計画策定の流れ 165
         b　返済原資の算定 166
         c　金融機関ごとの返済 166
         d　変動か固定か 166
 4　モニタリング 167
   (1)　意　　義 167
   (2)　方　　法 167
         a　実施者 167
         b　方　　法 167
         c　頻度・期間 168
   (3)　計画の変更等 168

第3章　事業再生の手続の具体的な実務2（スポンサー再生型（債権放棄型）） 169

 1　スポンサー支援型 169
   (1)　スポンサー 169
   (2)　スポンサーの種類 170
 2　相談段階・手続選択段階 171
   (1)　スポンサー支援型を選択する際の視点 171
   (2)　相談段階や受任初期における弁護士の役割 172
         a　経営者に寄り添う 172
         b　支援専門家の選定 173
         c　支援専門家間の目線合せ 173
         d　知識や経験の活用 174

22　目　次

            e　経験豊富な弁護士の協力を求める……………………………………174
　3　金融機関対応……………………………………………………………………175
　　(1)　方針の共有…………………………………………………………………175
　　(2)　経験に応じた対応…………………………………………………………176
　　(3)　金融機関との信頼関係……………………………………………………176
　　(4)　全金融機関に対する透明性ある態度……………………………………176
　　(5)　金融機関との接触の仕方…………………………………………………177
　　(6)　接触頻度……………………………………………………………………177
　　(7)　金融機関との接触回数……………………………………………………178
　　(8)　金融機関との接触のタイミング…………………………………………178
　　(9)　バンクミーティングの活用………………………………………………178
　4　デューデリジェンス（DD）…………………………………………………179
　　(1)　不動産鑑定…………………………………………………………………179
　　(2)　エンジニアリングレポート………………………………………………179
　5　スポンサー交渉…………………………………………………………………180
　　(1)　スポンサーの選定基準……………………………………………………180
　　　　a　はじめに…………………………………………………………………180
　　　　b　二重の基準………………………………………………………………180
　　(2)　スポンサーの選定手続……………………………………………………182
　　　　a　自力再生の断念およびスポンサーの探索……………………………182
　　　　b　FA・仲介業者の選定……………………………………………………183
　　　　c　スポンサーの探索………………………………………………………183
　　　　d　スポンサー候補者からの提案内容の検討……………………………184
　　　　e　スポンサー契約…………………………………………………………185
　　(3)　スポンサー選定の留意点、弁護士の役割………………………………185
　　　　a　選定基準の振分け………………………………………………………185
　　　　b　選定過程への関与………………………………………………………186
　　　　c　スポンサー契約への関与………………………………………………186
　6　再生計画策定（経営者保証人の弁済計画含む）……………………………187

(1)	再生計画案の記載事項（スポンサー支援型の場合）		187
	a	事業再生のための具体的施策	187
	b	今後の事業および財務状況の見通し	187
	c	資金繰り計画（債務弁済計画を含む）	187
(2)	再生計画の留意点		188
	a	事業再生の必要性	188
	b	スポンサー選定、支援対価の合理性	188
	c	再生計画案の実行可能性	188
	d	金融支援の必要性、相当性、衡平性	189
	e	経営責任、株主責任、保証責任の明確化	191
	f	経済合理性	191
(3)	再生計画案の構成例		192

7 金融機関との交渉 … 194

(1)	情報開示		194
	a	はじめに	194
	b	スポンサーを探索する段階	194
	c	スポンサーを選定した段階	195
	d	再生計画案の作成段階	195
(2)	意思疎通		196

8 モニタリング … 196

(1)	再生計画の成立	196
(2)	再生計画の成立後のフォローアップ	196

第4章　中小GLを前提とした廃業手続の具体的な実務 …198

1 相談段階（手続選択） … 198

(1)	廃業手続に関する相談の概要		198
(2)	徴求資料		198
	a	基礎資料	198

		b	資金繰り表	199
(3)	確認事項			199
	a	債務者会社および事業内容		199
	b	資金繰り状況		199
	c	損益状況		199
	d	資産負債状況		199
	e	経営者の意向		200
	f	スポンサー候補の有無・可能性		200
(4)	手続選択			200
	a	廃業の手続選択		200
	b	私的整理による清算手法		201
	c	私的整理による清算のメリット		203

2 金融機関との交渉開始 … 203

(1) 準備事項 … 203
　　a　外部専門家の選任 … 203
　　b　外部専門家との初期相談 … 204
　　c　預金避難の検討 … 205
(2) 交渉開始から一時停止の要請 … 205
　　a　主要債権者への申出 … 205
　　b　初回説明のポイント … 206
　　c　支援開始 … 206
　　d　一時停止の要請 … 207
　　e　リース債権者への対応 … 208

3 弁済計画の策定（経営者保証人の弁済計画も含む） … 208

(1) 中小企業者の弁済計画 … 208
　　a　弁済計画の立案 … 208
　　b　弁済計画の内容 … 209
　　c　弁済計画の具体性 … 210
　　d　自助努力 … 210

e　清算価値保障原則……………………………………………211
　　　　f　経営責任………………………………………………………212
　　　　g　事業譲渡等を前提とする場合………………………………212
　　(2)　保証人の弁済計画………………………………………………213
　4　中小企業者側のデューデリジェンス（DD）……………………214
　　(1)　財務DD等の必要性……………………………………………214
　　(2)　財務DDの実施…………………………………………………214
　　(3)　事業譲渡を行う場合……………………………………………215
　　(4)　財務DDの基準日の設定………………………………………216
　5　第三者支援専門家と調査報告………………………………………216
　　(1)　第三者支援専門家の必要性……………………………………216
　　(2)　第三者支援専門家の選任と調査報告書の作成………………217
　　(3)　調査報告の対象…………………………………………………218
　6　金融機関との協議……………………………………………………218
　　(1)　弁済計画案作成前の債権者説明会……………………………218
　　(2)　弁済計画案作成後の債権者会議の開催………………………219
　7　弁済計画の成立………………………………………………………220
　8　弁済計画成立後のモニタリング……………………………………221
　9　会社の清算手続………………………………………………………221

第5章　その他の廃業型私的整理手続
　　　　　──特別清算・廃業型特定調停……………………223

　1　特別清算………………………………………………………………223
　　(1)　特別清算の概要と手続選択のポイント………………………223
　　　　a　概　要………………………………………………………223
　　　　b　特別清算が利用される類型………………………………224
　　　　c　手続選択のポイント………………………………………225
　　(2)　申立てまでの準備と注意事項…………………………………226
　　　　a　解散まで……………………………………………………226

b　解散から申立てまで……………………………………………227
　(3)　申立て後の手続と注意点………………………………………228
② 特定調停………………………………………………………………231
　(1)　特定調停の概要・特徴…………………………………………231
　　　a　概　　要………………………………………………………231
　　　b　特　　徴………………………………………………………232
　(2)　事業再生型特定調停スキーム…………………………………232
　　　a　手続選択のポイント…………………………………………232
　　　b　要　　件………………………………………………………233
　　　c　申立てまでの準備と注意点…………………………………234
　　　d　特定調停申立て………………………………………………235
　(3)　廃業支援型日弁連スキーム……………………………………236
　　　a　手続選択のポイント…………………………………………236
　　　b　廃業型日弁連スキームの要件………………………………237
　　　c　申立てまでの準備と注意点…………………………………237
　　　d　特定調停の申立て……………………………………………238

第6章　準則型私的整理で対応できない場合の対応策の概要……239

① 準則型私的整理が困難な類型と理由………………………………239
　(1)　私的整理のメリット……………………………………………239
　(2)　私的整理のデメリット…………………………………………239
② 民事再生の検討………………………………………………………240
③ 民事再生が困難な場合の対応………………………………………240
④ 「事業譲渡＋破産」の検討…………………………………………241
　(1)　類　　型…………………………………………………………241
　(2)　否認リスク対応…………………………………………………242
　(3)　否認権行使の判断基準…………………………………………242
　　　a　清算価値保証…………………………………………………242

　　　　b　譲渡対価の相当性……………………………………………242
　　　　c　スキームの合理性、相当性…………………………………243
　　(4)　債権者平等原則……………………………………………………243
5　債務者会社の代理人としての留意点……………………………244
　　(1)　説明資料の準備とスポンサーとの紛争回避…………………244
　　(2)　保全管理人、破産管財人、裁判所との連携…………………244
　　(3)　債権者に対する説明……………………………………………245

序章

中小企業の現状と弁護士の関与

1 中小企業の置かれている状況

(1) コロナ禍が中小企業に与えた影響

　わが国の中小企業は、全企業数の99.7％、従業員数にして約70％を占めており、わが国の経済社会にとってきわめて重要な存在である。しかし、新型コロナウイルス感染症の流行に伴う緊急事態宣言による営業自粛や休業により売上げは大きく減少して経済活動は著しく停滞し、その経営に甚大な影響を与えた。これにより、多くの中小企業は資金繰りに困窮することとなったのである。

　そのため、国による持続化給付金、雇用調整助成金等のコロナ支援策に加えて、約249万件・約43兆円にのぼる官民金融機関によるコロナ資金繰り支援（いわゆるゼロゼロ融資）が実施され、また納税猶予等の施策により、資金繰りの支援を受けて中小企業は事業を継続できてきた。

　他方で、上記のコロナ関連融資や納税猶予で廃業という最悪の事態は免れたが、現在は過剰債務に苦しむ中小企業が増大した。

　今後は猶予された税金等や融資を受けた債務を返済できるだけの収益があげられないと事業の継続は困難となり、最悪の場合は廃業を余儀なくされる事態となっている。

(2) 中小企業支援の重要性

　前述のとおり、中小企業がわが国の経済社会にとってきわめて重要な存在である以上、1社でも多くの中小企業がコロナ禍を乗り越えて事業継続をすることは、わが国の経済にとって非常に重要なことである。

2 ポストコロナに向けた施策

　上記のような中小企業支援の重要性は国も認識しており、ポストコロナに向けたさまざまな施策を講じている。

(1) 「中小企業活性化パッケージ」「中小企業活性化パッケージNEXT」

　2022年3月4日、経済産業省、金融庁、財務省は、コロナ資金繰り支援の継続と収益力改善・事業再生・再チャレンジの促進のために「中小企業活性化パッケージ」を策定した。

　さらに、活性化パッケージ制定後の経済環境の変化を受けて、2022年9月8日には「中小企業活性化パッケージNEXT」が策定された。NEXTでは資金繰り支援のさらなる拡充と中小企業の収益力改善・事業再生・再チャレンジを一元的に支援する体制の構築が明示されている。

　これらの詳細については本書の第1部第1章以下を参照されたい。

(2) 「中小企業の事業再生等に関するガイドライン」の策定

　活性化パッケージも活性化パッケージNEXTもフェーズに応じた支援策が定められているが、特に事業再生フェーズにおいて大きな役割を果たすことが期待されているのが「中小企業の事業再生等に関するガイドライン」である。

　これまで中小企業の事業再生については活性化協議会が中心的な役割を

担ってきたが、今後増大することが確実な中小企業の事業再生を活性化協議会だけで処理することは困難である。そこで、中小GLの積極的な活用が求められる。中小GLは再生のみならず、廃業にも対応している。法的整理ではなく私的整理手続を利用したソフトランディングの廃業が行われることは地域経済や金融機関にとっても好ましい。中小GLは2024年1月17日に、中小GLQAは同日および2025年1月29日に改定がなされている。これらの詳細については本書の第4部第1章を参照されたい。

(3) 「挑戦する中小企業応援パッケージ」の策定

2023年8月30日、経済産業省、金融庁、財務省は、中小企業の持続的成長を支援するために「挑戦する中小企業応援パッケージ」を策定した。

ここでは①将来の挑戦に向けたコロナ資金繰り支援と②挑戦する中小企業の経営改善・再生支援強化が明示されている。

②においても前記(1)で述べた活性化パッケージ、活性化パッケージNEXTと同様にⓐ経営改善フェーズ、ⓑ再生フェーズ、ⓒ再チャレンジフェーズとフェーズに応じた支援策が規定されている。

ⓑの再生フェーズでは中小GLの運用改善が規定され、第三者支援専門家補佐人の選定要件の緩和の検討とガイドラインの活用事例の報告が明示されている（活用事例については2023年10月17日に金融庁のウェブサイトに公表されている）。

ⓒの再チャレンジフェーズでは活性化協議会の体制強化が規定されており、円滑な再チャレンジを支援するために協議会の弁護士数の倍増が明示されている。

(4) 「再生支援の総合的対策」の制定

コロナ禍からの社会活動の正常化が進むなかで、民間金融機関によって実施された実質無利子・無担保融資の返済期限がピークを迎えるなかで、債務の増大した中小企業者に対する支援が不可欠である。そのため、単なる資金繰り支援にとどまらない、早期の経営改善、事業再生・再チャレンジ支援を

促すために、2024年3月8日、経済産業省、金融庁、財務省は「再生支援の総合的対策」を制定・公表した。

ここでは、コロナ資金繰り支援（主な施策として、コロナ借換保証やコロナ資本性劣後ローンの期間延長等）、信用保証協会による支援強化（主な施策として、信用保証協会向けの監督指針の改定、求償権放棄の円滑化等）、活性化協議会による支援の強化（主な施策として、低評価協議会の支援レベルの底上げ、協議会補佐人制度の創設等）、再生ファンドによる支援の強化、民間金融機関による支援の強化（主な施策として、監督指針の改正、実現可能性の高い抜本的な経営再建計画等の策定の促進等）、政府系金融機関による支援の強化（主な施策として、日本政策金融公庫等による経営改善支援、早期経営改善計画策定支援を活用した日本政策金融公庫等のコロナ資本性劣後ローンの利用促進等）、関係省庁の連携による支援強化（主な施策として、事業再生情報ネットワークの創設等）が明記されている。

3　ポストコロナにおける中小企業への弁護士の関与の姿勢

(1)　平時における対応

　中小企業にとっても、有事において、早期かつ適切な事業再生を進めるうえで、平時から金融機関との信頼関係を構築しておくことが重要である。そして、金融機関との信頼関係の構築において重要なことは適時適切な情報開示である。

　弁護士が、継続的に相談を受けていたり、顧問契約を締結している場合は、法的な問題が生じた際に相談に乗るだけでなく、決算報告等の情報を共有して売上げや粗利率、営業利益等を把握しておく必要がある。決算内容については金融機関に対して開示することになるので、事業が計画どおりにいっていない場合は、その説明方法や改善策についても経営者と協議してお

くことが望まれる。

(2) 有事に陥る前の対応

　平時から有事に陥るのは、想定した収益があげられないことから始まるのが通常である。ここではいち早く収益力を改善するための対応策をとる必要がある。それを弁護士のみで行うことは困難であり、適切な専門家や機関と協同することが重要である。収益力改善には、民間のプレーヤーによる支援と活性化協議会による支援がある。これらについては本書の第2部第3章を参照されたい。また、支援策を講じても、事業の収益力改善が困難である場合は事業再構築に向けたアドバイスを行うことが必要となる場面もある。

(3) 有事における対応

　有事に陥った場合でも、可能な限り事業を存続させることを前提に対応策を検討することが望まれる。そして、その対応策を早期に着手すればするほど再生の可能性が高まる。しかし、中小企業の経営者にとって再生の決断は簡単ではない。弁護士は経営者に寄り添いながら、その決断をサポートすることが求められる。

(4) 私的整理による再生

　有事においてもまずは事業継続を検討することになる。
　もっとも、有事に陥る中小企業のなかには過剰債務を抱えており、収益力を改善しても合理的な期間内で金融債務を全額弁済する計画を描くことは困難であり、一定の金融支援を受ける必要がある場合もある。
　その場合の手続選択は法的整理よりも私的整理を最初に検討すべきである。具体的には中小企業の場合は、活性化協議会か中小GL（再生型）を選択することが多い。

(5) 一部でも事業を残すことを検討

　事業継続が不可能な場合は早期に廃業決断をする必要がある。

特に、私的整理による再生や民事再生では、公租公課等の優先する債権は全額弁済する必要があることから、これらが多額に存在する場合は事業継続は困難である。その場合は、生かせる事業があればその一部でもスポンサーに譲渡して残すことを検討すべきである。単純に破産すれば、事業、従業員の雇用、取引先のすべてが失われるからである。具体的には破産手続を利用した事業譲渡を検討することになるであろう。これらについては本書の第4部第6章4を参照されたい。

　他方で、事業譲渡を検討したが、それが困難で単純廃業を選択する場合でも、廃業の手続としては破産手続、特別清算手続のほかにも中小GL（廃業型）手続、日弁連の特定調停スキーム等もある。円滑な廃業のために適切な手続選択を行う。

(6) 経営者保証ガイドラインの活用

　中小企業の経営者は会社（法人）の金融機関からの借入金について保証していることが通常である。会社が事業再生や廃業に着手することで保証債務が顕在化することになる。

　これまでは、破産手続で処理することが多かった。しかし中小企業経営者は人生を賭けて事業を営んできたのであり、できれば破産手続は避けたいと考えていることが多いし、信用情報機関に登録されることから再チャレンジの支障になる。そこで、破産手続の前に経営者保証GLによる整理を最初に検討すべきである。

　経営者保証GLを利用することで、①破産等による法的整理よりも多くの資産（インセンティブ資産）を残せる可能性があること、②信用情報機関に登録されないこと、③官報に掲載されないこと等のメリットがあるからである[1]。

(7) 伴走支援の重要性

　前記1(1)で述べたように、中小企業は日本の全企業の99.7%を、雇用の約70%を占めており、まさに日本経済の屋台骨を支える重要な存在であるが、

中小企業の経営者の多くは、経営戦略をどうするのか、収益をどのようにあげるのか、資金調達をどうするのか、借入金をどのように返済していくのかという悩みを抱えながら、一人で経営判断を行っている。弁護士は、中小企業の支援機関や支援専門家らの協力を得ながら、このような経営者に寄り添いながらサポートしていくことが望まれる。

---

1 詳細は全国倒産処理弁護士ネットワーク編『ガイドラインによる個人債務整理の実務Q&A150問』(金融財政事情研究会)等を参照されたい。

第1部

活性化パッケージ、活性化パッケージNEXTの概要

第1章

活性化パッケージおよびその他支援策の概要

1 はじめに

　中小企業が新型コロナの影響からいち早く回復することを目的とし、2022年3月4日に経済産業省、金融庁および財務省から「中小企業活性化パッケージ」が公表された。活性化パッケージでは、「Ⅰ.コロナ資金繰り支援の継続」と「Ⅱ.中小企業の収益力改善・事業再生・再チャレンジの総合的支援」が掲げられている。その後、2022年9月8日に「中小企業活性化パッケージNEXT」、2023年8月30日に「挑戦する中小企業応援パッケージ」、2024年3月8日に「再生支援の総合的対策」が経済産業省、金融庁および財務省の連名で発表されている。このように政府は、新型コロナの影響が生じた中小企業に対する支援策を迅速に講じてきた。

　本稿では、再生支援協議会から活性化協議会に改組され、中小企業の事業再生等ガイドラインが策定されたことが公表された、活性化パッケージの作成経緯を中心に、政策の概要について記載する。

2 活性化パッケージ作成の背景

　コロナ禍で、政府は、官民金融機関による実質無利子・無担保融資（民間金融機関による実質無利子・無担保融資は2021年3月末に終了）や危機対応

融資、持続化給付金などの資金繰り支援策を措置してきた。その結果、2022年2月末時点で、日本政策金融公庫、商工組合中央金庫および信用保証協会の累計のコロナ関係融資の承諾件数は約300万件、総額56.4兆円にのぼるなど、多くの中小企業に資金繰り支援が活用された[1]。その一方で、2022年2月末時点においては、日本政策金融公庫や商工中金への融資申込件数、信用保証協会の保証承諾件数は、2021年4月以降横ばい傾向にあり、中小企業の課題が「資金繰りの維持」から徐々に「増大する債務への対応」へとシフトしつつある状況であった。

　日本の企業数の99.7％、雇用の7割を占める中小企業は成長と分配の好循環のエンジンであり、中小企業の増大する債務への対応が遅れると、十分な人材投資、設備投資が困難となり、成長と分配の好循環が停滞するおそれがある。このため、増大する債務に苦しむ中小企業の収益力改善・事業再生・再チャレンジを促す総合的な支援策を展開するため、活性化パッケージが公表された（図表1－1－1）。

3　活性化パッケージのポイント

　活性化パッケージでは、「Ⅰ．コロナ資金繰り支援の継続」「Ⅱ．中小企業の収益力改善・事業再生・再チャレンジの総合的支援」が掲げられている。本項では「Ⅱ．中小企業の収益力改善・事業再生・再チャレンジの総合的支援」部分のポイントについて述べる（図表1－1－2）。

　中小企業の抱える課題が「資金繰りの維持」から徐々に「増大する債務への対応」へとシフトするなか、活性化パッケージでは種々さまざまな施策を総合的に記載しているが、大きなポイントは、①「フェーズに応じたきめ細やかな支援」、②「一元的な支援体制の構築」、③「官民の総力の結集（地域

1　森本卓也＝横田直忠「ポストコロナの事業復活に向けた「中小企業活性化パッケージ」」週刊金融財政事情2022年4月12日号36頁参照。

図表1-1-1　活性化パッケージ①

中小企業活性化パッケージ ～コロナ資金繰り支援の継続と収益力改善・事業再生・再チャレンジの促進～	2022年3月4日 経済産業省 金融庁 財務省

- 日本の企業数の99.7%、雇用の7割を占める中小企業は成長と分配の好循環のエンジン。
- 足下では、事業復活支援金や資金繰り支援等を通じて中小企業の事業継続を強力に支援するとともに、官民金融機関が条件変更等の柔軟な対応を実施(*)。(*)政府としても累次にわたり要請しており、条件変更の応諾率は約99%（21年12月末）
- こうした中、年度末の資金繰り支援の徹底を官民金融機関に要請するとともに、感染状況等を踏まえ、融資期間の延長をした上で実質無利子・無担保融資、危機対応融資を6月末まで継続。さらに、日本公庫の資本性劣後ローンも来年度末まで継続。
- 併せて、債務に苦しむ状態が長く続けば、十分な人材投資、設備投資が困難となり、成長と分配の好循環が停滞するおそれ。このため、増大する債務に苦しむ中小企業の収益力改善・事業再生・再チャレンジを促す総合的な支援策を展開する。

Ⅰ.コロナ資金繰り支援の継続

年度末の資金需要への対応

①年度末の事業者の資金繰り支援等のための金融機関との意見交換・要請
→年度末の資金繰り支援等の徹底について、内閣府特命担当大臣（金融）及び経済産業大臣より金融機関に要請。

②セーフティネット保証4号の期限延長
→一般枠（上限2.8億円、80%保証）に上乗せした別枠保証（上限2.8億円、100%保証）の期限を延長【3月1日まで→6月1日まで】

来年度以降の資金需要への対応

①実質無利子・無担保融資、危機対応融資の継続等
→新型コロナウイルス感染症の影響を受けて業況が悪化している事業者に対する実質無利子・無担保融資、危機対応融資(*)の期限を延長【今年度末→6月末まで】
(*)商工中金と日本政策投資銀行による融資・資本性劣後ローン
→返済負担を軽減するための融資期間の延長【運転資金15年→20年】

②日本政策金融公庫の資本性劣後ローンの継続
→民間金融機関が自己資本とみなすことができる日本政策金融公庫の資本性劣後ローン（最大20年元本据置、上限額10億）を継続【来年度末まで】

③納税や社会保険料支払いの猶予制度の積極活用・柔軟な運用
→納税緩和制度に基づく猶予及び社会保険料の支払猶予制度（延滞税や延滞金を0.9%に軽減）の柔軟な運用（原則担保不要、口頭での事情説明も可など）を継続

（出典）　中小企業庁ウェブサイト（https://www.meti.go.jp/press/2021/03/20220304006/20220304006-1.pdf）

における支援の最大化）」の三つである。

（1）「フェーズに応じたきめ細やかな支援」

　まず「フェーズに応じたきめ細やかな支援」である。活性化パッケージでは「収益力改善フェーズ」「事業再生フェーズ」「再チャレンジフェーズ」の三つのフェーズに分けて支援策を整理していることが特徴である。コロナ禍

図表１－１－２　活性化パッケージ②

中小企業活性化パッケージ ～コロナ資金繰り支援の継続と収益力改善・事業再生・再チャレンジの促進～	2022年3月4日 経済産業省 金融庁 財務省

Ⅱ．中小企業の収益力改善・事業再生・再チャレンジの総合的支援

収益力改善フェーズ	事業再生フェーズ	再チャレンジフェーズ
①認定支援機関による伴走支援の強化 →収益力改善に向けた計画策定に加え、認定支援機関による計画実行状況のフォローアップや助言等を強化【22年4月～】 ②協議会による収益力改善支援の強化 →ポストコロナを見据え、中小企業再生支援協議会において、コロナ禍で緊急的に実施している特例リスケ支援を収益力改善支援にシフト【22年4月～】	①中小機構が最大8割出資する再生ファンドの拡充 →コロナの影響が大きい業種（宿泊、飲食等）を重点支援するファンドの組成、ファンド空白地域の解消を促進 【順次】 ②事業再構築補助金に「回復・再生応援枠」を創設 →再生事業者が優先採択される枠を創設し、収益力の向上を促進【22年春頃～】 ・補助率：3/4（中堅2/3） ・補助上限額：従業員規模により500万～1500 ③中小企業の事業再生等のガイドラインの策定（経営者退任原則、債務超過解消年数要件等を緩和） →数百人規模の民間専門家（弁護士等）を活用し支援 →ガイドラインに基づく計画策定費用の支援制度を創設 【22年4月～】	①経営者の個人破産回避のルール明確化 →個人破産回避に向け、「経営者保証ガイドライン」に基づく保証債務整理の申出を受けた場合には、金融機関が誠実に対応する、との考え方を明確化【21年度中】 ②再チャレンジに向けた支援の強化 →経営者の再チャレンジに向け、中小機構の人材支援事業を廃業後の経営者まで拡大【22年4月～】 →中小機構において、廃業後の再チャレンジに向けた専門家支援を展開【順次】 →公庫の再チャレンジ支援融資を拡充【22年2月～】

収益力改善・事業再生・再チャレンジを一元的に支援する体制の構築
・全国47都道府県にある中小企業再生支援協議会を関連機関と統合し、収益力改善・事業再生・再チャレンジを一元的に支援する「中小企業活性化協議会」を設置。
・中小企業活性化協議会がハブとなって金融機関、民間専門家、各種支援機関とも連携し、苦しむ中小企業の収益力改善・事業再生・再チャレンジを地域全体で推進。

（出典）中小企業庁ウェブサイト（https://www.meti.go.jp/press/2021/03/20220304006/20220304006-1.pdf）

を乗り越えた中小企業は、増大する債務に苦しんでいるという点では共通していても、債務負担の程度は当然中小企業ごとに異なるうえ、事業が低迷していれば、債務だけ対応しても本質的な課題は解決されない。特に、コロナ禍で事業環境、消費者のマインドが変わるなか、コロナ前への回帰を目指しても、ポストコロナの世界で順応していけるかはわからない。そのため、フェーズに応じてそれぞれ支援策が講じられることによって、個別の中小企

業の状況に応じてケース・バイ・ケースで事業面や財務面の改善に対応するべく支援策が講じられた。

(2) 「一元的な支援体制の構築」

次に「一元的な支援体制の構築」である。中小企業が自ら、自身の立ち位置を正確に理解し、適切な対応策を自身で講じたり、適切な専門家に相談に行ったうえで専門家とともに改善策を講じたりすることが理想ではあるが、実際には困難であり、フェーズごとに支援策を講じても、適切な支援策が中小企業に届かないことも当然ありうる。こうした場合には、日頃より中小企業に寄り添って伴走支援している顧問税理士等の専門家や金融機関が適切な支援を実施することや適切な支援機関につなぐことが期待されるが、公的機関が「中小企業の駆け込み寺」として、先導的に収益力改善・事業再生・再チャレンジを一元的に支援する体制を構築することも有用である。そのため、中小企業再生支援協議会と関連機関を統合し、2022年4月1より「中小企業活性化協議会」が設置された。活性化協議会では「収益力改善支援」も新設され、中小企業者のフェーズに応じた支援が可能になっている。

(3) 「官民の総力の結集」

そして、最後のポイントが「官民の総力の結集（地域における支援の最大化）」である。コロナ禍では、非常に多くの中小企業が苦境に陥り、2020年度の再生支援協議会への相談件数は、リーマンショック後の政策パッケージ期を上回り、創設以来最多の5,580件を記録した。その多くは特例リスケ支援であり、ポストコロナの事業の見通しが見え始め、本格的な再生計画を立てられるようになるまで凌いでいる状況であり、今後、コロナ禍が収束に向かい、再生支援ニーズが一気に高まれば、再生支援協議会だけですべての中小企業を支援することは到底困難である。支援を必要とする中小企業に、適切な支援を届けるためには、活性化協議会の独力での対応を追求するのではなく、民間プレーヤーの力も借り、官民の総力を結集することで地域における支援を最大化することが求められる。このため、①認定経営革新等支援機

関の伴走支援の強化を行い、伴走支援費用の補助を行うことでより多くの民間専門家が中小企業に伴走できる環境を整備し、②後述するように、民間ベースでの支援を円滑に行うための共通ルールである中小GLが策定され、中小GLに基づく計画の策定費用について補助を行う等の支援策が講じられた。

4 活性化パッケージNEXTの概要

　2022年9月8日に「中小企業活性化パッケージNEXT」が経済産業省、金融庁および財務省の連名で発表された。活性化パッケージNEXTは、活性化パッケージの支援策をさらに加速させるための諸政策が講じられている。そのなかでも注目すべき政策について記載する。

(1) 中小企業再生ファンド

　中小企業再生ファンドは、債務超過に陥った企業の既往債務を買い取り、ハンズオン支援等の再生支援を実施することで、中小企業者の自力による事業再生の支援を実施している。中小企業者は、ハンズオン支援のコストに見合うリターンが得にくく、民間の再生ファンドで扱うことが困難なため、平時から、中小企業基盤整備機構が最大50％を出資する再生ファンドを組成している（その他のLP〔有限責任組合員〕は地域金融機関が中心である）。

　政府は、新型コロナの影響により、債務超過に陥る中小企業が増加することが見込まれたため、2020年度2次補正予算において、中小企業基盤整備機構が最大80％を出資できる再生ファンドの組成をするべく、200億円の予算措置を行った（2020年度の補正予算の措置以降、5ファンドを組成し引き続き公募中）。2021年度補正予算においても、さらに300億円が措置され、中小企業再生ファンドの公募を行っている。

　活性化パッケージNEXTでは、このような中小企業再生ファンドの組成をさらに加速させるため、再生ファンドの組成を促す優先分配スキームの創設

を行うとの記載がある。今後さらに中小企業再生ファンドが組成され、スポンサー候補の探索がむずかしい中小企業者に対し、中小企業再生ファンドを活用した事業再生支援の可能性が広がることが期待される。

(2) 再生系サービサー

活性化パッケージNEXTにおいて、「再生系サービサーを活用した支援スキームの創設」との記載がある。中小企業においては、政府による資金繰り支援策により、多くの融資がなされ、増大した債務に悩む中小企業が増加していることが考えられる。そのような中小企業が今後、円滑に私的整理による事業再生を図っていくためには、早い段階から「前捌き」を行っておくことが重要である。その点、事業再生に前向きに取り組む「再生系サービサー」には、ポストコロナにおいて円滑な再生支援に移行をしていくための橋渡し役になることが期待されている。たとえば、新型コロナの影響が生じる前において、再生支援協議会による暫定リスケジュール支援を受けていた事業者が、新型コロナの影響により新型コロナウイルス感染症特例リスケジュール支援を受けたうえで、活性化協議会によるプレ再生支援を受けようとするような事案で、「これ以上待てない」と考える下位行が債権譲渡をするようなケースは増えていくのではないかと考えており、そのようなタイミングで再生系サービサーの活躍する場面が増えていくのではないかと考えられる。このような場面において活性化協議会と「再生系サービサー」の連携が深まることにより、事例が集積されれば、中小GLの再生型私的整理手続、廃業型私的整理においても「再生系サービサー」との連携が広がっていくのではないかと期待される。

5 「再生支援の総合的対策」

再生支援の総合的対策では、「収益力改善フェーズ」「再チャレンジフェーズ」とフェーズごとに支援策を講じてきたこれまでの支援策とは一線を画

し、再生支援のみに焦点を当てた支援策となっている。

　これは、2023年11月27日に金融庁から「中小・地域金融機関向けの総合的な監督指針」等の一部改正（案）の公表がなされ[2]、経営改善・事業再生支援等の本格化への対応を強く求めるメッセージが打ち出されたことと連動しているものと推察される。

　再生支援の総合的対策では、信用保証協会による支援の強化、活性化協議会による支援の強化、再生ファンド（中小機構出資）による支援の強化、民間金融機関による支援の強化、政府系金融機関による支援の強化、関係省庁の連携による支援の強化について言及がなされている。いわゆる「ゼロゼロ融資」等の影響により信用保証協会付の融資が増加していることをふまえたうえで、官民一体となって事業再生支援を行っていくことが明確に打ち出されているといえる。今後事業再生支援のニーズは高まっていくものと予想され、弁護士も中小企業支援者の一人として、各支援機関と連携を深めていくことが期待されている。

---

[2] https://www.fsa.go.jp/news/r5/ginkou/20231127-2/20221127.html

第2章

中小GLの全体像

1　活性化パッケージとの関係

　中小GLは活性化パッケージの「Ⅱ．中小企業の収益力改善・事業再生・再チャレンジの総合的支援」の一つに盛り込まれている。
　中小GLそれ自体は、2021年6月に閣議決定された政府の「成長戦略実行計画」において、「中小企業の事業再構築・事業再生の環境整備」として、中小企業の実態をふまえた中小GLの策定について検討することが盛り込まれたことをふまえ、2021年11月5日「中小企業の事業再生等に関する研究会」（以下「研究会」という）が発足され、活性化パッケージ公表と同日に公表されたガイドラインである。研究会は全国銀行協会が事務局となり、委員として学識経験者、弁護士・公認会計士・税理士をはじめとする実務専門家、産業界・金融界の代表が参画し、また、オブザーバーとして中小企業庁・金融庁をはじめとする官公庁等が参加し策定されている。

2　第一部（ガイドラインの目的）

　中小GLの概要は図表1－2－1のとおりだが、中小GLは二つの目的がある。
　まず、中小GLの一つ目の目的は、対象企業者の「平時」「有事」「事業再

図表1-2-1　中小GLの概要

<第一部　本ガイドラインの目的等>	
目的①　基本的な考え方の提示 中小企業者の「平時」、「有事」、「事業再生計画成立後のフォローアップ」、各々の段階において、中小企業者、金融機関それぞれが果たすべき役割を明確化	目的②　新たな手続（中小企業版私的整理手続）の策定 公正かつ中立な第三者の支援専門家（「第三者支援専門家」）が、中小企業者の計画の合理性等を検証することで、金融機関等による私的整理手続を迅速かつ円滑化

↓　　　　　　　　　　↓

<第二部>中小企業の事業再生等に関する基本的な考え方

1. 平時における中小企業者と金融機関の対応
<中小企業者>
財務基盤強化、経営の透明性確保、法個の資産分別管理、予防的対応
<金融機関>
経営課題の把握・分析、ソリューション提案、誠実な対応、予兆管理

2. 有事における中小企業者と金融機関の対応
<中小企業者>
適時適切な開示、本源的収益力回復、事業再生計画策定等、有事の対応を段階的に整理
<金融機関>
事業再生計画策定支援、専門家を活用した支援等、有事の対応を段階的に整理

3. 私的整理検討時の留意点
・経営者保証ガイドラインを通じた保証債務の一体整理
・（法的整理等移行時）私的整理手続の合意事項尊重

4. 事業再生計画成立後のフォローアップ
<中小企業者>
事業再生計画の実行、適時適切な状況報告
<金融機関>
事業再生計画のモニタリング、必要に応じた計画見直し要否検討等

<第三部>中小企業の事業再生等のための私的整理手続

再生型私的整理手続（※）
① 主要債権者の同意を得て、第三者支援専門家を選任
　➡ 民間の専門家（HPでリスト化）が公正・中立な立場から事業再生支援
② 第三者支援専門家が、事業再生計画策定支援等を開始
　➡ 支援開始の入口段階で詳細な事業再生計画等は求めず
③ （必要に応じて）中小企業者は対象債権者に一時停止を要請
④ 中小企業者は、事業再生計画案を作成
　➡ 債務超過解消年数5年以内等、中小企業の実態を踏まえた基準（債務免除等を含む場合、経済合理性があることが前提）
　➡ 経営責任の明確化には、感染症の世界的流行等にも配慮（経営者退任を必須とはせず）
⑤ 第三者支援専門家は、事業再生計画案を調査し、調査報告書を作成
⑥ 債権者会議開催（第三者支援専門家が調査結果等を報告）
　➡ 反対する債権者は速やかにその理由を説明
⑦ 全ての対象債権者の同意により、事業再生計画成立

（※）別途廃業型も整備

（出典）　小林信明「事業再生シンポジウム「アフターコロナに向けて金融機関と弁護士はどのような支援ができるのか～事業再生等に関するガイドラインと経営者保証ガイドラインへの期待」」（2022年5月11日開催、日本弁護士連合会第1部①・レジュメ）

生計画成立後のフォローアップ」という各々の段階において、中小企業者、金融機関それぞれが果たすべき役割を明確化し、中小企業者の事業再生等に関する基本的な考え方を示すことである。中小企業者、金融機関がそれぞれの立場から果たすべき役割が明記されたことに意義があるものである。

次に、中小GLの二つ目の目的は、コロナ禍による影響からの脱却も念頭に置きつつ、より迅速かつ柔軟に事業再生等に取り組めるよう、新たな準則型私的整理手続として「中小企業の事業再生等のための私的整理手続」（中小企業版私的整理手続）を定めることである。第三部については、中小企業のための民間による準則型私的整理手続として初めて策定されたものであり、その意義は大きい。

3 第二部（中小企業の事業再生等に関する基本的な考え方）

(1) 中小企業と金融機関の共通の物差し

前述したとおり、中小GL第二部では、1項、2項、4項において「平時」「有事」「事業再生計画成立後のフォローアップ」の各段階に係る中小企業者および金融機関双方の対応を明記している。

なお、中小GL第二部は、中小企業者と金融機関の果たすべき役割「中小企業と金融機関の共通の物差し」となる考え方である。

各段階における中小企業者および金融機関の果たすべき役割についての概要は以下のとおりである。

	中小企業者	金融機関
平時	✓ 収益力の向上と財務基盤強化 ✓ 適時適切な情報開示等による経営の透明性確保 ✓ 法人と経営者の資産等の分別管理 ✓ 予防的対応	✓ 経営課題の把握・分析 ✓ 最適なソリューションの提案 ✓ 中小企業者に対する誠実な対応 ✓ 予兆管理
有事	✓ 経営状況と財務状況の適時適切な開示等 ✓ 本源的な収益力の回復 ✓ 事業再生計画策定 ✓ 有事における段階的対応	✓ 事業再生計画策定支援 ✓ 専門家を活用した支援等 ✓ 有事における段階的対応
フォローアップ	✓ 事業再生計画の実行 ✓ 適時適切な状況報告	✓ 事業再生計画のモニタリング ✓ 計画と実績の乖離が大きい場合の対応

(2) 中小GL第二部のポイント

a 中小企業の平時における対応

　平時における中小企業者に求められる役割は、以下のとおり、経営者保証GLにおいて経営者保証に依存しない融資の促進のために求められる役割と類似している。

中小GL第二部： 平時において中小企業者に求められる対応	経営者保証GL： 経営者保証に依存しない融資の促進のために求められる対応
収益力の向上と財務基盤の強化	財務基盤の強化
適時適切な情報開示等による経営の透明性確保	財務状況の正確な把握、適時適切な情報開示等による経営の透明性確保
法人と経営者の資産等の分別管理	法人と経営者との関係の明確な区分・分離
予防的対応	記載なし

中小企業者と金融機関との信頼関係が構築され、その信頼関係から経営者保証に依存しない融資が可能となる点で当然のことであるといえる。
　しかし、定期的・自主的に業績等を報告したり、期中でも業況・資金繰り状況を報告したりする等して、適時適切な情報開示等による経営の透明性確保を図っている中小企業者は少ないのが現状である。その理由としては、中小企業者が平時から金融機関との対話の機会が少なく、情報開示によって金融機関から不当に厳しい対応を受け、経営上の支障が生じることをおそれるからであると考えられる。しかし、中小企業者が適時適切な情報の開示に消極的になれば、正確な情報が入手できない金融機関にとっても望ましくない状況となる。そこで、中小GLは、中小企業者に適時適切な情報開示を促すため、中小企業者から情報の開示説明を受けた金融機関に対し、その事実や内容だけをもって不利な対応がなされることのないよう、情報開示に至った経緯やその内容等をふまえ、誠実な対応に努めることを求めている（中小GL第二部2項(3)③、中小GLQA 9）。
　なお、2024年1月の中小GLの改訂により、中小企業が、平時から実務専門家（税理士、公認会計士、中小企業診断士、弁護士等）とコミュニケーションを図ることが明確化されている。実務専門家が平時から行う取組み（適切な助言、金融機関への相談提案、外部機関等との連携体制の確保等）が明記されており、実務専門家としても本ガイドラインを共通の物差しとすることが期待されている。

b　収益力の改善

　新型コロナの影響は、突如として中小企業の売上げに直接的な影響を及ぼした。そしてその影響は当初の想定をはるかに超えて長期に及んでいる。いわずもがなではあるが、このような状況のなかで、今後の中小企業支援において最も重要なのは、中小企業の「本源的な収益力の改善」である。この観点は、中小GL第二部において、以下のように記載されている。

> 中小企業者は、資金繰りの安定化を図りつつ、本源的な収益力の改善に向けた事業改善計画を策定して、実行することが重要である。
> (第二部1項(2)④「予防的対応」)
>
> 令和3年6月の政府の「成長戦略実行計画」でも指摘されている通り、事業再生には様々な手法がある。金融支援はそのオプションの一つであり、有事においては、本源的な収益力の回復が重要である。事業再生を進めるにあたっては、中小企業者が自律的・持続的な成長に向け、本源的な収益力の回復に取り組むことが必要である。
> (第二部2項(1)②「本源的な収益力の回復に向けた取組み」)

　中小GLは、金融界・産業界を代表する者が、中立公平な専門家、学識経験者などとともに活発に議論を重ねた結果策定されたガイドラインであることを考慮すれば、今後の中小企業支援において、「収益力の改善」が重要な視点であることは、共通の認識なのではないかと考えている。実際にも後述する活性化協議会において新設された収益力改善支援は、中小GL第二部1項(2)④記載の、予防的対応に当たる支援であると位置づけられており、活性化協議会としても支援の主軸としている。中小企業の伴走者の一人である弁護士としても、収益力改善支援を積極的に実践していくべきである（第1部第3章3(2)参照）。

4　第三部（中小企業の事業再生等のための私的整理手続）

(1)　総　　論

　中小GL第三部は、中小企業の実態にあわせた新たな準則型私的整理手続として「中小企業の事業再生等のための私的整理手続」（中小企業版私的整

理手続）が定められている。

　この手続は、中小企業者のための準則型私的整理手続に関する金融界・産業界のコンセンサスを得たものであり、中小企業者が策定する事業再生計画案や（後記廃業型の）弁済計画案の内容、その成立要件、計画成立のための手続、金融機関の対応および計画成立後のモニタリングについては、他の準則型私的整理手続において具体的な定めがない場合には、中小企業者および対象債権者は、本手続を参照すべき拠り所として活用することが期待されている。本手続は、準則型私的整理手続を中小企業者に対して適用する場合に広く準用できる考え方を示すことを目指したものである（中小GL第一部1項(2)）。

　なお、前述した中小GL第二部は、第三部の中小企業版私的整理手続利用の前提要件を定めているわけではない（中小GL第一部2項なお書）。そのため、仮に中小企業者が申出の時点までは中小GL第二部に規定された役割を全うできていなかったとしても、中小GL第三部の中小企業版私的整理手続の利用を申し出ることができるということに留意が必要である。

　中小GL第三部の具体的内容については、本書第4部第1章で詳述しているため、本項では、中小GL全体における第三部の位置づけについて記載する。

(2)　金融機関同士の共通の物差し

　本手続は「金融機関同士の共通の物差し」であると考えている。コロナ禍での新規融資により、中小企業の取引先金融機関はこれまで以上に増加することが予想される。新型コロナの影響により、実質無利子・無担保融資や資本性劣後ローン等が、さまざまな業況の中小企業に実行され、これまでにも増して複数の金融機関と取引のある中小企業が増加していると考えられる。そのような中小企業が経営改善、事業再生、円滑な廃業に取り組む場合、金融機関調整がより困難になることが予想される。そのような状況のなかで、金融機関が円滑に経営改善、事業再生、円滑な廃業を支援するためには、金融機関同士の共通の物差しが必要である。その点で、中小GLは、再生型私

的整理手続および廃業型私的整理手続が定められ、具体的な金融機関同士の合意形成のプロセスが定められている。中小企業の事業再生等に関するガイドラインにより、金融機関同士の共通の物差しとして効果的に機能することが期待されている。

(3) 中小企業および中小企業支援者（金融機関含む）の中長期的な地域経済を考える物差し

　最後に、中小GLは、「中小企業および中小企業支援者（金融機関含む）の中長期的な地域経済を考える物差し」として機能することが期待される。中小GLには、再生型私的整理手続における再生計画の内容として、「必要に応じて、地域経済の発展や地方創生への貢献、取引先の連鎖倒産回避等による地域経済への影響も鑑みた内容とする」（中小GL第三部4項(4)チ）との記載や、廃業型私的整理手続における弁済計画の内容として、「必要に応じて、破産手続によるよりも、当該中小企業者の取引先の連鎖倒産を回避することができる等、地域経済に与える影響も鑑みた内容とする。」（中小GL第三部5項(3)①ニ）との記載がある。そして、この地域経済に関する記載は、事業再生や円滑な廃業を図ることが、対象債権者の経済合理性の確保はもとより、地域経済への影響を少なくすることができ、地域経済の維持・活性化や地域での雇用維持に資することが見込まれる場合、その内容について記載することが想定されている（中小GLQA63参照）。このような記載はまさに中小企業の実態をふまえた私的整理手続だからこそ盛り込まれた記載であると考えている。中小企業および金融機関を含めた中小企業支援者が、個々の中小企業に対する支援だけでなく、その地域の長期的な発展という視点で対話し、その地域で経済活動をする企業・経営者・従業員を大きく地域財産とみて、事業再生および円滑な廃業を考える、そのような地域経済を中長期的な目線で考える一助になることが期待されている。

第3章

活性化協議会の全体像

1　活性化パッケージとの関係

　活性化協議会の創設は活性化パッケージの「Ⅱ.中小企業の収益力改善・事業再生・再チャレンジの総合的支援」の一つに盛り込まれている。

　上述したとおり、活性化協議会は、「一元的な支援体制の構築」のために創設されたものである。一元的な支援体制の構築のために、活性化協議会は、公的機関自身による支援として、収益力改善支援、再生支援、再チャレンジ支援を実施できる体制を整えている。

　これに加えて、活性化協議会は、「民間プレーヤーを活用した支援」（旧経営改善支援センターで実施していた支援）も実施している。その趣旨は以下のとおりである。

　コロナ禍では、非常に多くの中小企業が苦境に陥り、2020年度の再生支援協議会への相談件数は、金融円滑化法（中小企業者等に対する金融の円滑化を図るための臨時措置に関する法律）終了に備えて策定された政策パッケージ期を上回り、創設以来最多の5,580件を記録した。相談企業の多くは、協議会が実施していた「新型コロナウイルス感染症特例リスケジュール支援」（以下「特例リスケ支援」という）を受けていた。特例リスケ支援は、コロナ禍における対応策を練るための時間を稼ぐことを目的とした緊急的な支援という位置づけであるため、特例リスケ支援を実施した中小企業には、その出口支援を満遍なく実施していくことが重要である。しかし、コロナ禍は、

特例リスケ支援を実施した中小企業にとどまらず、多くの中小企業に影響を与えており、増大する債務に悩む中小企業を協議会がすべて支援を行うことは非常にむずかしい。そのため、支援を必要とする中小企業に、適切な支援を届けるためには、協議会の独力での対応を追求するのではなく、民間プレーヤーの力も借り、官民の総力を結集することで地域における支援を最大化することが求められている。

　以上のような理由から、活性化協議会は、公的機関自身による支援を実施する再生支援協議会と民間プレーヤーを活用した支援を促進する経営改善支援センターを統合し、「地域における収益力改善・事業再生・再チャレンジの最大化」を目指すため設置するに至った[1]。

2 「中小企業活性化協議会実施基本要領」の構成

　本項では、活性化協議会の支援内容が記載されている実施基本要領の内容に沿って支援策の概要を説明する。以下、再生支援協議会および活性化協議会の双方ともに共通する場合には「協議会」という。

　前述のとおり、活性化協議会は47都道府県にある再生支援協議会と経営改善支援センターが統合されて設置されたものである。そのため、活性化協議会の具体的な事業内容を定める、実施基本要領は以下の構成で定められている。

第一章　はじめに…実施基本要領作成の経緯および実施基本要領の位置
　　　　づけ
第二章　中小企業活性化協議会事業…再生支援協議会が実施していた支

---

[1] 横田直忠「動き出した「中小企業活性化協議会」」季刊事業再生と債権管理177号6頁。

> 援の内容
> 第三章　経営改善計画策定支援事業…経営改善支援センターが実施していた支援の内容

　このように、再生支援協議会が実施していた支援の内容と、経営改善支援センターが実施していた支援を別章に定め、活性化協議会の支援の全体像を明確化している。
　また、活性化協議会の事業内容は第二章に定めているが、具体的な手続、基準の定めがある支援については別冊を設けて規定されている。

図表1-3-1　活性化協議会による支援

	民間プレーヤーを活用した支援 中小企業の事業再生等に関する ガイドライン等に基づき支援	中小企業活性化協議会自身による支援 中小企業活性化協議会 実施基本要領に基づき支援
収益力改善 フェーズ	**早期経営改善計画策定支援** 金融支援に至る前で、早期の経営改善を必要とする事業者が対象。事業者は、経営革新等支援機関の助けを借りて、資金繰り計画等の基本的な計画（早期経営改善計画）を策定。	**収益力改善支援** 有事に移行する恐れのある中小企業が対象。収益力改善計画（収益力改善アクションプラン＋簡易な収支・資金繰り計画）の策定を支援。
再生 フェーズ	**経営改善計画策定支援** ＜中小版GL枠を新設＞ リスケ、新規融資等の金融支援を必要としているものの自らの力では経営改善計画を策定できない事業者が対象。事業者は、経営革新等支援機関の助けを借りて経営改善計画を策定。2022年から、中小企業の事業再生等のための私的整理手続（中小企業の事業再生等に関するガイドライン＜第三部＞。「中小版GL」という。）に基づき、私的整理に取り組む事業者を支援するために、計画の策定費用等の補助を実施。	**プレ再生支援** 将来の本格的な再生計画策定を前提とした経営改善を支援。 **再生支援** 収益性のある事業はあるものの、財務上の問題がある事業者が対象。事業者は、専門家の助けを借りて、抜本的な再生手法を含む再生支援を実施。
再チャレンジ フェーズ		**再チャレンジ支援** 事業継続が困難な中小企業、保証債務に悩む経営者等が対象。円滑な廃業・経営者等の再スタートに向け、中小版GLや経営者保証GL等を活用し、弁護士等の外部専門家をサポート。

（出典）　中小企業庁ウェブサイトより引用

3 活性化協議会自身による支援内容（中小企業活性化協議会事業）

(1) 事前相談・窓口相談

　活性化協議会では、金融機関等や中小企業者の支援を行う専門家（弁護士、公認会計士、税理士、中小企業診断士、金融関係者等。以下「支援専門家」という）からの相談のことを事前相談、相談企業や保証人からの相談を窓口相談と呼んでいる。再生支援協議会でも事前相談をこれまで実務上実施していたが、再生支援協議会の事業実施基本要領に記載はなく、窓口相談のみ記載されていた。

　しかし、今回活性化協議会が「中小企業の駆け込み寺」として幅広い中小企業からの相談に対応するためには、中小企業が相談しやすい環境をつくることが必要である。そのためには、中小企業に限ることなく、金融機関および支援専門家等からの相談に日々丁寧に対応することが重要である。

　そこで、実施基本要領に事前相談および窓口相談が業務内容として明記された。

(2) 収益力改善支援

a 収益力改善支援創設の経緯

　再生支援協議会は、2020年4月から特例リスケ支援を実施していた。2021年4月からは特例リスケ支援を改訂し、「事業継続アクションプラン」の策定支援を追加し、支援を行っていた。「事業継続アクションプラン」の作成支援は中小企業の希望にあわせ、コロナ禍にどのような行動をしていくべきかを再生支援協議会とともに考える支援策である。この「事業継続アクションプラン」は、2021年度で2,441件作成された。

　これをふまえ、収益力改善に向けたアクションプランを支援策の中心に据え、特例リスケ支援から、有事に移行しそうな中小企業者に対し、有事に移

行しないよう収益力の改善に向けた支援を実施する「収益力改善支援」が創設されるに至った。

b 特例リスケ支援と収益力改善支援の違い

前述のとおり収益力改善支援は特例リスケ支援からシフトさせた支援策である。特例リスケ支援と収益力改善支援との違いは以下のとおりである。なお、収益力改善支援の詳細については、第2部第3章2の説明を参照されたい。

	特例リスケ支援	収益力改善支援
対象企業	新型コロナの影響を受けた中小企業 （売上減少要件あり）	財務内容の悪化、資金繰りの悪化等が生じるおそれがある者 （売上減少要件なし）
計画内容	資金繰り計画＋（希望に応じ）事業継続アクションプラン	収益力改善アクションプラン＋資金繰り計画＋簡易な収支（必要に応じガバナンス体制の整備に向けた助言）
金融支援	必須（リスケジュール）	任意
計画期間	1年	1年～3年（金融支援ありの場合は1年）

まず、対象企業であるが、特例リスケ支援は新型コロナの影響を受けた中小企業を対象とした緊急的な支援、という位置づけであったため、新型コロナが発生した前後を比較した売上減少要件を定めていた（特例リスケ実施要領（改訂版）2(2)）。収益力改善支援は、アクションプランの作成を中心に据えた恒久的な支援とするため、新型コロナの影響の有無にかかわらず、支援可能になっている（収益力改善支援実施要領2）。

次に計画の内容は、特例リスケ支援ではアクションプランは相談企業の要望に応じて作成することになっていた（特例リスケ実施要領（改訂版）3(2)①）。これに対し、収益力改善支援ではアクションプランの作成を必須とし、収益力改善のための支援であることを明確にしている。

さらに、特例リスケ支援は、コロナ禍における中小企業の資金繰りを支え

るため、金融支援（リスケジュール）を必須としていた（特例リスケ実施要領（改訂版）3(1)④）。これに対し、収益力改善支援は金融支援を任意としている（収益力改善支援実施要領3(1)④）。これにより、収益力改善支援はより幅広い中小企業の支援が可能になっている。

加えて、特例リスケ支援の計画期間は最大1年（特例リスケ実施要領（改訂版）3(2)①）である一方、収益力改善支援は1年から3年と計画期間に幅をもたせている（収益力改善支援実施要領3(2)①）。これは、収益力改善支援は特例リスケ支援とは異なり、緊急的な位置づけの支援策ではなく、金融支援自体も任意としているためである。ただし、収益力改善支援において金融支援を要請する場合には、特例リスケ支援同様、計画期間を1年間としている。

c　収益力改善支援の活用

収益力改善支援は、活性化パッケージにも独立して掲載されている支援策で、活性化協議会の新しいコンセプトの象徴ともいえる支援策である。

新型コロナの影響は中小企業の売上げに直接的な影響を及ぼしている。そのような中小企業がコロナ禍から回復するためには、「本源的な収益力の改善」がまずもって重要である。中小GLにおいても「本源的な収益力の改善」はガイドライン全体に共通するコンセプトであるといえる[2]。

しかし、読者のなかには、協議会は「抜本的な再生支援など、重たい案件を対応している」というイメージをもつ方もあるのではないか。

今回の収益力改善支援は、金融支援の要請が不要な計画の策定支援を可能とする初めての支援策である。これまでも協議会は中小企業の駆け込み寺として幅広く中小企業支援を実施してきたが、この支援策が浸透していくことで、これまで以上に、中小企業や支援専門家が相談しやすい環境が整備されているといえる。

---

[2] 収益力改善支援は、中小GL第二部1項(2)④記載の、予防的対応に当たる支援と位置づけられている。

(3) 経営改善計画策定支援事業[3]に対する助言支援

経営改善計画策定支援事業に対する助言支援は、①認定経営革新等支援機関[4]による事前相談時、②中小企業・小規模事業者および認定経営革新等支援機関による利用申請時、③中小企業・小規模事業者および認定経営革新等支援機関による経営改善計画等の策定中、④中小企業・小規模事業者および認定経営革新等支援機関による支払申請時、⑤中小企業・小規模事業者および認定経営革新等支援機関によるモニタリング結果の報告時の各段階において実施している。実施基本要領では、この助言支援を実施する際に「留意すべき事項等」の説明を行うと定めている（実施基本要領第二章第4.2項(2)(4)(5)参照）。認定経営革新等支援機関におかれては、早期経営改善計画および経営改善計画を策定支援するにあたり、参照されたい。なお、上記の着眼点を活用した助言支援は、経営改善計画策定支援事業のうち中小GLに基づく計画においては実施しないことに留意が必要である。

(4) プレ再生支援・再生支援

a 活性化協議会の再生支援の全体像

活性化協議会では再生支援を二つの準則に基づき実施している。一つは「再生支援実施要領」（実施基本要領別冊2）に基づく再生支援、もう一つは「中小企業再生支援スキーム」（実施基本要領別冊3）に基づく再生支援である。「再生支援実施要領」（実施基本要領別冊2）に基づく再生支援は従来「協議会スキーム」と呼ばれるもので、中小GLにおいても中小企業の実態をふまえた準則として参照されている。「中小企業再生支援スキーム」（実施基本要領別冊3）は、①法人税法25条3項および33条4項（平成17年度税制改正によるいわゆる資産評価損益の計上）、②同法59条2項（同改正によるいわゆる期限切れ欠損金の優先利用）、③産業競争力強化法56条、58条の2

---

[3] 経営改善計画策定支援事業についての説明は4において記載する。
[4] 経営革新等支援業務を行う者として認定を受けた者をいう（中小企業等経営強化法31条参照）。

(つなぎ融資債権の優先弁済に関する蓋然性の向上を図る規定)、④同法59条、65条の2（商取引債権の優先弁済の円滑化規定）の適用を受ける再生計画を策定する場合等に活用される準則である。

中小企業再生支援スキームは、一時停止の通知、再生計画検討委員会の設置、「実態貸借対照表作成に当たっての評価基準」に基づいた資産評定などの点で、協議会スキームよりも厳格な手続であることもあり、現在、活性化協議会の再生支援のほとんどは「再生支援実施要領」（実施基本要領別冊2）に基づき実施されている[5]。

図表1-3-2　協議会スキームと中小企業再生支援スキームの違い

	協議会スキーム	中小企業再生支援スキーム
概要	中小企業の実体をふまえた再生プロセス	私的整理ガイドラインをふまえた再生プロセス
制定時期	2008年（全国本部設立後）	2005年（全国本部設立前）
手続	柔軟な手続 ・元金返済猶予は再生計画案作成前 ・計画案の検証は各地の協議会で実施	厳格な手続 ≒私的整理ガイドライン、特定認証紛争解決手続（事業再生ADR） ・元金返済猶予は再生計画案提示と同時 ・計画案の検証は全国本部が「再生計画検討委員会」を別途設置し実施
国税との関係	・債権者側の無税償却が認められることのほか、債務者側においても、いわゆる期限切れ欠損金の損金算入が可能（後述）だが、企業再生税制の適用はない	・いわゆる企業再生税制の適用がある≒特定認証紛争解決手続（事業再生ADR）

---

[5] 「中小企業再生支援スキーム」を活用した再生支援は、年間1、2件程度である。

b　プレ再生支援について

　協議会スキームでは、原則として、数値基準（再生支援実施要領2⑸②～④または⑩の要件）を満たす再生計画の策定を目指しているが、将来の本格的な再生計画の策定を目指し、事業計画の実現性を高めるために、アクションプランの実効性を確認・検証する期間が必要と判断される場合や滞納公租公課の解消等を目的とする場合など、直ちに数値基準を満たす再生計画を策定することが困難な場合に、3事業年度（再生計画成立年度を含まない）を限度とする暫定的なリスケジュール計画の策定を認めている（再生支援実施要領2⑸⑪、同ＱＡ「Q32」）。活性化協議会では、それを「プレ再生計画」と呼んでいる。プレ再生計画は再生支援協議会において従前「協議会版暫定リスケ計画」と呼ばれていた計画であるが、活性化協議会が設置されるにあたり名称が変更されている。

c　協議会スキームの変更点

　協議会スキームも活性化協議会を設置するにあたり、骨子以下の変更がなされている。協議会スキームの概要については本書第3部第2章を参照されたい。

　　① 　中小GL第三部（中小企業の事業再生等のための私的整理手続）には、「中小企業者の特性を考慮し策定した、中小企業者のための準則型私的整理手続に関する金融界・産業界のコンセンサスを得たものである。中小企業者が策定する事業再生計画案や弁済計画案の内容、その成立要件、計画成立のための手続、金融機関の対応および計画成立後のモニタリングについては、他の準則型私的整理手続において具体的定めがない場合には、中小企業者および対象債権者は、本手続を参照すべき拠り所として活用することが期待されて」いる（中小GL第三部1項⑵）との記載がある。そのため、中小GL第三部は、協議会スキームにおいても参照すべきものであるため、今般実施基本要領を作成するにあたり、中小GLおよび中小GLQAを参照し、協議会スキームにも流用すべき記載を加筆している。

　　② 　中小GL第三部が定められたことにより、再生計画の内容が明確化

されたことに伴い、再生支援協議会が再生支援として従前実施していた「迅速かつ簡易な再生計画の策定支援」をもって廃止している。
③　協議会版暫定リスケ支援（現プレ再生支援）が浸透したことに伴い、再生支援を行うことが適当であるかどうか判断する場合、または再生計画策定支援に移行する前に特に事業面の支援が必要な場合において、外部専門家を活用して調査を行う対応（いわゆる1.5次対応）を廃止している。

以上のとおり、協議会スキームも活性化協議会が設置されるにあたり、改革を行っている。

d　協議会スキームの税務上の取扱い

国税庁の文書回答手続は、事務運営指針[6]に基づき、納税者の予測可能性の向上の観点から、一定の要件のもとに文書による回答が行われるものであり、過去においても、2001年に策定された「私的整理に関するガイドライン」以降、「特定認証紛争解決手続」（事業再生ADR）や「中小企業再生支援スキーム」「中小GL」等の準則型私的整理手続において国税庁に対して文書照会が行われている。しかし、これまで協議会スキームにおいては、協議会スキームに基づき策定された再生計画により債権放棄等が行われた場合の税務上の取扱いについて文書照会を行っていなかった[7]。

そのため、今回、協議会スキームについて、一定の要件のもとで債権者側の無税償却が認められることのほか、債務者側においても、いわゆる期限切れ欠損金の損金算入がなされること等について、国税庁から回答を得た（再生実施要領QA8・9・9－2）。

---

[6]　国税庁「同業者団体等からの照会に対する文書回答の事務処理手続等について（事務運営指針）」。

[7]　なお、従前から協議会スキームに基づき策定された再建計画のモデルケースが「合理的な再建計画」（法人税基本通達9－4－2）や「債務の免除等が多数の債権者によって協議の上決められる等その決定について恣意性がなく、かつ、その内容に合理性があると認められる資産の整理」（法人税法基本通達12－3－1(3)）に該当するかどうかについて、原則として該当すると考えてさしつかえない旨税庁のウェブサイト上に公開されていた（平成15年7月31日「中小企業再生支援協議会で策定を支援した再建計画（A社及びB社のモデルケース）に基づき債権放棄が行われた場合の税務上の取扱いについて（通知）」）。

なお、「中小企業再生支援スキーム」において適用される、資産の評価益の額または評価損の額を益金の額または損金の額に算入する措置、同措置の適用を受ける場合に繰越欠損金額の損金算入について青色欠損金額等以外の欠損金額を優先する措置といった、いわゆる「企業再生税制」は本照会の対象外としている。これは、厳格な資産評定が求められるなどの「企業再生税制」の適用に必要な要件を前提とした手続は、中小企業の実態をふまえた協議会スキームにはなじまないと考えたからである。今後とも協議会スキームと中小企業再生支援スキームは両立し、案件ごとに適切な手続を選択し実施することになる。
　以上のとおり、協議会スキームの税務上の取扱いの明確化が図られたため、これまで以上に利用しやすい手続になっている。

(5)　再チャレンジ支援

　再生支援協議会では、2018年9月から、再チャレンジ支援（再生計画策定支援の開始、完了、再生計画の遂行がきわめて困難である企業について、経営者に対し、企業の早期清算や再生計画策定支援以外の方法による事業再生の早期決断と、経営者の再チャレンジに向けた債務整理の決断を促すため、相談企業（経営者）および代理人弁護士への助言を実施する支援）を実施している。
　これまで、再チャレンジ支援は、その目指す内容に応じ、A支援（法人私的整理、個人経営者保証ガイドライン）、B支援（法人破産、個人経営者保証ガイドライン）、C支援（法人破産、個人破産）として整理し、支援を実施していたが、①再チャレンジ支援の内容が実施基本要領に記載されておらず支援内容が不明確である、②再チャレンジ支援の類型がわかりにくい、③廃業確定後の経営者のガイドラインに基づく保証債務整理に向けた支援を再チャレンジ支援とは別の単独型による保証債務整理支援として観念していたために制度の整理が不十分である、といった課題があった。
　そのため、活性化協議会が設置されるにあたり、再チャレンジ支援は以下のように変更されている。

① 再チャレンジ支援の具体的内容を実施基本要領に明記した。再チャレンジ支援が目指す支援を「円滑な廃業」そして「経営者等の再スタート」と位置づけ、再チャレンジ支援を実施する目的を明記した。活性化協議会は、再チャレンジ支援の社会的意義を示し、全国に周知普及していくことが求められている。

> 〈参考：再チャレンジ支援の目的（中小企業活性化協議会実施基本要領第6）〉
>
> 　再チャレンジ支援が目指す「円滑な廃業」や「経営者等の再スタート」のための支援は、①破産手続によるよりも、中小企業者等の従業員等が円滑に転職できる機会が確保されていること、②破産手続によるよりも、経営者等にとって当該地域において再度事業を行う等の再スタートが容易であること、③破産手続によるよりも、当該中小企業者の取引先の連鎖倒産を回避することができること、④仮に、中小企業者が法的整理に至ったとしても、円滑な廃業を目指したことによって、法的整理手続を活用しながら事業譲渡等により事業及び雇用を維持できる可能性が高まることから、地域経済の発展に資する重要な取組である。
>
> 　協議会は再チャレンジ支援を実施することで、地域の資産である中小企業者の経営者や従業員等が再チャレンジできる環境を構築し、それにより中小企業の活力の再生を図る。

② 廃業を希望する中小企業者の窓口相談を開始した。
③ 中小GLに基づく廃業型私的整理手続をサポートする支援を開始した。
④ これまで再チャレンジ支援に含めてこなかった、廃業確定後の経営者の経営者保証GL単独型に向けた支援を、経営者の再チャレンジ支援に位置づけ、支援の全体像を把握しやすくした。

以上の改革により、活性化協議会は、廃業時においても、ガイドラインに

基づく保証債務整理支援[8]を円滑に実施できるように規定を整備している。

4　民間プレーヤーを活用した支援（経営改善計画策定支援事業）

(1)　はじめに

　前述のとおり、経営改善計画策定支援事業は、これまで経営改善支援センターが実施してきた支援である。これまで経営改善計画策定支援事業は、専門家の支援を受け中小企業・小規模事業者が経営改善計画を作成する場合に、その費用の3分の2を補助する支援策であったが、活性化パッケージにより、経営改善計画に加えて、中小GLに基づき再生計画および弁済計画を作成する場合にも補助を行うに至っている。活性化協議会では経営改善計画策定支援事業を実施することで、民間プレーヤーの活用を促進し、「地域における収益力改善・事業再生・再チャレンジの最大化」を目指している。

　なお、中小企業・小規模事業者が、経営改善計画策定支援事業を利用する場合、計画を策定支援する専門家は、認定経営革新等支援機関の認定を受けている必要がある。そのため、補助制度を活用したいと考えている専門家は、支援着手前に認定経営革新等支援機関に登録する必要があることにつき留意が必要である。

(2)　早期経営改善計画策定支援

　本支援は、資金繰りの管理や自社の経営状況の把握などの基本的な経営改善に取り組む中小企業・小規模事業者を対象として、認定経営革新等支援機

---

[8]　活性化協議会ではガイドラインに基づく保証債務整理支援業務を実施するにあたり、「中小企業活性化協議会等の支援による経営者保証に関するガイドラインに基づく保証債務の整理手順」（実施基本要領別冊4）を定め、その内容、手続、基準を規定している。

関の支援を受けて資金繰り計画やビジネスモデル俯瞰図、アクションプランといった経営改善計画の策定を支援し、早期の経営改善の取組みを促進するものである。中小企業・小規模事業者が認定経営革新等支援機関に対し支払う費用の3分の2を活性化協議会が支援しており、2021年度までで累計1万4,553件の支援実績がある。支払対象となる項目や上限額については、経営改善計画策定支援とあわせて中小企業庁ウェブサイトを参照されたい。

なお、2022年4月1日より、中小企業・小規模事業者に対してくまなく伴走支援を実施するため、期中の伴走支援にかかる費用を追加し補助上限額を20万円から25万円に増額した。また、経営者保証解除を目指した計画を作成し、弁護士を活用して金融機関交渉を実施する場合は、補助上限額が35万円に増額された。

(3) 経営改善計画策定支援

a 通常枠

本支援は、金融支援を伴う本格的な経営改善の取組みが必要な中小企業・小規模事業者を対象として、認定経営革新等支援機関が経営改善計画の策定を支援し、経営改善の取組みを促進する支援である。

中小企業者等が認定経営革新等支援機関に対し支払う費用の3分の2を活性化協議会が支援しており、2021年度までに累計2万1,234件の支援実績がある。

なお、2022年4月1日より、DD・計画策定支援および伴走支援にかかる費用の補助上限額を200万円から300万円に増額した。加えて経営者保証解除を目指した計画を作成し金融機関交渉を実施する場合は金融交渉に係る費用の3分の2を追加で補助（補助上限額10万円）している。

b 中小版GL枠

本支援は、2022年3月4日に「中小GL」が策定されたことを受け、2022年4月15日に適用開始されたものである。中小GLに基づいた事業再生等の取組みを促進するため、中小企業・小規模事業者が認定経営革新等支援機関に対し支払う費用の3分の2（上限700万円）を活性化協議会が支援する。

> ① 補助率：2／3
> ② 補助上限：1案件につき、上限計700万円（DD費用等：上限300万円／計画策定支援費用：上限300万円／伴走支援費用：上限100万円）
> ③ 補助対象者：中小GLに基づく計画策定を支援する外部専門家、第三者支援専門家

　補助制度を利用する専門家は、中小GL第三部に基づく手続着手前に利用申請を行う必要があり、計画策定後または伴走支援実施後には支払申請を行う必要があるが、利用申請時や支払申請時の具体的な必要書類および留意点は、中小企業庁による「経営改善計画策定支援事業（経営改善計画策定支援）に関する手引き」および「経営改善計画策定支援事業（ガイドラインに基づく計画策定等の支援〈中小版GL枠〉）マニュアル・FAQ」に記載し、随時更新している 。そのため、実際に中小企業の事業再生等に関するガイドラインの補助政策を利用する場合には、中小企業庁ウェブサイトを参照されたい。

第 2 部

平時における弁護士の取組み

第1章

中小GLの記載（総論）

1　平時における中小企業者と金融機関の対応

(1) 平時の重要性

　中小企業者と金融機関との取引においては、平時[1]から、両者が適時適切な対応をとり、信頼関係を構築しておかなければならない。これによって、中小企業者が有事に陥ることを予防する効果があり、仮に有事に陥った場合でも、金融機関は、迅速かつ円滑な支援を検討することができ、中小企業者の早期の事業再生等に資する効果が期待される[2]。

　平時における中小企業者の対応のキーワードは、信用と説明責任にあるといえる。金融機関が融資する以上所定の金利を獲得し、元本を回収しなければならない。金融機関が重視するのは、当該中小企業者の債務償還能力、つまり信用である。中小企業者は、収益力の向上と財務基盤を強化し、他方で法人と経営者の資産等の分別管理をすることで信用を高める努力をしなければならない。また、中小企業者は、自らに信用があることを示す情報を日頃

---

[1] 中小GLには「平時」について直接的な定義はないが、「有事」については「中小企業者は、収益力の低下、過剰債務等による財務内容の悪化、資金繰りの悪化等が生じたため、経営に支障が生じ、又は生じるおそれがある場合」と定義されていることから（中小GL第一部2項）、平時とは有事以外の場合と定義することができる。
[2] 中小企業者の私的整理手続を担当する弁護士は、平時において中小企業者と金融機関との取引の信頼関係があることが、手続を適切かつ円滑に進めるうえで重要であるとの実感をもっている。

から準備し、適時適切なタイミングで金融機関に対して説明をすることが大切である。つまり自らの信用についての説明責任を果たさなければならない。これに対し、金融機関は、債務者である中小企業者の信用に誠実な関心を寄せ、適時適切なタイミングで当該中小企業者から情報を収集することでその信用を正当に評価し、当該中小企業者に対する金融支援に反映させることが重要である。説明の受け手責任ということができる[3]。

(2) 債務者である中小企業者の対応

a 収益力の向上と財務基盤の強化

　中小企業者が事業の維持・発展等に必要な資金を適時かつ円滑に調達していくためには、本源的な収益力の向上を目指し、もって財務基盤および信用力を強化しなければならない。そのためには、事業計画[4]を策定し、これを実行・評価・改善（以下「実行等」という）することが大切である。しかし、有事に至れば、事業改善計画の策定、実行等が大切なのはわかるが（事業改善計画の策定、実行等については、第3部第1章、第4部第2章3を参照）、平時においては、日々、売上げの拡大と費用の削減による収益力を向上させ、これによって確保した利益によって借入れを返済し、自己資本（内部留保）を充実させていけばよいのであって、人的資源の豊富な大企業ならともかく、中小企業者において事業計画の策定、実行等をする必要があるのかという声が聞こえてくる。事業計画の策定はおろそかになりがちである。しかし、事業計画を策定することは、経営の規律となると同時に、幹部従業員とこれを共有して力をあわせることで、事業計画の実行等が可能になる。

3　中小GLには信用、説明責任および説明の受け手責任の言葉はない。しかし、中小企業者に説明責任を課す以上、金融機関は、誠実にこれを受け止めなければならないと解される。

4　中小GLには「事業計画」の定義はないが、ここでの事業計画とは、損益計画、資金繰り計画等の定量的な情報による計画、これらを実行等するための行動計画をいうとする。これに対し、一般に、経営のビジョン・目的、ビジネスモデル等の定性的な情報を盛り込んで会社のあるべき姿を示すものとして、経営計画がある。事業計画は、経営計画を実現するための戦略または戦術を定量的に記載したものといえる。なお、ローカルベンチマーク（経済産業省「ローカルベンチマーク・ガイドブックSDGs/DX対応版（企業編）」「同（支援機関編）」を参照）の取組みも、経営計画の取組みといえる。

後に有事に至った場合においても、すみやかに適切な事業改善計画の策定が容易になるメリットもある。

　事業計画のうち損益計画の策定の要は、売上計画である。売上計画は、取引先ごとの、製品・商品ごと、店舗・部門ごと、営業担当者ごと等いろいろな観点から策定することになるが[5]、ポイントは積算方式である。会社が利益を出すために必要な売上げを逆算して並べても意味はない。また、損益計画は行動計画を伴ってはじめて実行等が可能になる。「行動計画は、経営者の頭のなかにある」という経営者が多いが、上記のとおり、経営の規律および幹部従業員との協働を考えると、これを実現するために行動計画の見える化（書面化）が必要であることが理解できる。

b　適時適切な情報開示等による経営の透明性確保

　取引金融機関とはいえ、取引先の金融機関は中小企業者が思うほど、経営の状況、損益の状況、財産（資産負債）の状況（保証人等のものを含む）、事業計画・業績の見通し、その進捗状況等（以下「経営情報等」という）については知らない。そこには情報の非対称性がある。この情報の非対称性によって、金融機関が取引先の中小企業者の経営状況や財産状態、つまり信用について疑心暗鬼となれば、金融機関は資金の提供に躊躇するようになり、結果、中小企業者は事業の維持・発展等に必要な資金を適時かつ円滑に調達していくことができなくなる。そこで、中小企業者は、経営情報等に関し、正確かつ信頼性の高い情報を、自発的にまたは金融機関からの要請に応じて開示・説明することにより、経営の透明性を確保するように努める。また、経営情報等に関して重大な変動が生じた場合には自発的に報告するなど金融機関に対する適時適切な開示・説明に努めることが大切となる。これは中小企業者の金融機関に対する説明責任といえる。もちろん、人的資源が豊富ではない中小企業者にとって、メイン・非メイン先の別や、プロパー融資・信用保証協会保証付融資の別も度外視し、すべての取引金融機関に対して適時

---

[5] 川北英貴『銀行からの融資完全マニュアル』280頁（すばる舎）参照。一般向けの文献であるが、中小企業者に対する銀行融資の実務は参考になる。

適切な情報開示をすることは容易ではない。日頃から金融機関とのコミュニケーションコストを意識し、適切な数の金融機関と取引をすることも検討するとよい。

c　法人と経営者の資産等の分別管理

　中小企業者がいくら法人の収益力の向上と財務基盤を強化したとしても、他方で法人と経営者の資産等の分別管理がされていなければ、穴の開いたバケツのように法人から経営者にキャッシュが流出するおそれがある。それでは、法人について適時適切な情報開示等があったとしても経営の透明性は高まらない。そこで、中小企業者は、法人の業務、経理、資産等に関し、法人と経営者の関係を明確に区分・分離し、法人と経営者の間の資金のやりとり（役員報酬・賞与、配当、経営者への貸付等）を、社会通念上適切な範囲を超えないものとする体制を整備するなど、適切な運用を図ることを通じ、法人と経営者の資産等を適切に分別管理するように努めなければならない。

d　予防的対応

　中小企業者は、有事へ移行しないように事業環境や社会環境の変化等の外部要因に的確に対応するように努め、また、金融機関や社外の税理士、公認会計士、中小企業診断士、弁護士等の専門家（以下「実務専門家」という。中小GL7頁参照）との十分なコミュニケーションを図らなければならない。そして、内部要因において、主要顧客が離れたことによる売上げの減少、原材料等や人件費の急上昇、従業員の退職や極端な求人難等によって従前の事業計画の実行が困難となり、また、新たな事業計画の策定が困難になるなど有事へ移行する兆候[6]を自覚した場合には、資金繰り計画を見直してその安定化を図らなければならない（資金繰り計画の見直しについては、第2部第2章5を参照）と同時に、本源的な収益力の改善に向けた事業改善計

6　「有事へ移行する兆候」については、中小GLは具体的に説明していない。何を「兆候」としてとらえるかは一般的な定義はないであろうが、中小企業者は、財務情報および非財務情報をすべて考慮し、どのような事態が生じれば、「有事へ移行する兆候」と認識し行動を開始するのか、あらかじめイメージすることが大切である。中小企業収益力改善支援研究会「収益力改善支援に関する実務指針（2022年12月）」に別添されている「経営者のための経営状況自己チェックリスト」の活用も期待される。

画を策定し、収益力改善を実行するとともに、すみやかに金融機関に報告し、金融機関、実務専門家、公的機関、各地の商工会議所等の助言を得て、客観的な状況把握に努めることが期待される。

e 実務専門家の活用

中小企業者は、実務専門家に対し、中小企業者の主体的な取組みに対する支援および外部機関等との連携体制の確保を求めるとされる[7]。

これを受け、実務専門家には、中小企業者の主体的な取組みに対する支援として、中小企業者との日常的・継続的な信頼関係をふまえて、中小企業者から得られる経営情報等をもとに、中小企業者が自らの経営の目標や課題を客観的に認識できるよう適切に助言し、特に、中小企業者が、自ら有事への段階的移行過程にあることを認識していない場合、必要に応じて金融機関への相談を勧めるなど、中小企業者が主体的に行動するように促す役割が期待される[8]。また、外部機関等との連携体制の確保として、実務専門家には、中小企業者との日常的・継続的な信頼関係をふまえて、中小企業者の経営の目標の実現や課題の解決に向けて、必要に応じ、他の実務専門家、金融機関、外部機関等と連携することや、国や地方公共団体の中小企業支援施策を活用することを中小企業者に対して促す役割も期待される（中小GL 8頁参照）。

(3) 債権者である金融機関の対応

a 経営課題の把握・分析等

中小GLによれば、金融機関は、中小企業者との信頼関係の構築に努める

---

[7] 「債務者である中小企業者の対応」の項目にあるが、実務専門家が主語となってその役割が記載されている。2024年1月一部改定において追記されたものであるが、平時における実務専門家への期待は大きくなったといえる。

[8] 中小企業者が主体的に行動するように促す方法論として、中小企業者を支援する機関による対話と傾聴を通して経営者との信頼関係を構築し、経営者の腹落ち・自走化を促す、「中小企業経営力再構築伴走支援」の活用が期待される（中小企業庁「経営力再構築伴走支援ガイドライン」）。日弁連においても、同じ趣旨から、「地域の多様性を支える中小企業・小規模事業者の伴走支援に積極的に取り組む宣言」を総会決議（2023年6月）しており、弁護士が中小企業者を主体的に行動するように促す方法論として参考になる。

とともに、開示・説明を受けた経営情報等をもとに、中小企業者の経営の目標や課題を把握するように努め、中小企業者の経営の目標や課題を分析し、中小企業者のライフステージや事業の維持・発展の可能性の程度等を適切に見極め、また、中小企業者が自らの経営の目標や課題を正確かつ十分に認識できるよう適切に助言し、中小企業者がその実現・解決に向けて主体的に取り組むように促すとされている。しかし、「言うは易く行うは難し」である。金融機関においても人的資源には限界があり、メイン・非メイン先の別や、プロパー融資・信用保証協会保証付融資の別も度外視してすべての取引先に関して受け取った経営情報等を読み取り、経営課題の把握・分析等をすることは容易ではない。金融機関は、中小企業者との継続的な関係から信頼関係を構築し、情報の非対称性を乗り越えて、中小企業者の経営情報等のポイントを的確に掴んで、その経営課題の把握・分析ができるようにしなければならない。特に、担当する営業マン等の人材開発が必要となるであろう[9]。

b　最適なソリューションの提案

中小GLによれば「中小企業者の経営の目標の実現や課題の解決に向けて、メイン・非メイン先の別や、プロパー融資・信用保証協会保証付き融資の別にかかわらず、中小企業者のライフステージ等を適切に見極めた上で、当該ライフステージ等に応じ、中小企業者の立場に立って、適時、能動的に最適なソリューションを提案する」とされている。もとより、金融機関においても人的資源には限界があることから、金融機関は、必要に応じ、中小企業者の意向もふまえて他の金融機関、実務専門家、外部機関等と連携するとともに、国や地方公共団体の中小企業支援施策を活用するとよい。特に、将来的な財務内容・資金繰りの悪化を金融機関として予見する場合には、提供可能なソリューションについて予防的に情報提供を行う。

c　中小企業者に対する誠実な対応

中小企業者が金融機関に対して開示する経営情報等のなかには、売上げの

---

[9] 金融機関と取引先中小企業者との間で継続的な信頼関係を構築し、金融機関が取引先情報を蓄え、これをもとに資金提供等の金融サービスを行う金融機関のビジネスモデルをリレーション・バンキングという。

減少、費用の増加、利益の縮小、資金繰りの悪化等、中小企業者の経営成績・財務状況が悪化している情報が提供されることがある。これによって、金融機関は当該中小企業者の信用に不安や疑念をもち、当該中小企業者に対する融資に躊躇する、場合によっては既存の融資を回収しようとする行動をとれば、中小企業者が事業の維持・発展等に必要な資金を適時かつ円滑に調達していく目的を達成することはできなくなる。中小企業者はこのような懸念により、経営成績・財務状況の悪い内容の経営情報等を金融機関に提供することを躊躇し、時として粉飾決算によって悪い内容を隠そうとすることもある。こうして、情報の非対称性は深まる。この悪循環は避けなければならない。金融機関は、中小企業者の提供する経営情報等のなかに悪い内容のものがあったとしても、当該中小企業者の円滑な資金調達について引き続き協力しなければならない[10]。

d 予兆管理

中小企業者の予防的対応については先に述べたが、金融機関は、有事への段階的移行の兆候[11]を把握することに努める。これは、中小企業者にとってもその把握がむずかしいことが多い。また、一般的に、有事への移行の初期段階であるほうが、金融機関が提供できるソリューションが多く、中小企業者がとりうる選択肢の幅も広い。そこで、自ら有事への段階的移行過程にあることを認識していない中小企業者に対しても、必要に応じて、有事への段階的な移行過程にあることの認識を深めるよう働きかけ、事業改善計画の策定、実行等に関する主体的な取組みを促す必要がある[12]。また、これについ

---

10 中小GLにおいては、「経営情報等について中小企業者から開示・説明を受けた金融機関は、その事実や内容だけをもって中小企業者に不利な対応がなされることのないよう、情報開示に至った経緯やその内容等を踏まえ、誠実な対応に努めることとする」とある（中小GL第一部1項(3)2）。「その事実や内容だけをもって」の「だけ」というところが微妙であり、金融機関は、中小企業者の提供した悪い内容の経営情報等と自らが積極的に収集した情報とをあわせて、中小企業者に不利な対応をすることは問題がないように読むこともできるが、説明の受け手責任の趣旨、中小GLの趣旨に合致しないと思う。悪い内容の経営情報等に接しても「逃げない」という覚悟に期待したい。
11 「有事への段階的移行の兆候」と「有事の兆候」は同じ趣旨と理解する。
12 中小企業収益力改善支援研究会「収益力改善支援に関する実務指針（2022年11月）」に別添されている「支援者による経営状況チェックリスト」の活用も期待される。

ての助言を求められた場合には、事業改善計画策定支援（その後のフォローアップを含む）や事業再構築に向けた支援を行うとともに、その過程で課題が生じた場合には、その解決に向けて実効性のある課題解決の方向性を提案する[13]。

2 経営者保証GLの積極的な活用[14]

　平時における債務者である中小企業者の上記1(2)a、b、cの取組みは、まさに経営者保証GLにおける「経営者保証に依存しない融資の一層の促進」の前提としての三つの条件におおむね一致する。すなわち、経営者保証GLにおいては、①法人と経営者との関係の明確な区分・分離、②財務基盤の強化および③財務状況の正確な把握、適時適切な情報開示等による経営の透明性確保（経営者保証GL 4頁）がなされており、さらに、「経営者等から十分な物的担保の提供がある」との条件をふまえ、金融機関は、経営者保証のない融資の検討または既存の保証契約の適切な見直しを検討することになっている（経営者保証GL 5頁）。

　中小企業者にとっても、当面の目標があるとその努力に力が入る。それが経営者保証のない新規の融資または既存の経営者保証契約の解除への取組みである。他方、金融機関にとっても、平時において、限られた人的資源のなか、新規融資時または融資の切替え時でもない限り、当面の課題なくして、当該中小企業者に関心を持ち続けることは容易に期待できない。そこで、金融機関は、取引先中小企業者との適切なコミュニケーションをふまえて、経営者保証のない新規の融資または既存の経営者保証契約の解除への取組みを提案してはどうかと思う。

---

[13] メインの金融機関がハブとなることが期待されている。中小企業収益力改善支援研究会「収益力改善支援に関する実務指針（2022年11月）」5頁。
[14] 中小GL第二部1項のなかには、経営者保証ガイドラインの積極的な活用の記載はない。

3 資金繰り支援と収益力改善の各支援

　中小企業者または金融機関が有事へ移行する兆候に気づいた際、中小企業者は資金繰り計画を見直す（第2部第2章5参照）と同時に事業改善計画を策定し、収益力改善に取り組まなければならない（第2部第3章参照）。その際、中小企業者は、社外の実務専門家の協力を仰いだり、公的機関、各地の商工会議所等の助言を受けるとよい。

第2章

資金繰り支援（各論①）

1 資金繰り維持の重要性と資金繰り表作成の意義

(1) 資金繰り維持の重要性

　事業者は、一時的であっても資金ショートを生じさせてしまうと、信用不安を生じさせてしまう、従業員の離散を招くなどの問題を生じさせ、事業維持ができなくなってしまう。一方、資金繰りが続く限りは事業継続ができ、事業再生を目指すこともできるので、資金繰りを維持することはきわめて重要である。

(2) 資金繰り表作成の意義

　いつまで資金がもつかによりとりうる再生手法は異なるし（手続選択につき、第3部第2章2参照）、金融機関等の関係者に条件変更（第3部第2章1(3)a）に応じてもらうためには、資金繰り表を提示することは必要である。
　弁護士は、会社作成の資金繰り表を確認して、資金繰りがいつまで維持できるか、どうすれば改善できるのか、金融機関に協力を要請する内容をどうするか確認するためにも資金繰りの確認に努めることが必要である。

2　日繰り資金繰り表

　資金繰り表には、1カ月単位の「月次資金繰り表」だけでなく、日々の入金、出金、残高の見込みを整理した「日繰り資金繰り表」も必要なことが多い。1カ月単位の「月次資金繰り表」の月末残高で資金繰りがついていても、月中に資金ショートしていてはいけないからである。仮に月次資金繰り表だけの場合でも、月中にどの程度のボトムがあるか確認しておくべきである。事案にもよるが、2、3カ月先までの日繰り表を整理することもある。

3　資金繰り表の作成手順ないし項目

(1)　改善施策の効果を織り込むか否か

　資金繰り表は、原則として、今後の損益見込みをベースとして作成する。会社としては、今後の損益改善見込みの施策効果が生じたかたちで資金繰り表をつくってくることがあるが、資金ショートになった場合の会社に生じるダメージ（事業価値の毀損）が大きいことから、弁護士としては、保守的に資金繰りをみるべきである。たとえば、売上げの増加施策などについては、具体的な見通しが立っていないのであれば、織り込まない処理が保守的な資金繰り表といえる。

(2)　資金繰り表の項目

　資金繰り表の項目としては、収入については、現金入金分と売掛金回収分を、支出については、買掛金（および支払手形）、人件費、経常的な経費（備品、光熱費等の支出）、その他経費（家賃等比較的大きな出費があるもの）、リース料、公租公課（税金、社会保険料）、そして金融債務（元金と利払い分は分けて記載する）といった項目を設けると便宜である。

(3) あると便利な項目等

売掛金の回収に手形を利用する会社については、手持ち手形の残高、期中の増減およびその用途がわかる一覧表を追加で記載するとよいし、猶予してもらっている債務がある場合には、当該債務を記載することを検討する。

なお、月次資金繰り表を作成する際には、経常収支（本業に密接に関連する収支）、経常外収支（臨時の収支）、そして財務収支（主に金融に関する収支）といった区分を設けると当該事業者の経常収支が回っているかみえやすくなるのでお勧めである。

4 （実態把握のための）資金繰り表の確認（資金繰り表の精度の把握）

事業者の再生支援を行う弁護士等は、以下の点を積極的に確認する等して、資金繰り表の実態把握に努めるべきである。

---

① 事業モデル、商流、締め・支払の条件の確認
② 入金の根拠の確認（売掛金回収リスト、前提としている損益見込みの確認）
③ 支出の根拠の確認（請求書に基づいているかの確認、仕入計画の確認）
④ 支払の繰延べをしているかの確認（繰延べをしている場合には、何をいくら繰り延べしているか、また、引き続き待ってもらえるかの確認）

---

(1) 収　　入

①どの得意先からどのような締め、支払で入金があり、どの仕入先、外注

先にどのような締め、支払をしているのかを確認する。

②入金の根拠については、得意先からの入金リスト（売掛金回収リスト）をつくってもらい、確認することが望ましい。事案によって、今後の損益予想をもとに簡易キャッシュフローでつくるケースの場合には、前提とする損益見込みの精度、締め・支払の前提条件が合理的かを確認する。事案によっては、今後の見込みについて、改善施策を織り込んだ楽観シナリオと悲観シナリオなど複数のパターンで作成することが合理的な場合もある[1]。

(2) 支　　出

支出については、③すでに請求書が届いているもの、取引先により支払日が決められているもの、電気・ガス・水道等の公共料金（家賃やリース料等の事務所経費）の自動引落し、従業員の給料、賃借物件の賃料、銀行等の返済等支払日が決まっているものは、できる限り正確に記入できているかを確認する。仕入れについても、会社側に請求書が届いている場合には、翌月分については、精緻につくってもらうよう指導する。

④事業者のなかには、公租公課等の繰延べをしているケースがある。このような場合には、換価の猶予が引き続き受けられる見込みがあるのか、相手方との交渉状況の確認を行う。

5　改訂資金繰り表の作成

実態レベルの資金繰り表が確認できれば、資金がいつまでもつのか、もたない場合にはどの程度ショートするのかがみえてくる。このままで進むと資金ショートが生じる場合、入りを増やすか、出を抑えるなどして、資金繰り

1　複数パターンをつくる理由はさまざまあるが、たとえば、保守的につくることにより、資金繰りが厳しい状況であることを金融機関に説明し、元本返済猶予の要請を行う理由になったり、プレDIPファイナンスを要請する理由づけになることがある。一方、経営改善施策に取り組んだ場合の楽観シナリオも社内向けにはつくる必要がある。

の改善を図る必要がある。このように収入や支出について、工夫を重ねた資金繰り表のことを「改訂資金繰り表」という。

(1) 収　　入

以下の入金ができないか確認する。

第1に、会社の決算書（貸借対照表）を確認し、換価可能なものがないか確認する。「保険」「出資証券」など換価できる財産をもっている場合には、当該資産の換金をする。事案によっては、「保証金」「前払金」についても、取引先と交渉し、換金することも考えられる。「売掛金」について、金融機関系のファクタリング業者を紹介することもある。また、「受取手形」について、手形割引が金融機関でできない場合には、市中の割引業者を探して、紹介することもある。

第2に、代表者個人資産を換価して、事業者に融資を行う方法である。この方法の場合、①代表者に当該事業者への貸付金が返ってこない可能性があることを説明するとともに、②代表者の個人資産が費消される結果、保証をとっている金融機関にとって回収不能となる事態が生じる問題もあるので、事案によっては、金融機関に事前説明をすることを検討する[2]。

第3に、自助努力とは性質が違うし、負債が増えるものではあるが、新規の借入れ（収入増）もあげられる。①コロナ禍においては、政府系金融機関や保証協会の保証付融資が盛んに利用されていた。

②コロナ後においてもよく利用されているのは、事業再生を目指している会社向けの「事業再生ファイナンス」の活用である。売掛金、棚卸資産などを担保として、当該ファイナンスを実施している金融機関があり、取扱金融機関が増えつつある。これらの金融機関は、代理人弁護士からの紹介により、融資を申し込むケースがほとんどである。弁護士が資金繰りに深く関与

---

[2] なお、「小規模企業共済」を換金して、事業者に入れることを検討している場合、相談を受けた弁護士は、当該資産が差押禁止財産であり、個人破産の場合でも代表者に残すことが可能であることをふまえて、換金の適否およびタイミングについて助言することが求められる。

し、弁護士の信用で当該ファイナンスが活用可能となるものである。

　第4に、補助金、助成金の活用などである。たとえば、従業員の休業を考えられるケースの場合、雇用調整助成金の活用などが考えられる。

(2) 支　　出

　支出の抑制にあたっては、事業価値に影響の生じないものの支出抑制を検討する。従業員や取引先への支払を遅らせると、信用不安が起こったり、従業員の仕事へのモチベーションの低下を招いたり、退職者が続出するなど企業価値の毀損が著しいことから、返済猶予の要請の順番には十分に注意する。支払の優先順位は、①従業員の給料、②手形決済、③買掛金の支払、④租税公課、⑤金融機関返済（利息→元本）の順序でつけることが多い。逆にいえば、⑤金融機関の元本返済については、まずもって返済猶予を要請すべき対象ということになる。

　なお、活性化パッケージNEXTでは、事業者の資金繰り支援等のための金融機関等への要請が出ているので、条件変更手続は、柔軟に認められるケースが多かったが、事業者のみでの対応がむずかしい場合には、活性化協議会（第1部第3章3(2)、第2部第3章2参照）の収益力改善支援の活用を検討する。

第3章

収益力改善（各論②）

1 民間プレーヤーによる収益力改善の支援と活性化協議会による収益力改善支援[1]

　中小企業者の収益力を改善する方策として、主として考えられるのは、売上げを増やして売上総利益を増やすことや、経費・費用を削減することがまずあげられる。このうち経費・費用の削減については、事業再生の経験を積んできた弁護士であれば、ある程度、助言を行うことはできるであろう。

　とはいえ、取引先ごとに原価率をきちんと把握できている事業者ばかりではなく、たとえば、データ把握から進めざるをえない事業者も相応におり、原価管理についての専門的知識を有している専門家の支援が必要となる場合もある。

　その結果、民間プレーヤーが中小企業者の収益力を改善しようとする局面では、弁護士がこれを行う場合にも、コンサルタントや会計士・税理士の関与が必要となるケースが多いであろう。とはいえ、法的整理や私的整理を利用して債務免除を求めていく局面では弁護士が金融機関をはじめとする債権者との交渉の窓口となって、弁済計画を策定する等、弁護士が主体的に活動することになるのはいうまでもない。

---

[1] 活性化協議会では「収益力改善支援」というパッケージでの中小企業支援を実施していることから、ここでは、一般的な用語としての「収益力改善の支援」と活性化協議会が実施する支援パッケージとしての「収益力改善支援」を区別して論じることとする。

本項では、本書の読者として想定される弁護士の皆様に収益力改善の支援の中身をイメージしていただきやすいように、活性化協議会が行っている収益力改善支援制度について紹介した後で、民間プレーヤーによる収益力改善支援における補助金等の制度について説明し、さらに、2022年12月に公表された「収益力改善支援に関する実務指針」を参考に、弁護士が検討すべき事項について述べることとする。

2 活性化協議会による収益力改善支援

(1) 位置づけ（特例リスケ、中小GL等）

　活性化協議会においては、2022年4月から「収益力改善支援」というメニューが新たに設けられ中小事業者への支援が実行されている。同メニューは、新型コロナウイルス感染症の影響の長期化を受けて業況悪化をきたした中小事業者向けに2020年4月から実施されていた「新型コロナウイルス感染症特例リスケジュール」（以下「特例リスケ」という）の後継的なかたちで始まったものである。そこで、簡単に特例リスケの概要について説明したうえで、活性化協議会による「収益力改善支援」について説明する。

(2) 特例リスケ

　特例リスケとは、端的にいえば、新型コロナウイルスの影響を受けて売上げが大きく減少し、資金繰りに窮した（またはそのおそれのある）中小事業者について、金融債権者に対する元金返済猶予（リスケジュール）の申入れを再生支援協議会が支援し金融債権者との調整を行うという制度である。
　この特例リスケ計画では、新型コロナウイルスの影響が6カ月間継続することを想定した1年間の損益計画と資金繰り計画を記載したものであり、現行の「収益力改善支援」で作成される収益力改善計画に含まれる「4．月次損益・資金繰り予定表」のシートと同様のものが作成されていた。

特例リスケ計画は原則として中小企業者が自ら作成することとされ、その内容を協議会がチェックしたうえで、銀行や信用金庫等の金融債権者に提示していた。こうして提示された特例リスケ計画の内容を金融債権者が検討し、すべての金融債権者が特例リスケ計画に基づく1年間のリスケジュール（元金返済猶予）に同意した場合には、再生支援協議会が特例リスケの成立を確認した旨の書面を作成して、すべての金融債権者に送付し、これに基づいて各金融債権者が1年間のリスケジュールに応じることとされていた。

(3) 活性化協議会による収益力改善支援制度

a　収益力改善支援制度の内容

　「収益力改善支援」は、2022年4月からポストコロナを見据えて開始された制度であり、現在も活発に利用されている制度である。同制度では、①金融支援（具体的には返済条件緩和（リスケジュール）を指す）を求める場合と、②金融支援を求めない場合で、計画期間が異なる。具体的には、①金融支援を求める場合は特例リスケと同様に計画期間は1年（正確には進行期ともう1期分）の損益計画と資金繰り計画を策定することとされており、②金融支援を求めない場合は1年～3年（進行期ともう1期～3期分）とされている。

b　書式および実務上のポイント

　収益力改善計画の書式と記載例は中小企業庁ウェブサイト（https://www.chusho.meti.go.jp/keiei/saisei/01.html）で公表されている。その内容であるが、「現状分析→課題の把握→アクションプランの策定→アクションプランを反映した数値計画の策定」という構成になっている。

(a)　現状分析シート

　まず、「1.　現状分析シート」（図表2-3-1）は「ビジネスモデル俯瞰図」と「損益実績」から構成されており、事業内容や商流・業務プロセス、外部環境等を「ビジネスモデル俯瞰図」に落とし込み、過去の損益計算書情報や経営管理指標等を「損益実績」に記載する。これらを作成する過程において、事業者自身が自社を取り巻く事業環境や、自社の損益構造の理解を深

め、それによって問題点・課題点を洗い出すことが期待されている。そして、中小企業者を支援する社外の支援専門家においても、この現状分析シートをもとに事業者へのヒアリング等を実施しやすくなる。

(b) **課題・アクションプラン・モニタリング計画のシート**

次に、「2．課題・アクションプラン・モニタリング計画」のシート（図表2－3－2）では、まず、「1．現状分析シート」で浮き彫りにされた課題・問題点を「経営全般」「原価・販管費」「財務」といった項目に分類、整理する。これらの課題・問題点をどのように解決・解消していくかという事業者の意思表明をする箇所が「アクションプラン」であり、収益力改善計画の根幹をなす最重要項目である。そのため、社外の支援専門家が計画策定に関与する場合には、このシートの内容を吟味し、収益力の改善に向けた中小企業者の覚悟を促すべきであろう。いうまでもなく、絵に描いた餅となることは避けるべきであり、この「アクションプラン」で定めた施策はあくまでも収益力改善計画の計画期間に実行することが可能な内容とすることが求められる。すなわち、収益力改善計画の計画期間は最大でも3年（とはいえ、ほとんどの事例では金融機関にリスケジュールという金融支援を求めることになるであろうから計画期間は1年プラス α になるものと考えられる）であり、中長期的な対応が必要となる課題については収益力改善計画における「アクションプラン」にはそぐわないであろう。また、その内容はできるだけ具体的なものにすべきであり、たとえば、「営業活動を促進し売上げを増やす」というような抽象的な内容とすべきではない。

さらに、この「1．現状分析シート」では、目標達成の有無を明確にするために、「改善目標」の欄に具体的な目標値を記入することが求められている。この目標値については到底達成できないような目標を設定することは望ましくない。努力すれば達成できるという目標を設定することで経営者および従業員のモチベーションを上げることを目指すべきである。筆者の経験では売上げの増加の目標値を設定するケースがよく見受けられるが、あくまでも収益力の改善が最終目標であって売上増そのものを目的化すべきではない。たとえば、売上げの改善が見込まれるとしても、原価率が低い商品であ

れば収益面での改善効果はあまり見込めないであろうし、そこに人的資源を割かれるおそれもある。他方で、多くのコストをかけずとも売上げや原価の改善が見込める政策があれば、その優先順位は高くなるであろう。また、経費の節減については効果を予測しやすいので、必ず検討すべきである。

(c) 計画数値

三つ目の「3．計画数値」（図表2－3－3）では、財務3表（損益計算書・貸借対照表・キャッシュフロー計算書）の将来計画の記載までは求められておらず、比較的簡易な記載のみが求められている。これは、協議会が実施する収益力改善計画策定支援の対象となる中小企業者は資金繰りや事業継続に懸念がないことが前提となっており（これらの懸念がある中小企業者については事業・財務DDを実施することが前提となるプレ再生などのメニューが適用される）、詳細な数値計画は必ずしも必要ではないと考えられているためである。

計画数値のシートのうち、損益計画の書式は「1．現状分析シート」における「損益実績」と同様にPL数値計画などから構成されており、アクションプランにおける「改善目標」における数値に連動させることが求められる。その結果として、この「3．計画数値」ではアクションプランの実施による改善効果を反映した後の損益計画を俯瞰的にみることができる。また、簡易CFは償却前利益に設備投資額や借入金の返済等を加味して算定する。最後に貸借対照表関連計画では、現預金や借入金残高、簿価純資産といった貸借対照表における主要項目に加え、猶予を受けていたり滞納したりしている公租公課（税金・社会保険料等）と支払遅延債務（給与や買掛金で支払を遅延しているもの）を記載する。これらを記載することで収益力改善計画の計画期間中にどれだけ滞納や未払いを解消できるかを可視化することが求められている。

(d) 月次損益・資金繰り予定表

四つ目の「4．月次損益・資金繰り予定表」では、現在進行期（計画0期）と計画1期の2年間の月ごとの損益状況と資金繰り状況（将来については計画数値）を記載することが求められている。前年同月との比較検討も行

図表2－3－1　現状分析シート

■ビジネスモデル俯瞰図

（会社基本情報）
会社名　　　　：（株）abc
代表者及び年齢：代表取締役社長　●●（65歳）
本社所在地　　：●●県××××××××
設立年月日　　：19●●/●/●
株主　　　　　：●●代表取締役社長【●●株、90％】、××氏（代表者妻）【●●株、10％】
　　　　　　　　※％は持ち株比率を示す
役員構成　　　：●●代表取締役社長、■■取締役
経営理念　　　：食を通じてお客様に感動を

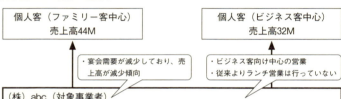

（出典）　中小企業庁ウェブサイト（https://www.chusho.meti.go.jp/keiei/saisei/download/01/2-2.pdf）

■損益実績 (単位：千円)

	実績 2021/3	実績 2022/3	実績 2023/3	課題・問題点
売上高	100,375	88,421	76,103	宴会需要の減少により年々売上高が減少
材料費	29,109	25,642	23,592	
売上原価	29,109	25,642	23,592	
売上総利益	71,266	62,779	52,511	
売上総利益率	*71.0%*	*71.0%*	*69.0%*	
役員報酬	10,000	10,000	10,000	
人件費(役員報酬以外)	32,114	29,125	26,046	
減価償却費	3,500	3,000	2,500	近年新たな設備投資は未実施
支払地代家賃	11,000	11,000	11,000	
支払保険料	5,000	5,000	5,000	役員の保険料負担が重い
その他経費	5,500	5,700	5,000	修繕費、リース料、広告費であり削減余地が少ない
販売費及び一般管理費	67,114	63,825	59,546	
営業利益	4,153	▲1,046	▲7,035	
営業利益率	*4.1%*	*▲1.2%*	*▲9.2%*	
受取利息	3	3	3	
その他	500	500	500	
営業外収益	503	503	503	
支払利息	1,300	1,900	1,800	
その他				
営業外費用	1,300	1,900	1,800	
経常利益	3,356	▲2,443	▲8,332	
特別利益	—	—		
特別損失				
税引き前利益	3,356	▲2,443	▲8,332	
法人税等	1,100	100	100	
当期純利益	2,256	▲2,543	▲8,432	

(償却前利益)

償却前営業利益	7,653	1,954	▲4,535	
償却前経常利益	6,856	557	▲5,832	

(売上比率)

材料費率	29.0%	29.0%	31.0%	天候不順による原材料価格の高騰により材料費率が悪化
人件費率	32.0%	32.9%	34.2%	非効率な作業が発生しており人件費率が30%超が常態化

(経営管理指標)

中華料理客単価(単位:円)	1,550	1,544	1,412	
居酒屋客単価 (単位:円)	3,000	2,950	2,950	
※1　中華料理顧客回転率	1.4	1.3	1.2	
※1　居酒屋顧客回転率	1.0	0.9	0.8	

(※1) 顧客回転率＝1日あたり平均来店客数÷客席数

図表2−3−2　課題・アクションプラン・モニタリング計画

■現状の課題と問題点

大項目	中項目	
経営全般	店舗別損益の把握	共通費を含めた店舗別損益の把握ができておらず各店舗の採算
	顧客属性の把握	両店舗とも曜日や昼夜で客層が異なる一方でターゲットに合わ
	法人、個人の分離が不明確	事業との関連性を疎明できない代表者貸付が長期にわたり計上
売上・収益	新規顧客開拓	過去より既存客中心の営業を行っており、一定の固定客はいる
	ランチ営業	居酒屋業態ではランチ営業を行っておらず、潜在的な顧客への
原価・販管費	材料ロス	材料ロスの発生は認識しつつも、金額の把握や対応策の検討は
	人件費高止まり	現場の事務業務が煩雑となっており、不必要な作業・経理処理
	保険料負担	支払保険負担が重く、収益圧迫要因となっている
財務	資金繰り	売上高の減少、原材料価格高騰に伴い、資金繰りが逼迫してい
	開示情報の信頼性、適時性	経理業務が手作業中心に実施されミスが起こりやすく、経理作
その他	滞納税金	消費税の納税猶予中（消費税1,500千円）現在税務署と分納に向

■アクションプラン

大項目	No.	目標	施策内容
経営全般	1-①	店舗別損益	共通費も考慮に入れた店舗別損益を作成し意思決定に利用する
	1-②	顧客属性の把握	POSデータを利用し顧客の「人数・金額・来店時間・カテゴリ」データを集計
	1-③	メニュー・金額の見直し	1-②を踏まえたメニュー、金額設定を検討。当面、四半期毎に見直す
	1-④	法人・個人の分離	法人・役員間の取引に係る内規を整備し、整備された内規に従い役員との取引を正常化する（役員貸付の回収、車両の売却等）
売上・収益	2-①	SNS発信で新規顧客の開拓	SNSでの発信によりビジュアルに訴える告知、各種セットメニューの定期的な更新や、お得情報の発信にも活用し新規顧客開拓を図る
	2-②	テイクアウト販売の開始	居酒屋業態において、平日のランチ時において弁当のテイクアウト販売を開始し新たな顧客層の開拓を図る
原価・販管費	3-①	店舗作業の効率化	クラウド会計システムを導入することで、店舗で日々行っている作業を効率化し現場人件費の人件費削減を行う（①日々の売上入力、経費入力②日々の在庫作成表作成業務）
	3-②	役員報酬削減	社長、■■取締役の役員報酬削減
	3-③	支払保険料削減	役員の積立保険を払済保険に変更し毎月の保険料を削減
財務	4-①	資金繰り	借入金の元金返済猶予により資金繰りの安定化を図る
	4-②	財務情報の信頼性、適時性	経理規程及び会計システムを整備し経理業務を標準化
その他	5-①	滞納税金	納税猶予中の消費税1,500千円を2024年4月以降分割納付

■モニタリング計画

モニタリング頻度	四半期に一度
モニタリング報告時期	四半期経過後3か月以内を目途にご報告
モニタリング報告内容	損益状況（計画対比）、アクションプランの実施状況、

（出典）中小企業庁ウェブサイト（https://www.chusho.meti.go.jp/keiei/saisei/download/01/2-2.pdf）

課題内容
性の検討ができていない
せた営業体制の構築できていない
されている。代表者の私有と見られる車両が法人名義で購入されている
が、新規顧客開拓を行っていない
訴求が行えていない
未実施
が常態化しており人件費が高止まり
る
業の属人化が進んでいる。日々の帳簿の作成に不備があり決算時には勘定残高の確定に時間を要している
けた交渉を実施中

(単位：千円)

| 優先度 | 実行責任者 | 実行担当者 | 実行時期 || 改善目標（計画0期からの増減） ||
			開始	完了	PL勘定科目／経営管理指標等	計画1期 2025/3
A	■■取締役	経理担当者	2024年4月	2025年3月	－	－
B	社長	店長	2024年4月	2025年3月	－	－
B	社長	料理長	2024年4月	2025年3月	－	－
A	社長	社長	2024年4月	2024年6月		
A	社長	店長	2024年4月	2025年3月	売上高	+2,000
					材料費	+620
A	社長	店長	2024年4月	2025年3月	売上高	+5,000
					材料費	+1,550
A	社長	経理担当者	2024年4月	2025年3月	－	－
A	社長	社長	2024年4月	2025年3月	役員報酬	▲2,500
A	社長	社長	2024年4月	2025年3月	支払保険料	▲3,000
A	社長	経理担当者	2024年4月	2025年3月		
A	社長	経理担当者	2024年4月	2025年3月		
A	■■取締役	経理担当者	2024年4月	2025年3月	－	－

資金繰り状況についてご報告

第3章 収益力改善（各論②）

図表2-3-3 計画数値

■損益計画

	実績 2021/3	実績 2022/3	実績 2023/3
売上高	100,375	88,421	76,103
材料費	29,109	25,642	23,592
	—	—	—
売上原価	29,109	25,642	23,592
売上総利益	71,266	62,779	52,511
売上総利益率	71.0%	71.0%	69.0%
役員報酬	10,000	10,000	10,000
人件費（役員報酬以外）	32,114	29,125	26,046
減価償却費	3,500	3,000	2,500
支払地代家賃	11,000	11,000	11,000
支払保険料	5,000	5,000	5,000
その他経費	5,500	5,700	5,000
販売費及び一般管理費	67,114	63,825	59,546
営業利益	4,153	▲1,046	▲7,035
営業利益率	4.1%	▲1.2%	▲9.2%
受取利息	3	3	3
その他	500	500	500
営業外収益	503	503	503
支払利息	1,300	1,900	1,800
その他	—	—	—
営業外費用	1,300	1,900	1,800
経常利益	3,356	▲2,443	▲8,332
特別利益	—	—	—
特別損失	—	—	—
税引き前利益	3,356	▲2,443	▲8,332
法人税等	1,100	100	100
当期純利益	2,256	▲2,543	▲8,432

（償却前利益）

償却前営業利益	7,653	1,954	▲4,535
償却前経常利益	6,856	557	▲5,832

（売上比率）

材料費率	29.0%	29.0%	31.0%
人件費率	32.0%	32.9%	34.2%

（経営管理指標）

中華料理客単価（単位：円）	1,550	1,544	1,412
居酒屋客単価（単位：円）	3,000	2,950	2,950
中華料理顧客回転率	1.4	1.3	1.2
居酒屋顧客回転率	1.0	0.9	0.8

■簡易キャッシュフロー計画（以下、簡易CF）

償却前利益①	5,756	457	▲5,932
設備投資支出②			
その他③			
簡易CF（借入返済等考慮前）④＝①－②＋③	5,756	457	▲5,932
借入金調達⑤		10,000	
借入金返済⑥		2,000	3,600
簡易CF（借入返済等考慮後）⑦＝④＋⑤－⑥	5,756	8,457	▲9,532

■貸借対照表関連計画

現預金残高	20,000	28,000	20,000
借入金総額	103,600	111,600	108,000
税金猶予・滞納金額残高	—	—	—
社会保険猶予・滞納金額残高	—	—	—
経費等支払遅延金額残高	—	—	—
簿価純資産	20,000	17,457	9,025

（出典）　中小企業庁ウェブサイト（https://www.chusho.meti.go.jp/keiei/saisei/download/01/2-2.pdf）

(単位：千円)

計画0期 2024/3	計画1期 2025/3	計画数値の主な前提（改善事項）
70,000	77,000	SNS発信による新規顧客開拓（AP2-①）、テイクアウト開始による売上高確保（AP2-②）
21,700	23,870	
−	−	
21,700	23,870	
48,300	53,130	
69.0%	69.0%	
10,000	7,500	役員報酬削減（AP3-②）
24,520	26,270	
2,000	1,500	
11,000	11,000	
5,000	2,000	支払保険料の削減効果を反映（AP3-③）
4,500	4,500	
57,020	52,770	
▲8,720	360	
▲12.5%	0.5%	
3	3	
500	500	
503	503	
1,800	1,777	
−	−	
1,800	1,777	
▲10,017	▲914	
−	−	
▲10,017	▲914	
100	100	
▲10,117	▲1,014	

▲6,720	1,860	
▲8,017	586	

31.0%	31.0%	
35.0%	34.1%	

1,300	1,400	
2,950	3,000	
1.1	1.2	
0.7	0.8	

(単位：千円)

▲8,117	486	
−	−	
	▲1,500	滞納税金の支払い
▲8,117	▲1,014	
2,700	−	
▲10,817	▲1,014	

(単位：千円)

12,222	14,713	計画0期、1期は資金繰り表より
105,300	105,300	
1,500	−	
−	−	
−	−	
▲1,092	▲2,106	前期末残高＋当期純利益で算定

第3章　収益力改善（各論②）

い、合理的な計画となっているかを検証することも必要であろう。

3 民間プレーヤーによる経営改善計画策定支援

(1) 405事業とポスコロ事業

　経営改善計画策定支援とは、2013年から開始された制度で、金融支援を必要とする中小企業者が、国が認定した士業等専門家（認定経営革新等支援機関）の支援を受けて経営改善計画を策定する場合に当該専門家に対する支払費用の一部を経営改善支援センター（現在は各地の活性化協議会）が支援するものであり、通称「405事業」と呼ばれている。中小GLによる手続が補助対象になった現在においては、「通常枠」とも呼ばれている）。

　これに対し、早期経営改善計画策定支援（図表2－3－4）とは、2017年から開始された制度で、現状は金融支援を必要としないものの今後の環境変化等により経営に支障が生じることを予防するために経営改善に取り組む中小企業者等が、認定経営革新等支援機関の支援を受けて経営改善計画を策定する場合に当該専門家に対する支払費用の一部を補助することで、中小企業者等の早期の経営改善を促すものであり、通称「ポストコロナ持続的発展計画事業（ポスコロ事業）」と呼ばれている。

　これらの違いは、前者ではリスケジュール等の金融支援が前提となるのに対し後者では金融支援は前提とならないことや、後者について手続の一部が簡易化されていること、その結果として前者は後者よりも支援専門家の費用について多額の補助が受けられることである。

　405事業では中小企業者が認定経営革新等支援機関に対し負担する計画策定費用および伴走支援費用について、協議会が3分の2（上限300万円）を負担することとされており、ポスコロ事業では計画策定費用および伴走支援費用について、協議会が3分の2（上限25万円）を負担することとされている。また、これらの計画遂行とあわせて経営者保証解除に取り組む場合[2]、

図表2－3－4　早期経営改善計画策定支援

ビジネスモデル俯瞰図	経営課題の内容と解決に向けた基本方針	アクションプラン	損益計画	資金繰表（実績・計画）
「事実を俯瞰」して、収益の仕組や商流等を「見える化」。	現状分析を踏まえた経営課題と解決策を検討。	「見える化」された課題を行動計画に落とし込み。	アクションプランの改善効果を数値化して計画を策定。	過去の資金繰り実績を分析、将来の資金計画を作成。

専門家と計画を策定して、経営改善に取り組みましょう！計画策定後も専門家が伴走支援します。

進捗・取組状況の確認	対応策の検討	金融機関等への報告
数値計画と実績との差異、及びアクションプランの取組状況の確認。	計画と実績に差異がある場合の対応策の検討。	計画進捗状況を金融機関等に報告。

支援枠	補助対象経費	補助率	備考
通常枠	計画策定支援費用	2/3（上限15万円）	伴走支援（期中）は事業者の希望に応じて実施いたします。
	伴走支援費用	2/3（上限5万円）	
	伴走支援費用（決算期）	2/3（上限5万円）	

（出典）　中小企業庁ウェブサイト（https://www.chusho.meti.go.jp/keiei/saisei/04.html）

金融機関交渉費用（認定経営革新等支援機関である弁護士に限る）について、協議会が3分の2（上限10万円）を負担することとされている[3]。

(2)　405事業枠（通常枠）と中小GL枠

　経営改善策定支援事業には、①金融支援を伴う本格的な経営改善に向け、「収益力改善支援に関する実務指針」に基づく計画策定等の支援（以下「通常枠」という）と、②中小GL第三部（中小企業の事業再生等のための私的整理手続）に基づく計画策定等の支援（以下「中小GL枠」という）がある。通常枠と中小GL枠の比較は以下のとおりである。

2　補助金支給の要件としては経営者保証解除の実現までは求められていない。
3　https://www.chusho.meti.go.jp/keiei/saisei/05.html

	通常枠	中小GL枠
対象事業者	借入金の返済負担等の影響による財務上の問題を抱えており、自ら経営改善計画等を策定することがむずかしいものの、経営改善計画の策定支援を受けることにより、金融機関からの支援（条件変更や新規融資等）が見込める中小企業・小規模事業者	ガイドラインに基づき計画策定を行う中小企業・小規模事業者→第4部第1章
計画書の記載事項	・会社概要表（株主、役員構成、役員等との資金貸借、沿革等） ・ビジネスモデル俯瞰図（グループ企業等がある場合は企業集団の状況を含む） ・経営課題の内容と解決に向けた基本方針 ・アクションプランおよび伴走支援計画（計画内容に応じた期間（原則3年程度）） ・貸借対照表、損益計算書、キャッシュフロー計算書等の計数計画 ・資金繰り表（実績・計画） ・金融支援の依頼内容（条件変更、融資行為等） ・資産保全表 ・その他必要とする書類	中小GLで定める計画の内容→第4部第1章
支払費用	認定経営革新等支援機関による計画策定支援、伴走支援および金融機関交渉（会社と経営者の資産の区分など経営者保証の解除に向けて取り組む場合であって、金融機関との交渉に弁護士等を活用する場合に限る）に係る費用のうち3分の2 ただし各費用の上限あり（以下）	認定経営革新等支援機関による、経営・財務および事業の状況に関する調査分析（DD）を実施するにあたり必要な費用、計画策定支援費用および伴走支援に係る費用のうち3分の2 ただし各費用の上限あり（以下） ①DD費用：300万円 ②計画策定支援費用：300万円

	①計画策定支援費用：200万円 ②伴走支援費用：100万円 ③金融機関交渉に係る費用は総額10万円を上限として加算可	③伴走支援費用：100万円

　通常枠ではDDが予定されておらず、計画書の記載も中小GLに比して簡潔な内容となっており、その分、補助される費用も中小GL枠よりも低額となっている。

(3) 経営改善支援センターによる支援

　活性化協議会の経営改善支援部門（2022年3月以前は経営改善支援センター）が、経営改善計画策定支援事業に伴う補助金申請の受付事務と支払事務を行っている。さらに、2022年4月からはこれら制度を利用する事業者および専門家への助言支援も開始されており、後述する計画策定支援と伴走支援の両方についての指導と、必要に応じて実施する個別助言が行われている。具体的には、補助金申請を受け付けた際には、活性化協議会から支援専門家に対し、後述する「収益改善支援に関する実務指針」に基づいて活動するよう要請・指導がなされているようである。また、個別助言については、必要に応じて、活性化協議会が申請者等に対して計画策定支援の各工程での取組状況や事業内容等をヒアリング等で確認したうえで、計画策定における助言が行われている。

(4) 伴走支援の強化

　経営改善計画を策定してもそれが実行されなければ意味がなく、そのためにはモニタリングの実施が重要であることはいうまでもない。しかしながら、中小事業者については、モニタリングを自ら行ったとしても、その実効性は期待できず、従前から支援専門家による伴走支援の必要性が強調されてきた。

　支援専門家による伴走支援においては、数値計画と実績の差異状況の確認や、各改善策（アクションプラン）の取組状況の確認を行い、数値計画と実

績に差異がある場合やアクションプランが予定どおり実施されていない場合には、その原因を分析し、事業者に対し改善に向けたアドバイスを実施することが求められる。

　かかる伴走支援を推進する施策として、2022年4月からは、計画策定支援費用の補助分の2分の1は（計画策定後の）初回の伴走支援実施後に支払われることとされている。これにより、伴走支援を実施し支払申請するまで計画策定支援費用の補助の半分は支払が留保されることとなった。

(5)　収益力改善支援実務指針

　「収益力改善支援実務指針」は、2022年3月に経済産業省が策定した「中小企業活性化パッケージ」をふまえた取組みの実行を加速し収益力改善支援の質の底上げを図る観点から、現状と課題を整理したうえで、実務をふまえた対応策を具体化すべく、同年8月末に中小企業庁に設置された「中小企業収益力改善支援研究会」により策定され同年12月に公表された指針である。405事業やポスコロ事業においては、同指針に沿って、認定経営革新等支援機関が支援を行うことが求められているうえ、収益力改善の支援という観点に限らず、中小企業者と接する弁護士等の専門家にとっても有益な視点が示されている。たとえば、同指針の6頁「2.3.　計画策定支援」の現状分析の項で列挙されている各要素は、顧問先の中小企業者について理解を深化させようとする際に参考になるであろうし、同指針の5頁「2.2.3　他の支援者等との連携検討」の項で、「経営者や支援者のみで適切な連携先が判断しづらい場合等は、商工会議所・商工会や中小企業団体中央会、中小企業活性化協議会、よろず支援拠点等」の利用を検討すべきとされているとおり、これらの支援機関を積極的に活用すべきである（しかも、これらの支援機関の利用は費用なしで可能なケースが多い。相談企業の売上確保や、人手不足の解消のためにこれら支援機関の活用を検討すべきであろう）。

　同指針には「経営者のための経営状況自己チェックリスト」（図表2－3－5）と「支援者による経営状況チェックリスト」（図表2－3－6）が添付されており、前者については経営者自らが経営改善の必要性を簡単に自己

図表2－3－5　経営者のための経営状況自己チェックリスト

チェックポイント	自己チェック	
	YES	NO
① 毎月の試算表を作成しており、資金繰り表等で当面（向こう1年分程度以上）の資金繰りを管理できている	☐	☐
② 営業黒字が維持できており、繰越欠損はない	☐	☐
③ 借入金を増やさなくても運転資金は確保できている	☐	☐
④ 減価償却が必要な資産については、正しく費用を計上している	☐	☐
⑤ 税金・社会保険料の滞納がない	☐	☐
⑥ 経営理念やビジョンがあり、従業員と共有できている（社是、社訓、スローガン、パーパス（注）等も含む） （注）パーパス…企業の根本的な存在意義や究極的な目的等を示したもの	☐	☐
⑦ 自社の強みの活用や弱みの克服に向けた取組を行っている	☐	☐
⑧ 自社の業務フローや商流（取引の流れ）を十分理解しているまた、販売先（ユーザー）は複数に分散している	☐	☐
⑨ 市場動向（為替、原油価格、賃金水準等）で、何が経営に影響を与えるかを理解し、対応策を考えている	☐	☐
⑩ 事業を継続・発展させるための人材育成に取り組んでいる（後継者を含めた経営陣の育成、技術やノウハウの伝承等）	☐	☐

▼

上記の項目のいずれかが「NO」となる場合で、
その要因が説明できない 又は 解決する手段がわからない場合は、
収益力改善について検討する必要があります。

ご相談は、お取引のある金融機関 又は 認定経営革新等支援機関（※）まで
　（※認定経営革新等支援機関の詳細は、右のQRコードを参照ください）
【経営改善計画策定支援事業のご相談は、各都道府県の「中小企業活性化協議会」まで】
　　　https://www.chusho.meti.go.jp/keiei/saisei/download/contact_list.pdf

（出典）　中小企業庁ウェブサイト（https://www.chusho.meti.go.jp/koukai/kenkyukai/shuuekiryokukaizen/shishin.pdf）

図表２－３－６　支援者による経営状況チェックリスト

財務状況	☐	★試算表や資金繰り表が管理されていない
	☐	売上が減少し続けている
	☐	営業赤字 又は 営業利益が減少し続けている
	☐	借入金が増加し続けている
	☐	借入金の返済能力が十分でない（キャッシュフロー等）
	☐	経営陣と会社の間で、金銭や不動産の貸借がある
	☐	売掛債権と買掛債権の回転率に大きな乖離がある
	☐	減価償却費が正しく計上されていない
	☐	税金・社会保険料の滞納がある
非財務	経営者	☐ ★経営者が経営理念やビジョンを持っていない
		☐ 経営者が自社の課題を把握できていない 又は 現状改善の意欲が見られない（向き合わない）
		☐ 経営者の後継人材がいない
	事業	☐ 自社の強みの活用及び弱みの克服に向けた取組が行われていない
		☐ 事業環境の整備（ITへの投資や活用等）に着手していない
		☐ 単位時間あたりの付加価値（生産性）の向上に向けた取組が行われていない
	環境・関係者	☐ 同種・同業の他社と比較して強みが見当たらない
		☐ 市場動向（原材料価格、為替、人件費等）や競合相手について関心がない
		☐ 商流が特定の取引先に偏っている
		☐ 従業員が定着していない 又は 十分な採用（人材確保）ができていない
		☐ 取引金融機関数が極端に多い 又は 頻繁にメインバンクが変わっている
	内部管理体制	☐ 各部門に責任者・キーパーソンがおらず指示命令系統が機能していない
		☐ 事業計画や目標が従業員と共有できていない
		☐ 新しい商品・サービスの開発や事業変革に取り組んでいない
		☐ 技術やノウハウの伝承、現場における人材育成に取り組んでいない

▼

上記を参考として中小企業者をチェック
　上記項目にあてはまるものがあり、その要因が説明できない 又は 解決する手段が検討されていない場合は、当該事業者に、収益力改善について検討を促す必要があります。改善に取り組む際は、「経営改善計画策定支援事業（405事業・ポスコロ事業）」（詳細は右下のQRコード参照）等の活用もご検討ください。
　特に★の項目にあてはまる場合は、まずは「ポスコロ事業」の活用をご検討ください。
　※金融機関への説明に窮する場合、金融機関で取組方針に迷う場合は、早期着手をご検討ください。
【経営改善計画策定支援事業のご相談は、各都道府県の「中小企業活性化協議会」まで】
https://www.chusho.meti.go.jp/keiei/saisei/download/contact_list.pdf

（出典）　中小企業庁ウェブサイト（https://www.chusho.meti.go.jp/koukai/kenkyukai/shuuekiryokukaizen/shishin.pdf）

チェックするためのみならず、支援者から経営者に対する対話のドアノックツールとして案内・活用することが想定されている。また、後者については、士業等が月次の顧問業務や経営相談時等に活用することが想定されており、このチェックリストを活用して経営者との対話のきっかけや目線をあわせるツールとして活用することが考えられる。まずはこうしたチェックリストを活用することから始めて、同指針に親しむきっかけとしてはいかがであろうか。

第 3 部

有事における弁護士の取組み

第1章

中小GL第二部における考え方

1 有事における中小企業者の取組み

　中小企業者は平時より金融機関と信頼関係を構築しつつ、本源的な収益力の向上と財務基盤の強化に取り組むべきであり、資金繰りや業績の悪化を未然に予防すべきであることは、第2部にて詳述したとおりである。

　しかし、新型コロナ感染症の世界的流行に代表される疫病の蔓延、戦争や内戦による政情不安とこれに起因する物価高騰等外部的要因のみならず、中小企業者の経営を実質的に支えていた経営者の死亡や健康状態の悪化、製造工程に瑕疵があり大量のリコール発生等内部的要因により受注件数が激減する等、やむなく業況が悪化する場合も少なくない。そのため、中小企業者は、収益力の低下、過剰債務等による財務内容の悪化、資金繰りの悪化等が生じたため、経営に支障が生じ、または生じるおそれがある場合（以下「有事」という）には、その置かれた状況に応じて早期に経営改善を図るとともに、事業再生等の対策を講じる必要がある。この場合、中小企業者は、金融機関と相互理解を含め、共通の理解のもとで一体的に事業再生等に取り組むことが重要であり、中小GL第二部では、中小企業者の有事において、中小企業者と金融機関が事業再生等に取り組むうえでの基本的な考え方を示している[1]。

1　中小GL第二部2項参照。

すなわち、有事に至った中小企業者は、原則的には、①経営状況と財務状況の適時適切な開示等、②本源的な収益力の回復に向けた取組み、③事業再生計画の策定を行うことが求められ、さらに④有事における段階的対応として、「イ　返済猶予等の条件緩和が必要な段階」「ロ　債務減免等の抜本的な金融支援が必要な段階」「ハ　上記イ、ロの対応策を講じてもなお事業再生が困難な場合」「ニ　上記イ、ロ、ハの対応策を講じてもなお事業再生が困難な場合」の各段階において必要な対応が中小GL第二部に記載されている。

　さらに、中小GL第二部では、中小企業者が私的整理手続を実施する場合には、保証人は経営者保証GLを積極的に活用すること、私的整理手続・法的整理手続を検討する場合の手続選択や手続間の移行、さらには、事業再生計画が金融機関の同意を得て成立した後の同計画の誠実履行、金融機関への適時適切な情報報告を行うことが明記されている。

　これまで中小企業者が有事に至った場合において、いまだ債務整理を開始するに至っていない段階における対応を示すガイドラインは存在していなかった。特に、中小企業者が債権者である金融機関に対してどのように対応すべきか、また、債権者である金融機関側において中小企業者に対してどのような支援を行うべきかを明確にしたことは、中小企業者が有事に至った場合に中小企業GL第二部にのっとった対応を行うことによって、円滑に金融機関との協議・調整を行うことができる可能性が大きく開けたものといえる。

　弁護士としては、有事における中小企業者に対して、中小GL第二部を示しながら、事業再生に向けて自助努力を促すとともに、債権者たる金融機関に対しては、中小企業者に対する必要な支援を引き出す交渉を行うことが求められる。

2　有事の場合における中小企業者の具体的な対応

(1)　経営状況等の適時適切な開示

　中小企業者が円滑に事業再生等に取り組むためには、金融機関に対し、正確かつ信頼性の高い経営情報等を開示し、丁寧に説明する必要がある。開示情報の信頼性を向上させる観点から、公認会計士、税理士等による検証を経て、その検証結果とあわせて開示することが望ましい。また、経営情報等を単に開示するだけでなく、有事に至った原因を分析し、その対応策（事業計画）についても迅速に検討したうえで、あわせて説明する必要がある。

　さらに、経営情報等を開示し、対応策を説明したあとにおいては、説明した事業計画や業績の見通し等に重大な変動が生じた場合には、中小企業者は金融機関に対し、自発的にその旨を報告するなど、平時以上に適時適切な情報開示に努める必要がある。

(2)　本源的な収益力の回復

　2021年6月に公表された政府の「成長戦略実行計画」でも指摘されているとおり、事業再生にはさまざまな手法がある。金融支援はそれらのオプションの一つであるが、有事では、本源的な収益力の回復が最も重要となる。有事に至った原因を除去し、さらなる自助努力により有事に至る前に有していた収益力の改善や向上を図る必要がある。具体的な対応方法については、第2部第2章、第3章を参照されたい。

　事業再生を進めるにあたっては、中小企業者が主体的に、自律的・持続的な成長に向けて取り組むことが必要である。

(3) 事業再生計画の策定

a 中小企業者による事業再生計画の策定

　中小企業者は、自ら本質的な経営課題を認識し、事業再生に向けて主体的に取り組んでいくために、必要に応じて、公認会計士や弁護士などの実務専門家や専門コンサルタント等に相談し、その支援・助言を得つつ、自力で事業再生計画を策定することが必要である。

　金融機関に対し、金融債務の減免等を求める必要がある場合、事業再生計画の内容は、①実行可能性のある内容であること、②金融支援を求める必要性・合理性があること、③金融債権者間の衡平や金融機関にとっての経済合理性が確保されていること、④経営責任や株主責任が明確化されていること（ただし、例外を一切許容しない趣旨ではないことにつき中小GLQA 3参照）が求められる。

　このような要素を含む事業再生計画を策定するには、法律、会計、経営に関する高度な専門的判断を要することから、必要に応じて前記のとおり、実務専門家等に相談し、その支援・助言を受けつつ事業再生計画に取り組むべきである。

b 債権者たる金融機関への対応

　中小GL第二部では、有事に陥った中小企業者が事業再生計画を策定する際、金融機関は、中小企業者に対して積極的な支援をすることを求めている。したがって、中小企業者においては、中小GL第二部に記載されている内容の支援要請を債権者たる金融機関に求めていくことも可能である。もちろん、中小GLはガイドラインにすぎないため、個々の債権者たる金融機関の事情等を反映するものではないため、必ずしも中小GL第二部に記載されたような支援を積極的に債権者たる金融機関から得ることがむずかしい場合もある。しかしながら、中小GL第二部を示しながら、中小企業者において経営状況等を開示して支援を求めていくことによって、一定の支援を得られる可能性はあり、中小企業者においてそのような支援を金融機関に対して求めていくことは検討に値するものと考える。

中小GL第二部において、債権者たる金融機関が中小企業者に対して積極的に支援することを求めている内容は、①事業再生計画の策定支援、②専門家を活用した支援、さらには、③有事における段階的な対応として、「イ　中小企業者から条件緩和の申出を受けた場合」「ロ　中小企業者から債務減免等の申出を受けた場合」「ハ　上記イ、ロの対応策を講じてもなお、中小企業者の事業再生が困難で、中小企業者から、スポンサー支援を求める旨の申出を受けた場合」「ニ　中小企業者から廃業の申出を受けた場合」に、それぞれの段階に適した支援を行うことが求められるとされている。なお、信用保証協会、金融機関から債権を譲り受けたサービサー等、貸金業者、リース債権者においても同様の対応を行うことが望ましいとされている。

　このうち、①事業再生計画の策定支援としては、中小企業者が本質的な経営課題を認識し、経営改善に向けて主体的に取り組んでいく必要があることから、債権者である金融機関は、事業再生計画の合理性や実現可能性等について、政府の計画策定支援に係る事業に基づくもの[2]を含め、中小企業者と協力しながら確認するものとされている。また、中小企業者が自力で事業再生計画を策定することが困難であると思われる場合には、中小企業者の理解を得ながら、さらに積極的・継続的に事業再生計画の策定を支援する（中小GL第二部2項(2)①）。

　②専門家を活用した支援においては、金融機関において、金融機関単独では事業再生計画策定支援が困難であると見込まれる場合や、支援にあたり債権者間の複雑な利害調整を必要とする場合に、中小企業者に対して、実務専門家や外部機関の第三者的な視点、専門的な知見・機能の積極的な活用を促し、事業再生計画の策定を円滑に進められるよう積極的に支援するとされている。また、中小企業者に直接貸金債権を有する金融機関は、必要に応じて、これを保証している信用保証協会に対し、事業再生計画の内容や対応状況を適宜共有し、連携して対応にあたるよう努める（中小GL第二部2項(2)②）。

2　中小企業庁による「認定支援機関による経営改善計画支援事業」など。

(4) 有事における段階的な対応

　有事における対応は、中小企業者を取り巻く事業環境のみならず、金融支援およびスポンサー支援の有無やその内容によりさまざまであるが、中小GL第二部では、典型的な有事の段階として、「イ　返済猶予等の条件緩和が必要な段階」「ロ　債務減免等の抜本的な金融支援が必要な段階」「ハ　上記イ、ロの対応策を講じてもなお事業再生が困難な場合」「ニ　中小企業者から廃業の申出を受けた場合」に分け、各段階に応じた対応を提案している。

a　「イ　返済猶予等の条件緩和が必要な段階」

　中小企業者が、本源的収益力の回復に向けた自助努力や非事業用資産の換価・処分等によってもなお元本返済が困難であるなど、資金繰りが安定しない場合、金融機関に対し、条件緩和（元本返済猶予その他債務の返済条件の緩和等をいう）の要請を検討する。また、急激な資金流出を抑制するために必要がある場合、中小企業者は金融機関に対し、元本返済の一時停止または一時猶予の要請を検討する（中小GL第二部2項(1)④イ）。

　金融機関は、中小企業者から条件緩和の要請を受けた場合、条件緩和により事業再生の可能性があり、必要性・合理性が認められる場合、条件緩和等の要請について誠実に検討するとされている（中小GL第二部2項(2)③イ）。

　さらに、中小企業者は、金融機関より条件緩和を受けられた場合には、金融機関や実務専門家の支援・助言等を得ながら、有事に陥った原因を究明し、事業改善計画の策定・実行を通じて、本源的収益力の回復に努めることになる。

b　「ロ　債務減免等の抜本的な金融支援が必要な段階」

　中小企業者が金融機関より条件緩和を受けてもなお、金融債務全額の返済が困難である場合、事業再生を図るために必要かつ合理的な範囲で、金融債務の減免その他債務の資本化等（DESを含む、以下「債務減免等」という）の要請を検討する。なお、中小企業者は、必ずしも条件緩和を求めるプロセスを経なくとも、債務減免等抜本的な金融支援を依頼することができる。その場合、中小企業者は、金融機関に債務減免等を依頼するなかで、本源的収

益力の回復に向けた自助努力や非事業用資産の換価・処分等を前提とした事業計画の策定を進めることが考えられる（中小GLQA12）。

　抜本的な金融支援が必要な場合には、中小企業者は、原則として経営責任と株主責任を明確化することが求められる（中小GL第二部2項(1)④ロ）。もっとも、経営責任・株主責任は、中小企業者が「準則型私的整理を活用する場合、各準則型私的整理手続の考え方や手続内容、金融機関の意見等を総合的に考慮して」、また、非準則型私的整理手続を利用する場合、金融機関との協議に従い、中小企業者の規模や特性（後継者の不在や資本の入替えの困難性等）のほか、自助努力の内容や程度、窮境に至る原因、自然災害に由来するか否か等に照らし、個別に判断するとされている。小規模企業者の場合、かかる個別判断は特に必要になると考えられる（中小GLQA13）。

　この結果、金融機関は、債務の減免等により事業再生の蓋然性[3]があり、債務減免等の必要性と金融機関にとっても経済合理性があり、金融機関間の衡平が確保され、かつ経営責任と株主責任が明確化されている場合、中小企業者からの債務減免等の要請について誠実に検討するとされているが、経営規律の確保やモラルハザードの回避という視点も総合的に勘案すべきであるとされていることに注意が必要である（中小GL第二部2項(2)ロ）。

c　「ハ　上記イ、ロの対応策を講じてもなお事業再生が困難な場合（スポンサー支援等）」

　条件緩和および債務減免によってもなお、事業再生が困難である場合には、スポンサー支援や経営の共同化を検討することになる。スポンサー支援を求める場合、金融機関や実務専門家の支援および助言を得つつ、透明性のある手続でスポンサーを選定するよう努めるべきであるとされている（中小GL第二部2項(1)④ハ）。

　金融機関は、中小企業者からスポンサー支援を求める旨の申出を受けた場

---

[3]　なお、スポンサー型再生の場合、譲渡対価で弁済を行うときは、その対価の支払の蓋然性とスポンサーのもとにおける事業再生の蓋然性を検討する。また、スポンサーの元で事業を継続し、事業再生計画に基づき弁済をするときは、スポンサーのもとにおける事業再生計画の遂行の蓋然性を検討することになる（中小GLQA15）。

合、その意向をふまえつつ、可能な範囲で適切なスポンサー探索に協力することが期待されるとされている（中小GL第二部2項(2)③ハ）。

d 「二 中小企業者から廃業の申出を受けた場合（廃業支援）」

　条件緩和、債務減免およびスポンサー支援によってもなお、黒字化せず資金流出を止めることができない場合、中小企業者は事業廃止（廃業）を検討することになる。

　具体的には、スポンサー支援により赤字を改善し、事業継続を図ることができる場合には、スポンサーへの事業譲渡等を検討する。もはやスポンサー支援も得られる見込みのない場合、早期に廃業し、清算することを検討する（中小GL第二部2項(1)④ニ）。

　金融機関は、中小企業者から廃業の申出を受けた場合、スポンサーへの事業譲渡による事業継続の可能性を検討するとともに、廃業型私的整理手続の適用も含む、中小企業者および経営者その他関係者にとって適切なソリューションを提供するよう努めるとされ、また、中小企業者の再起に向けて適切な助言を行うとともに、中小企業者が廃業を選択する場合、取引先への対応方法について助言するなど円滑な手続処理に協力するとされている（中小GL第二部2項(2)③ニ）。

　したがって、廃業の場合であっても、金融機関において一定の協力を得ることができる可能性があり、中小GL第二部にのっとって、金融機関と協議を実施する対応が検討策の一つとなる。

3　私的整理検討時の留意点

(1)　保証債務の整理

　中小企業者の債務を私的整理手続により処理する場合、当該債務に係る保証債務についても整理するときは、法的整理に伴う事業毀損の防止、保証債務の整理に関する合理性、客観性および対象債権者間の衡平生を確保する観

点から、保証人は経営者保証GLを積極的に活用し、主債務と一体的に整理するよう努めるとされている。また、仮に、中小企業者が法的整理手続（破産手続、民事再生手続、会社更生手続または特別清算手続等をいう）を用いる場合であっても、早期の保証債務整理により保証人の経済的更生を実現するため、経営者保証GLを活用することが望ましいとされている（中小GL第二部3項(1)）。

(2) 私的整理の結果を法的整理で流用

　中小企業者の選択した私的整理手続の協議が不調に終わり、結果的に他の私的整理手続や法的整理に移行する場合について、中小GL第二部は、中小企業者と金融機関は双方誠実に協力し、手続間の円滑な移行に努めるものとしている（中小GL第二部3項(2)）。また、民事再生手続、会社更生手続、または他の私的整理に移行した場合、従前の私的整理手続に費やした時間と労力を無駄にせず、移行後の手続処理を効率的に進める観点から、中小企業者と金融機関は、移行後の手続において、移行前の私的整理手続における合意事項または同事項等を、法の趣旨に反しないことに留意しつつ、尊重するものとするとされている（中小GL第二部3項(2)）。

4　事業再生計画成立後のフォローアップ

(1) 事業再生計画の実行・金融機関への適時適切な報告

　事業計画が成立した後において、中小企業者は、自らの経営資源を最大限活用し、債務の条件緩和および債務減免等の前提となり、かつ対象債権者全員の合意をもって成立した事業再生計画を誠実に実行するよう努めるものとされている（中小GL第二部4項(1)①）。

　さらに、中小企業者は、事業再生計画の実行期間中は、適宜、その達成状況に関して、正確かつ信頼性の高い経営情報とともに丁寧に報告しなければ

ならない。また、事業再生計画や事業の見通し等に重大な変動が生じた場合、中小企業者は自発的に、金融機関に報告するよう努めなければならない（中小GL第二部4項(1)②）。

　これに対し、金融機関は、連携先の実務専門家等と連携しつつ、事業再生計画の達成状況を継続的にモニタリングするとともに、中小企業者からの経営相談や経営指導を行うなど、事業再生計画の達成状況を適切に管理するものとされている。また、事業再生計画策定当初に予期しえなかった外部環境等の重大な変化が生じた場合、必要に応じて、中小企業者や連携先の実務専門家等とともに、事業再生計画の見直しの要否等を協議し、適切な助言を行ったうえで、計画の見直しを提案し、中小企業者や連携先と協働するとされている（中小GL第二部4項(2)）。

(2) 計画と実行の乖離が大きい場合の対応

　有事において、中小企業者、金融機関および実務専門家等が協働して真摯に検討し、策定した事業再生計画であっても、その後の事情変化により必ずしも計画どおりに業績が推移するとは限らない。

　そこで、事業再生計画実行開始年度から起算して、おおむね3事業年度を経過するまでは、事業再生計画の達成状況をモニタリングすることが望ましいとされている。

　モニタリングの結果、事業再生計画と過年度の実績の乖離が大きいことが判明した場合、中小企業者はその原因を究明し、事業再生計画を達成するための方策を金融機関と誠実に協議する。協議のうえ、当初計画の達成が困難と見込まれる場合、事業再生計画の変更を検討するほか、場合によっては法的整理、廃業への移行もあわせて検討することになる（中小GL第二部4項(3)）。

　なお、弁済計画に影響を及ぼさない事業計画の変更は、必ずしも対象債権者の同意を得る必要はないものと考えられている（中小GLQA17）。

第2章

事業再生の手続メニューおよび手続選択

1 事業再生の全体像

(1) 法的整理と私的整理

a 事業再生手法

　法人・個人事業主問わず、「事業」を「再生」するにあたり、事業自体の収益力をもって、事業を取り巻くさまざまな利害関係者（債権者を含むが、それに限られない）との関係で迷惑をかけない（すなわち、支払うべきものを支払って将来にわたって事業を維持する）ことに越したことはない。

　その意味で、法的整理や私的整理という「有事」（「有事」の意義については第3部第1章1参照）に至らないようにすべく、本書前半の「平時」の取組みにおいて事業自体の収益力を向上させる不断の努力が不可欠である。

　しかしながら、経営者において「平時」の努力を行っていても、さまざまな不慮の原因で経営がうまくいかないことはままあることである。また、経営者の経験不足等に起因して、十分な「平時」の努力が行われていないケースも残念ながら生じうる。

　そのような場合には、事業自体の収益力のみでさまざまな利害関係者に迷惑をかけずに事業を再生することは困難であって、債権債務関係に影響を生じさせてはじめて「再生」を図ることが可能となる。

　問題は、再生にあたり、事業を取り巻くさまざまな債権債務関係に影響を

与えざるをえないとして、プロセスとしていかなる進め方があるのか、そして、かかるプロセスのメリット・デメリットはどのような部分にあるのかである。

以下、法的整理と私的整理について概観した後、両者のメリット・デメリットについて触れることとする。

b 法的整理とは

法的整理とは、法律に定められている裁判所の関与する債務整理手続の総称である。私的整理との比較でいえば、必ずしも債権者全員の同意を得ずとも、法律上の手続に従って債務整理を行うことが可能である。

具体的な法的整理の手法としては、破産手続、民事再生手続、会社更生手続があげられる（なお、特別清算手続は法的手続であるものの私的整理手続の一種として論ずる。第4部第5章4参照）。

これらの手続の異同については、さまざまな切り口で論ずることが可能であるが、一般的に、事業を廃止する廃業型の法的整理手続としては破産手続、事業を再生する再建型の法的整理手続としては、民事再生手続と会社更生手続という分類がなされることが多い。

ただ、廃業型の法的整理手続においても、事業自体を残すために、たとえば、破産申立て前や破産手続中に事業譲渡を行うこともある（第4部第6章4）。また、再建型の法的整理手続においても、自主再建ではなく、たとえば、民事再生手続において、第三者が事業を譲り受けて、元の債務者については清算する場合もある。このように、廃業型か再建型かという分類には実質的な意味をもたない場合もある。

したがって、弁護士等、事業再生を支援する立場からは、法的整理の各手続に係る単なる分類を超えて、債務者および事業を取り巻くさまざまな状況をふまえて、最も適した手続をとることが重要である。

c 私的整理とは

私的整理とは、法的整理との比較でいえば、法律に基づかずに債務整理を行う手法である。

より詳細にいえば、債務者が、債権者（金融債権者であることが多い）と

の協議および合意によって、債務の期限を変更したり、債務免除を受ける等して債務整理を行う手続である。

　債務者が債権者との協議によって債務整理を進めるにあたって、相対交渉によって進める純粋私的整理といわれる手法と、定められた準則にのっとって第三者が関与する準則型私的整理という手法が存在するが、これらは進め方の違いであって、債権者の同意を得て債務整理を行うという点では共通である。

　後者の準則型私的整理手続については、私的整理に関するガイドラインに基づく手続、事業再生実務家協会による事業再生ADR、地域経済活性化支援機構（REVIC）が関与する手続、活性化協議会による手続、特定調停手続（第4部第5章2）および中小GLに基づく手続（第4部第1章）等、さまざまな手続があり、目的（再生か廃業か）、債務者の規模、負債総額または費用等の観点から適切な手続を選択することになる。

　少なくともこれまでは、多くの弁護士にとって、私的整理にはなじみがない（消費者の任意整理手続は別論である）と思われるが、私的整理には法的整理にはない多くのメリットがあるため、中小企業の事業再生または廃業を支援する際には、私的整理の可能性の有無を第一に検討すべきである（図表3－2－1）。

d　法的整理と私的整理のメリット・デメリット

　法的整理と私的整理のメリットとデメリットを説明するにあたっては、法的整理との比較を浮き彫りにする意味で、私的整理のメリット・デメリットを概観することが有用と思われる。

　私的整理利用のメリットとして、重要な点は、「商取引債権を保護することで事業価値を維持することができ、かつ、信用棄損を回避できる」ということである。

　すなわち、私的整理は、対象債権者を金融機関等に限定するのが通常であり、商取引債権については約定どおりに支払うことができる。多くの一般取引債権者を抱える中小企業にとって、商取引債権の支払を行うことができる点は、心理的にも安心感がある。

図表3-2-1 手続の一般的な外観図

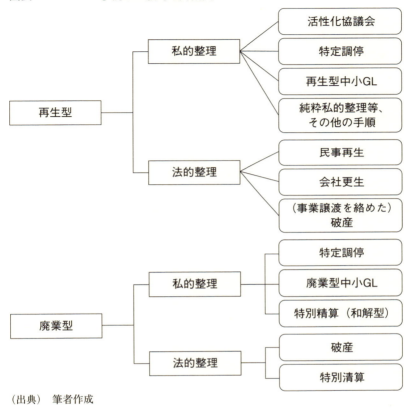

(出典) 筆者作成

　また、私的整理は官報等に公表されないため、信用棄損が回避される。特に、経営基盤が比較的ぜい弱な中小企業にとって非公表のうちに債務整理手続を進められる点は意義深い。
　これらのほか、私的整理においては、国の施策によって専門家費用に補助金を利用することが可能な場合がある点も中小企業にとって利用しやすいといえる。
　一方、私的整理のデメリットは、私的整理が成立するには対象債権者全員の同意が必要である点である。

図表3-2-2　法的整理と私的整理の比較

	法的整理	私的整理
債権者の全員同意	不要	必要
手続	法定されている。	法定されていないため、比較的柔軟に進められる。ただし、中小GLによって、標準的な手続は定められている。
信用毀損	回避困難	回避可能
商取引債権の弁済	原則不可	可

（出典）　筆者作成

　以上を裏返せば、法的整理のメリットは、法律上の手続にのっとることによって債権者全員の同意は不要であること（要件は手続ごとに異なる）であり、法的整理のデメリットは、「商取引債権を保護できず、かつ、信用棄損を回避することがむずかしい」ということになる。
　ただ、以上にみた私的整理と法的整理との比較は相対的なものであり、たとえば、業界内で名前の知れた中小企業が私的整理を行う場合には私的整理を行っているという情報が流布される場合もあるし、また、法的整理においても、たとえば、民事再生法に基づいて一部または全部の商取引債権を支払う場合もある。
　したがって、具体的にいかなる手続を当該中小企業に利用するかについては、手続に精通した弁護士等の専門家や準則型私的整理手続における第三者（たとえば活性化協議会）に相談のうえで決定することになる。

(2)　協議会による支援と民間プレーヤーによる支援策

　弁護士が中小企業の事業再生を検討し、代理人として支援を進めるにあたり、最終的に法的整理手続を選択する場合には、まさに法律にのっとって進めることになるから、弁護士として有している法的知識、経験、調査、解釈等の能力を生かして、さらには裁判所（破産管財人・監督委員を含む）と協議して進めることになる。特に破産手続については、過去の事例の集積も豊

富であり、解説書も充実していることから、通常の弁護士業務の一環として行うことは困難とはいえないだろう。

しかしながら、私的整理手続については、中小企業の事業再生にあたって優先的に検討すべき手続ではあるものの、資金繰りが逼迫するなかで一定期間内に金融機関等の対象債権者全員の同意を得る必要があり、そのために説得的な事業再生計画案を策定する必要がある等、経験が少ない弁護士にとっては、通常の弁護士業務の傍らで行うことは必ずしも容易とはいえない。

そのようななかで、各都道府県に設置された活性化協議会による私的整理への支援は、豊富な経験と知見を有する専門家によるサポートが得られるという意味で、私的整理に関与する弁護士にとっては非常に有用と思われる。

また、同協議会の支援以外においても、中小GLに基づく再生型または廃業型の手続も準則が明示されており、かつ、経験豊富な第三者支援専門家が関与することが予定されていることから同じく有用である。

さらに、特定調停手続による再生スキームについても、裁判所が関与するかたちで公正な手続が予定され、かつ、いわゆる17条決定（特定調停法22条、民事調停法17条）によって積極的な同意がなくとも計画が成立しうるというメリットもあるから、独自の意義を有する。

その他、中小企業の事業再生では、規模や費用の観点から選択肢に入ることは少ないものの、地域経済活性化支援機構（REVIC）や事業再生ADRにおいても、同じく第三者が関与することによって私的整理を円滑に進めやすい仕組みが整っているといえよう。

さらに、上記の準則型私的整理手続においては、純粋私的整理手続とは異なり、一定の費用補助が得られる可能性がある。窮境状態に陥っている企業にとって、弁護士費用を含む費用負担は相応であり、費用負担を理由に再生への道が閉ざされてしまうケースもありうるが、そのような場合には費用補助の積極的活用が望まれる。ただし、補助金については、年度の予算等の事情によって要件、金額等が異なるため、各手続着手時に詳細を確認するべきである。

以下、中小企業の事業再生に活用されることが多いであろう、①活性化協

図表３－２－３　私的整理手続の比較

	私的整理GL	事業再生ADR	協議会スキーム	中小企業版私的整理手続（再生型）
一時停止の通知	必須	必須	任意	任意
財務DD、事業DDの実施方法	債務者側ADが実施し専門家ADが検証	債務者側ADが実施し手続実施者が検証	協議会委嘱の専門家が実施（通常型）債務者側ADが実施し協議会委嘱の専門家が検証（検証型）	債務者側ADが実施し第三者支援専門家が検証
数値基準（実質債務超過解消年限）	3年	3年	5年	5年
同（経常黒字化）	3年	3年	3年	3年
同（有利子負債CF倍率）	規定なし	規定なし	10倍	10倍
経営者責任	原則退任	原則退任	個別に判断	個別に判断
税務面の手当（無税償却）	○	○	○（注1）	○
税務面の手当（企業再生税制）	○	○	△（注2）	×

（注1）　従前より国税庁より2003年7月31日付文書回答「中小企業再生支援協議会で策定を支援した再建計画（A社およびB社のモデルケース）に基づき債権放棄が行われた場合の税務上の取扱いについて」を得ていたが、2022年6月16日に国税庁に「中小企業活性化協議会の『中小企業活性化協議会実施基本要領』に基づき策定された再生計画により債権放棄等が行われた場合の税務上の取扱いについて」照会を行い、同月17日に国税庁からさしつかえない旨回答を得ている。
（注2）　別途定める「別冊3　中小企業再生支援スキーム」に従うことにより企業再生税制の適用を受けることができる。
（出典）　筆者作成

議会の再生支援手続（以下、実施基本要領別冊2に基づく手続を「協議会スキーム」という）、②中小GL（再生型）について概要を記載する。基本的には、①協議会スキームと②中小GLの再生型私的整理手続は、対象債権者の範囲、利用要件、手続の流れ、弁済計画案に求められる数値基準等はほぼ同様である。

① 活性化協議会の再生支援手続(協議会スキーム)

対象債権者	金融債権者
利用要件	債権放棄を求める場合は、次の①〜④の要件を満たす中小企業者(産業競争力強化法2条22項に定義される「中小企業者」のほか、常時使用する従業員数が300人以下の医療法人をいう)
	① 収益力の低下、過剰債務等による財務内容の悪化、資金繰りの悪化等が生じることで経営困難な状況に陥っており、自助努力のみによる事業再生が困難であること。 ② 中小企業者が、対象債権者(相談企業の取引金融機関等の債権者であって再生計画が成立した場合に金融支援の要請を受けることが予定されている債権者)に対して、中小企業者の経営状況や財産状況に関する経営情報等を適時適切かつ誠実に開示していること。 ③ 中小企業者および中小企業者の主たる債務を保証する保証人が反社会的勢力またはそれと関係のある者ではなく、そのおそれもないこと。 ④ 法的整理を申し立てることにより相談企業の信用力が低下し、事業価値が著しく毀損するなど、再生に支障が生じるおそれがあること。
債務整理の内容	期限変更または債務免除
第三者の関与	公的機関である活性化協議会および外部専門家(弁護士、公認会計士等)の関与
経営者責任	退任を必須としない。

② 中小GL(再生型)

対象債権者	金融債権者
利用要件	以下のすべての要件を充足する中小企業者 ① 収益力の低下、過剰債務等による財務内容の悪化、資金繰りの悪化等が生じることで経営困難な状況に陥っており、自助努力のみによる事業再生が困難であること。 ② 中小企業者が対象債権者に対して中小企業者の経営状況や財産状況に関する経営情報等を適時適切かつ誠実に開示していること。

第2章 事業再生の手続メニューおよび手続選択

	③　中小企業者および中小企業者の主たる債務を保証する保証人が反社会的勢力またはそれと関係のある者ではなく、そのおそれもないこと。
債務整理の内容	期限変更または債務免除
第三者の関与	第三者支援専門家（弁護士、公認会計士等）の関与
経営者責任	退任を必須としない。

(3) 金融支援のメニュー

　事業再生の場面においては、将来の事業継続の支障となる債務超過や過剰債務を解消するために、さまざまな金融手法が活用されている。主な手法は、リスケジュール、債権放棄、第二会社方式、サービサー・再生ファンドへの債権譲渡、DDS、DESであり、詳細は、次のとおりである。

a　リスケジュール

(a)　リスケジュールとは

　対象債権である既存の金融債務について、返済条件（金利、約定返済額、約定返済期間）を変更することである。

　新たな返済条件は、債務者が作成する事業再生計画案で見込まれるキャッシュフローから返済可能となるように定められる。ただ、実際の収支は計画を上回ることも、下回ることもありうるため、見込まれるキャッシュフローの8割～9割程度を返済額とすることが通常である。

　また、債権者ごとの返済額は、各金融機関の与信残高を基準とする残高プロラタと、担保によって保全されていない非保全債権の残高を基準とする非保全プロラタの考え方があるが、リスケジュールの場合、金融債務を全額返済することが前提となり保全・非保全を考慮する必要がないので、残高プロラタが採用されるのが一般的とされる[1,2]。

1　日本政策金融公庫中小企業事業本部企業支援部『金融機関が行う私的整理による事業再生の実務〔改訂版〕』66頁（金融財政事情研究会）。
2　藤原総一郎監修『企業再生の法務〔第3版〕』28頁（金融財政事情研究会）。

(b) ガイドラインの数値基準を満たすリスケジュール

中小GLに基づいて作成する事業再生計画案には、おおむね5年以内の実質的な債務超過解消・おおむね3年以内の経常利益の黒字化・事業再生計画終了年度における有利子負債の対キャッシュフロー比率がおおむね10倍以下という数値基準が設けられていることから（中小GL第三部4項(4)①ロ～ニ、各本文）、リスケジュールの場合においても、原則として、上記数値基準を満たす返済条件案を検討する。

(c) ガイドラインの数値基準を満たさないリスケジュール

中小企業者の業種特性や固有の事情等に応じた合理的な理由がある場合には、上記基準を超える期間または比率となる計画を排除しないとの定めもあることから（中小GL第三部4項(4)①ロ～ニ、各カッコ書）、上記基準を満たさない返済条件も許容される。その場合は、対象債権者に対して、業種特性や固有の事情等の合理的な理由について十分な説明を行い、理解を得る必要がある。

また、小規模事業者である場合には、次のイおよびロ、または、ロおよびハの内容を事業再生計画案に含むことにより、上記の数値基準を含めないことができるとされており（中小GL第三部4項(4)②）、この場合も上記数値基準を満たさない返済条件が許容される。

 イ 計画期間終了後の業況が良好であり、かつ、財務内容にも特段の問題がない状態等となる計画であること
 ロ 事業再生計画成立後2事業年度目（事業再生計画成立年度を含まない）から、3事業年度継続して営業キャッシュフローがプラスになること
 ハ 小規模企業者が事業継続を行うことが、小規模企業者の経営者等の生活の確保において有益なものであること

なお、中小GLには、事業再生計画案の作成までの暫定的なリスケジュールに関する定めはなく、活性化協議会における「プレ再生支援」（第1部第3章3参照）のようなリスケジュールは想定されていない。

b 債権放棄

(a) 債権放棄とは

　債権者が債務者に対して債権の全部または一部について返済義務を確定的に免除することである。これにより、債権放棄を受けた借入金が軽減され、債務超過が縮小し財務内容が改善される。

　債務者にとって最も効果的な財務内容の改善の方法であるが、金融機関は過剰な債権放棄に応じてしまうと善管注意義務の問題が生じうるため、同意を得るには慎重な協議が必要になるのが通常である。中小GLにおいても、債務減免等を必要とする場合の減免を求める額の算定については、その前提となる情報等について対象債権者に対して誠実に開示するものとされている（中小GL第三部4項(4)①ト）。

(b) 債権放棄額の考え方

　中小GLに基づき中小企業者が対象債権者に要請する債権放棄の総額は、中小GLに定める数値基準（おおむね5年以内の実質的な債務超過解消、事業再生計画終了年度における有利子負債の対キャッシュフロー比率がおおむね10倍以下）を満たすのに必要な範囲の額となる。ただし、債権放棄を要請する場合、破産手続で保障されるべき清算価値よりも多くの回収を得られる見込みがある等、対象債権者にとって経済合理性があることとされており（中小GL第三部4項(4)①ト）、事業再生計画案に基づく返済額が清算価値を下回る額となる債権放棄の要請はできない。

　次に、対象債権者毎の債権放棄金額（対象債権者間の負担割合）は、衡平性の観点から、原則として、対象債権者の非保全残高を基準とした非保全プロラタによることとなる。

(c) 債権放棄の留意点

ア　債権者の税務処理

　債権放棄を行う債権者は、債権放棄額を税務上の損金に算入することを望み、損金算入できるかが不明瞭な場合には、債権放棄に消極的になる。

　法人税基本通達9－4－2では、当該債権放棄が業績不振の取引先の倒産を防止するためやむをえず行われるもので、合理的な再建計画に基づいてい

るのであれば、当該債権放棄の金額は貸出損失として損金算入が認められている。

　この点、中小GLに基づき策定された事業再生計画または弁済計画により債権放棄が行われた場合は、当該債権放棄等の額は損金の額に算入されることについて国税庁に照会が行われ、国税庁からさしつかえない旨回答がなされている（中小GLQA95・96）。

イ　債務者の税務処理

　債権放棄を受ける債務者には、債務免除益が発生し、税務上の益金に算入されるため、納税負担が生じないよう留意する必要がある。

　法人税基本通達12－3－1(3)では、債務免除が多数の債権者によって協議のうえ決められる等その決定について恣意性がなく、かつ、その内容に合理性がある場合は期限切れ欠損金を利用することができる。

　この点、中小GLに基づき策定された事業再生計画または弁済計画により債務免除を受けた場合、債務者である中小企業者が法人であるときは期限切れ欠損金の損金算入ができること、個人事業主であるときは債務免除益が総収入金額に算入されないことについて国税庁に照会が行われ、国税庁からさしつかえない旨回答がなされている（中小GLQA97・98－2[3]）。

c　第二会社方式による債権放棄

　第二会社方式とは、一般的に、収益性のある事業を会社分割または事業譲渡によって他の企業（以下「承継会社」という）に承継させ、分割会社または譲渡会社は分割対価等により金融債務の一部を弁済した後、特別清算手続によって清算し、残る金融債務は特別清算手続において債務免除を受けることにより、実質的に債権者から債権放棄を受ける方法である。

　第二会社方式は、債権者から直接債権放棄を受ける方法と比べて、次のような点で利用に適しているといわれている。

　　①　債権者は、特別清算手続において債務免除を受けることで、債権放

---

[3] 再生型私的整理手続に基づき策定された事業再生計画により債務免除を受けた場合の債務者（個人事業主）の税務処理に関しては2025年1月29日の改定でQA98－2が追加されている。

棄額を損金算入できること（協定型について法人税基本通達9－6－1(2)、和解型について法人税基本通達9－6－2（事実上の貸倒れ））
　② 債務者は、会社分割または事業譲渡する際、承継会社に時価で譲渡を行うため資産の含み損等により税務上の欠損金が発生し、債務免除益の対策が立てやすくなること
　③ 会社分割または事業譲渡により簿外債務のリスクを遮断できること

d　サービサー・再生ファンドへの債権譲渡
　(a)　サービサーの活用
　サービサーとは、法務大臣の許可を受けて金融機関等から債権の買取り等を行い、その債権の管理回収を行うことが認められた債権回収会社である。
　具体的なスキームとしては、サービサーが債権者から債権を額面よりも低い価格で買い取り、債務者は将来の収益または第三者から調達した資金をもとにサービサーに対して対象債権の一部を返済し、残る債権はサービサーから債権放棄を受けるというものである。第二会社方式と組み合わせて利用されることもある。
　近年では、事業再生・廃業支援に積極的に取り組むサービサーも増えており、サービサーが債権買取りだけでなく取締役や管理部門等の人材派遣を行う等、いわゆるハンズオンの支援に取り組んだ事例も見受けられる[4]。
　(b)　再生ファンドの活用
　再生ファンドとは、投資会社や金融機関等が出資し、事業再生に積極的に取り組むファンドである。近年では、中小企業基盤整備機構と地域金融機関との官民一体で中小企業再生支援ファンドが各地で組成されている。
　再生ファンドを利用する場合のスキームは、債権譲渡が用いられること、第二会社方式と組み合わせて利用されることがある点で、サービサーの場合と同様である。異なる点は、ファンドの場合は債務者の株式も保有し、投資出口までの期間は会社経営にも関与することである。

---

[4]　米田豊「グループ一体で行う再生・廃業支援」季刊事業再生と債権管理179号4頁。

e　DDS（デッド・デッド・スワップ）

　DDSとは、債権を支払順位が一般債権より低い劣後債権へ転換するものである。

　劣後債権に転換した債権は、事業再生計画期間中は元金の返済が行われない。一定の要件を満たせば、金融機関が行う債務者区分等の判断において、当該劣後債権を資本とみなすことができ、金融機関の査定上、債務超過の金額を圧縮できる。その結果、金融機関における債務者区分が上がり、他の金融支援が得やすくなる効果が期待できるとされている[5]。また、債務免除を受けるわけではないので、債権放棄に比べて金融機関の理解を得やすく、債務者に債務免除益による課税問題は生じない。

　劣後化した債権を資本とみなすことができるか否かの判断基準は、債務者の属性（企業の規模等）、債権者の属性（金融機関、事業法人、個人等）や資金使途等により制限されるものではなく、基本的には、償還条件、金利設定、劣後性といった観点から判断するものとされ、具体的には、以下のような条件があげられている[6]。

①　償還期間は5年を超えるものであること
②　償還方法は期限一括償還であること
③　金利は配当可能利益に応じた設定であること
④　法的破綻時の劣後性が確保されていること

f　DES（デッド・エクイティ・スワップ）

　DESとは、既存の金融債務を株式に交換することである。

　DESを行うことで、債務者は有利子負債を圧縮することができ、債権放棄と同様の効果を得ることができる。債権者は、株式を保有することになるから、債務者の経営に関与して債務者のモラルハザードを防ぐことや、債務者の業績が回復した場合、配当や株式売却益を得ること等が期待できる。そのため、債権放棄よりも受け入れられやすい面がある一方、銀行がDESにより5％を超える議決権を取得・保有するには一定の条件[7]を満たす必要が

5　日本政策金融公庫中小企業事業本部企業支援部・前掲注(1)96頁。
6　金融庁「資本性借入金関係FAQ」3頁。

あること、中小企業の株式を売却することは困難であることから、中小企業の事業再生においては利用がむずかしい面がある。

具体的なスキームとしては、債務者が行う募集株式の発行に対し債権者が対象債権で現物出資する「現物出資方式」、債権者が引き受けた払込金額を返済に充当する「新株払込方式」がある。新株払込方式では払込資金が必要となることから、事業再生の場面においては「現物出資方式」を利用するのが一般的である。

なお、現物出資される債権は、債務者の税務上時価評価され、額面金額との差額について債務者に債務消滅差益が発生するので、納税負担が生じないよう留意する必要がある。

2　手続選択

(1)　再生か廃業か

a　再生を考える

会社が倒産しそうであるとの相談を受けた場合、事業を継続して再生手続に取り組むか、事業継続を断念して廃業のための整理手続を行うことになるか、再生か廃業かどちらの方針を選択するかで、その後に利用する手続は大きく異なる。

その際、事業継続を断念すれば、収益力やノウハウ等も含んだ事業価値や雇用が失われ、取引先や地域経済にも少なからず影響が及ぶことから、できる限り事業を継続していくことを考える必要がある。一方、十分に検討しても事業継続を断念せざるをえない場合もあるし、事業継続を早期に決断することは、関係者の経済的損失の拡大防止や早期の経済的再建に資するので、客観的に事業継続が困難な場合にまで無理に事業継続をすることが望まれる

7　銀行法施行規則17条の6第3号。

ものではない。

　そこで、このような再生か廃業かの判断は、再生の可能性があるのであれば、まずは再生に取り組むという考えのもと、資金繰り、優先債権の未払いの有無、将来の弁済見込み、経営者の意向等から、事業を継続して再生手続に取り組むことを断念せざるをえない事情があるかという観点から検討する。

　b　資金繰り

　事業継続には運転資金が必要であるので、最も重要な検討事項である。

　一般的には、債務者の作成する月次の資金繰り表で、3～6カ月程度の実績と6カ月程度の計画を確認する。月の途中で資金不足が生じる可能性がある場合には、日繰り表を作成して1日ごとの資金状況を確認する。

　資金繰り上、資金不足の発生が予想される場合には、再生手続完了までの間、資金繰り破綻を回避する方法がないかも検討する。具体的には、非事業用資産の売却、新規借入れ、補助金等による資金調達、手形割引やファクタリングの利用等による入金の早期化、金融債務の返済や納税猶予等の各種支払の繰延等の方法が考えられる。

　c　優先債権の未払いの有無

　公租公課、労働債権等の優先債権は、私的整理手続においても、再生型の法的手続である民事再生においても減免されることはなく、全額の支払が必要である。そのため、優先債権の未払いの有無、未払いがある場合はその額と支払見込みの確認が必要である。

　優先債権の未払いについて、支払のメドがまったくつかない場合には、再生を選択することはできないが、納税猶予等の支払繰延べや分割払い等による解決の可能性は検討する。

　d　将来の弁済見込み

　事業を継続して再生手続を選択する場合、私的整理手続・再生型の法的手続のいずれにしても金融機関に対して清算価値を上回る返済を行う必要があり、その返済見込みがまったくないのであれば再生は断念せざるをえない。

　将来のキャッシュフローとその改善の見込み、スポンサーの有無等から検

討するが、将来の収益やスポンサー支援は当初から確実である必要はない。資金繰りとの関係で時間的猶予があれば、その間にキャッシュフロー改善やスポンサー探索ができないかを検討する。

e　経営者の意向

　事業継続か廃業かの選択という場面において、多くの経営者は事業継続を望むものと思われる。しかし、会社や経営者を取り巻く事情は千差万別で、再生手続には一定の時間を要することから、経営者にとって相応の精神的・経済的負担がある。それらを理解したうえで事業継続をしながら、再生手続を進める強い覚悟が経営者にあるのか確認する。

(2)　再生の場合の手続選択

a　再生手続の検討

　中小企業が利用可能な再生手続は、前記1のとおり、複数ある。そのなかから適切な手続を選択するには、再生手続による事業価値への影響、資金繰り、弁済見込み、債権者の同意を得られる見込み、手続費用および期間等を検討する必要がある。なお、再生型の法的手続は、中小企業ではもっぱら民事再生が利用されるので、以下では特に断らない限り、再生型の法的手続とは民事再生を念頭に解説する。

b　再生手続による事業価値への影響

　再生型の法的手続では、債権者平等の要請が強く働き取引債務も減免の対象となること、手続開始が官報や信用情報機関の記事により公表されることから、信用不安・風評による顧客離れや取引条件の見直しを求められる等して収益力が低下したり、従業員が退職する等して、事業価値が毀損することが予想される。

　一方、私的整理手続では、原則として金融債権者のみが対象であり、手続開始も公表されないので、事業価値の毀損は生じにくい。そこで、基本的な考え方として、できる限り私的整理手続を検討するのが適切である。

c　資金繰り

　私的整理手続では、原則として取引債務の支払を停止しないので、まず金

融債権者に対する支払停止だけで資金繰りを継続できるか否かを検討する。また、各手続の費用や期間も確認し（詳細は前記1のとおり）、資金繰り上、利用可能か否かを検討する。なお、専門家費用について補助金を利用する場合には、申請手続、支払条件、支払時期等もあらかじめ確認しておく必要がある。

　取引債務の支払を停止しないと資金不足が生じるおそれがある場合には、私的整理手続を断念する前に、前記2(1)bの資金繰り破綻を回避する方法に加え、事業再生ファイナンスの利用を検討する。私的整理手続中の企業向け事業再生ファイナンスは、プレDIPファイナンスと呼ばれ、融資金額・期間・金利等の条件はキャッシュフローと事業性から判断されるほか、次のような条件があげられる[8]。

　　① 優先返済について既存の金融機関からの同意を得ること
　　② 売掛金、動産等の担保が必要であること
　　③ 資金繰り表の提出等のコベナンツ条項が設けられること

　手形不渡りの発生を回避するため等、再生型の法的手続を選択せざるをえない場合でも、資金不足が生じる可能性があるときは、事業再生ファイナンスの利用を検討する。再生型の法的手続中の企業向け事業再生ファイナンスは、DIPファイナンスと呼ばれ（再生手続認可後向けの融資と区別するため、アーリーDIPファイナンスとも呼ばれる）、共益債権として優先弁済するほか、次のような特徴があげられる[9]。

　　① 監督委員の同意が必要となること[10]
　　② 担保設定や売掛金の入金口座指定が行われること
　　③ 資金繰り表の提出等のコベナンツ条項が設けられること
　　④ 融資期間は再生計画案提出までを目安として設定されること

---

[8] 三井住友銀行事業再生グループ＝東京弁護士会倒産法部編著『事業再生ファイナンスの実務』228頁（金融財政事情研究会）。
[9] 三井住友銀行事業再生グループ＝東京弁護士会倒産法部編著・前掲注(8)239頁。
[10] 民事再生法54条2項。申立て後開始決定前のDIPファイナンスの場合、監督員の共益債権化の承認を得ることを求められる。

d 弁済見込み

　私的整理手続と再生型法的手続とのどちらにおいても、債権者に清算価値を上回る返済が必要であるが、私的整理手続のほうが債務者にとって利点が多く事業価値の毀損も生じにくいから債権者の返済に対する期待も高くなること、全債権者の同意が必要なことから、再生計画案で定める弁済率は再生型の法的手続に比べて高めになる傾向がある。債権者の側からすると、清算価値と同程度の返済しか期待できないのであれば、手続進行の予測可能性が高い法的手続でかまわないと判断することもありうる。ただ、私的整理手続においては、返済計画の内容（期間・金額等）を柔軟に定めることができるので、弁済率が高くなることは、返済計画の工夫によって解決できる場合もある。

　また、担保権者は、保全債権への弁済について強い関心をもっているので、担保資産を処分するか否か、処分しない場合は保全債権の評価方法や返済方法等について検討が必要である。

e 債権者の同意を得られる見込み

　上記のとおり、私的整理手続では事業再生計画案の成立に債権者全員の同意が必要となる。そのため、債権者の数があまりにも多数の場合や再生スキームや経営責任等の事業再生計画の内容について特殊な定めが想定される場合等は、債権者の意見が整わず、事業再生計画案の成立が見込めない可能性がある。

　また、対象債権者の属性（都市銀行、地方銀行、政府系金融機関、信用金庫、信用組合、信用保証協会、サービサー等）や経営方針、いわゆるメイン銀行の有無、融資残高等によって、債務者に対する支援姿勢（特に債権放棄に関する意向）が異なるので、対象債権者の構成からも同意を得られる見込みを検討する必要がある。以下は、筆者の個人的意見であるが、おおむね以下のような傾向があると感じている。

　　○　融資残高の少ない債権者は、メイン銀行や融資残高の多い債権者の意向を尊重してくれることが多い
　　○　地方銀行や信用金庫等がメインバンクである場合は地元企業への支

援姿勢があることが多い
- ○ 政府系金融機関は準則型私的整理手続に基づく再生計画案への理解を得られやすい
- ○ サービサーは債権放棄の方針自体に反対することは少ない

対象債権者の意見調整が困難と感じられる場合には、私的整理手続のなかでも、活性化協議会スキーム等、金融調整にも公的機関が関与する手続を優先的に検討する。

(3) 自主再建型かスポンサー型か

a 自主再建型とスポンサー型

自主再建型とは、現在の経営者が経営権を維持したまま（後継者へ代表者交代する場合を含む）、自助努力によって事業を再建することをいう。スポンサー型とは、現在の経営者から第三者へ経営権の移譲を伴う方法によって事業を再建することをいう。

b 選択基準

経営者は、多くの場合、まずは自主再建を目指すものであるが、資金繰り破綻の可能性が高い場合等、早期にスポンサー支援が必要になる場合もあり、自主再建に向けた自助努力と同時並行でスポンサー候補を探索することもある。一方、スポンサー型の場合、従業員の雇用や取引先との関係が維持されるか、譲渡対価が低廉でないか等の点について懸念をもたれやすいという面もある。

自主再建型とスポンサー型のどちらかを選択するにあたり、明確な基準はなく、次のような事情を総合的に考慮して決定される。

① 自主再建可能な資金的余裕があるか
② 経営者の意向、能力、後継者の有無
③ 窮境原因を除去して返済可能な収益力を回復できるか
④ 自主再建に関係者からの理解を得られるか（粉飾や会社資金の流用等により、金融機関、取引先、従業員等から信頼を失っていないか）
⑤ 事業内容、現在の収益力と改善見込み、資産、ノウハウ、商流等、

スポンサー候補者が関心を示すような強みがあるか
⑥　スポンサーへの事業承継が困難な事情はないか（許認可の承継、従業員の移籍、取引先との契約承継等ができないおそれはないか）

c　スポンサーの選定

　だれがスポンサーになるかは、スポンサーによる支援内容に直結し、債務者だけでなく債権者にとっても大きな影響がある。スポンサーの支援内容に応じて、債権者への返済額や時期が決まるからである。

　そのため、債権者は、スポンサーによる支援内容だけでなく、スポンサーの選定過程にも強い関心を示す。債務者としては、恣意的に選定したスポンサーでなく、公平性ある手続で選定されたことの理解を得られるよう、スポンサー選定手続について債権者に対して適時に説明していくことが望ましい。

　スポンサー選定にあたり、仲介会社やFA（ファイナンシャル・アドバイザー）に依頼するか否かは、経営者の人脈等からスポンサー候補の選定可能性、仲介会社等の費用と債務者の資金繰り、債権者の意向等により判断する。

　一般的なスポンサー選定の手続は、次のとおりである。なお、スポンサー選定手続を行っていることが知れ渡ると信用不安や風評被害を招く可能性があるため、スポンサー候補に守秘義務を負わせることに加えて、意図せず従業員や取引先等に知られてしまうことのないよう、会社内部での情報管理にも配慮が必要である。

(a)　**スポンサー候補の探索**

　候補先リストを作成し、債務者名を伏せた基本情報（ノンネームシート）を配布する。

　候補先のなかで基本情報に関心を示し、より詳細な情報開示を求めてきた先には、秘密保持誓約書を徴求した後、債務者の概要書（インフォメーション・パッケージやインフォメーション・メモランダム）を開示する。

(b)　**候補先による検討**

　債務者の概要書を検討した候補先からスポンサーになる意向が示された場

合、希望条件等を記載した意向表明書の提出を求める。この段階では、法的拘束力のないことが記載されるのが一般的である。複数の候補先から意向表明書が提出された場合には、入札手続を検討する。

(c) **基本合意**

意向表明書を提出した候補先との間で基本合意書を締結し、候補先による各種調査（DD）が実施される。調査終了後、譲渡対象となる資産・負債・契約、譲渡対価等を協議し、最終意向表明の提出を求める。

(d) **最終契約**

最終意向表明に基づいて、再生計画案を成立させられるか否かを検討する。債務者としても問題ない場合には、最終契約を締結する。債務者の再生計画案の成立等を停止条件とするのが通常である。

(e) **クロージング**

再生計画案の成立等の条件成就後、譲渡が実行される。

3 フォローアップ

(1) 計画遂行状況等のモニタリング

詳細は第4部の各章に譲るが、事業再生計画が成立した後は、定期的にモニタリングを行うこととなる。中小企業者が事業再生計画の履行を怠った場合には、当該計画における権利変更の効果が失われることになるし、やむをえない事情等によって当該計画どおりの履行ができない場合には、適時に計画の変更の要否を検討する必要が生じるので、定期的に事業再生計画の履行状況の確認が必要となるためである[11]。この点、中小GL第二部4項(1)②でも、事業再生計画成立後のフォローアップとして、「中小企業者は、事業再生計画の実行期間中は、その達成状況に関して、正確かつ丁寧に信頼性の高

---

11 小林信明＝中井康之『中小企業の事業再生等に関するガイドラインのすべて』208頁（商事法務）参照。

い経営情報等を開示・説明する」などとされている[12]。

　まず自力再生型の場合、月次で対象債権者に報告できれば望ましいが、そこまではむずかしくとも、毎四半期、あるいは半期などの区切りにおいて定期的に、収益の状況や財務の状況を、試算表や決算書を使って説明するとともに、事業再生計画の達成状況を報告することとなる[13]。また、モニタリングの期間としては、原則として、事業再生計画が成立してからおおむね3事業年度をメドとして必要な期間を定めることが多いとされている[14]。

　スポンサー型の場合は、事業再生計画に基づいて、事業譲渡や会社分割が実行されたか、出資がされたか、などを報告することとなる。資産処分が予定されている場合は、その進捗も適時適切に報告することとなる[15]。なお、事業収益を原資として分割弁済を内容とする事業再生計画が策定された場合には、自力再生型の事業再生計画と同様のモニタリングが必要となるが、スポンサーによる譲渡対価で一括弁済を行う事案においては、スポンサーが引き受けたその後の事業についてモニタリングを実施する意義は大きくないため、一括弁済が行われるまではモニタリングは必要であるが、一括弁済後においてはモニタリングを実施することは必須とされていないと考えられる[16]。

　報告の方法としては、債務者から各対象債権者に個別に報告する方法、対

12　その他、準則型私的整理手続でモニタリングについての定めがある場合や、事業再生計画にモニタリングに関する措置を定める場合として、全国倒産処理弁護士ネットワーク編『私的整理の実務Q&A140問』138頁（金融財政事情研究会）参照。
13　中小GLQA76および小林信明＝中井康之・前掲注(11)209頁参照。
14　タックス・ロー合同研究会『事業再生・廃業支援の手引き』293頁（清文社）参照。なお、活性化協議会の再生計画策定支援においても、再生計画が成立してからおおむね3事業年度（計画成立年度を含む）をメドとして、決算期を考慮しつつ、モニタリングに必要な期間を定め、モニタリングを実施することとされている（小林信明＝中井康之・前掲注(11)209頁、実施基本要領別冊2　4項(1)③および実施基本要領別冊2QA39参照。）。また、中小GL第二部4項(3)でも、「事業再生計画実行開始年度から起算して、概ね3事業年度を経過するまでに、中小企業者と金融機関等は、事業再生計画の達成状況を確認することが望ましい」とされている。また、モニタリングに関する計画の定めの例として、徳永信ほか『社長・税理士・弁護士のための私的再建の手引き〔第2版〕』144頁（税務経理協会）参照。
15　タックス・ロー合同研究会『事業再生・廃業支援の手引き』294頁（清文社）参照。
16　小林信明＝中井康之・前掲注(11)209頁参照。

象債権者を集めて報告会を開催する方法、あるいは主要債権者（メイン行、準メイン行）が債務者から報告を受け、重要事項が明らかになった場合には他の対象債権者にも報告を行う方法などが考えられる[17]。

(2) 事業再生計画の変更

モニタリングの結果、事業再生計画と実績との乖離が激しい場合は、事業再生計画の変更を行うことが考えられる[18]。

私的整理においては、法的整理と異なり（民事再生法187条、会社更生法233条）、事業再生計画の変更について明示されたルールがあるわけではないが、計画成立には原則として全債権者の同意が必要である以上、事業再生計画の変更にあたっては、同じく全債権者からの同意が必要と解される[19]。ただし、特定の債権者の弁済猶予や特定の担保権者の担保実行が回避できれば事業再生計画が遂行できる場合で、当該変更が他の債権者への不利益とならない場合は、特定の債権者とのみ個別交渉し、再度の権利変更をしてもらう方法も考えられる[20]。

事業再生計画の変更内容としては、当初の計画に基づく権利変更を前提としてさらなる権利変更（さらなる期限延長、債権放棄やDESを求める場合）を加えるもの（追加変更）と、当初の計画においてなされた権利変更を撤回したうえであらためて権利変更を行うもの（撤回変更）が考えられる。ただし、後者については、いったん生じた債権放棄や新株発行などの効力を覆すことはむずかしい旨の指摘もあるため[21]、留意が必要である。

---

[17] 藤原総一郎監修『私的整理の理論・実務と書式』159頁以下（民事法研究会）参照。また、その他モニタリングの方法について整理したものとして、全国倒産処理弁護士ネットワーク編・前掲注(12)139頁以下、小林信明＝中井康之・前掲注(11)209頁参照。

[18] 小林信明＝中井康之・前掲注(11)46・211頁以下、タックス・ロー合同研究会・前掲注(14)294頁、実施基本要領別冊2　4項(2)①参照。また、中小GL第二部4項(3)では、「当初計画の達成が困難と見込まれる場合は、経営規律の確保やモラルハザードの回避といった点を踏まえ、抜本的再生を含む計画の変更や、法的整理、廃業等への移行を行うことが望ましい」とされている。中小GLQA17も参照。

[19] 多比羅誠『進め方がよくわかる私的整理手続と実務〔改訂版〕』438頁（第一法規）参照。

[20] 全国倒産処理弁護士ネットワーク編・前掲注(12)141頁以下参照。

(3) 他の手続への移行

　事業再生計画の変更や特定の債権者との間での再度の権利変更だけでは足りず、計画の遂行不能という事態に陥った場合、法的整理手続開始の申立てや廃業型私的整理手続への移行を行うことが考えられる。中小GLの場合には、再生型から廃業型私的整理手続に移行する場合は、従前の専門家が関与することが考えられ、また、第三者支援専門家が手続の開始当初から関与することも考えられる[22]。

　なお、私的整理から法的整理に移行した場合、権利変更の対象となった債権とそれ以外の債権とをまったく同一に扱ってよいか（事業再生計画の成立によりいったん生じた権利変更をさかのぼってなかったことにしてよいか）という問題がある。この点、（事業再生ADRに関する議論ではあるものの）債権カット等に応じた金融機関の不利益が大きいため決議された計画は法的整理でもなるべくそのまま生かせるようにすべきとの見解、計画の成立によりいったん生じた権利変更をさかのぼってなかったことにするというのは、民事再生法189条7項、190条のような明文がない限りは、解釈上は困難であるとする見解、計画に基づき変更された債権について法的整理手続の開始決定があれば私的整理手続前の状態に復する旨の条項を計画に入れておくという対策などが指摘されている[23]。

21　全国倒産処理弁護士ネットワーク編・前掲注(12)142頁以下参照。
22　タックス・ロー合同研究会・前掲注(14)294頁参照。また、小林信明＝中井康之・前掲注(11)213・216頁以下も参照。
23　全国倒産処理弁護士ネットワーク編・前掲注(12)143頁以下参照。その他、事業再生計画の成立がかなわず法的整理に移行した場合が念頭に置かれているが、私的整理から法的整理に移行した場合の事例分析や問題点の指摘を行っているものとして、全国倒産処理弁護士ネットワーク編・前掲注(12)372頁以下、多比羅誠『進め方がよくわかる私的整理手続と実務〔改訂版〕』442頁以下（第一法規）、藤原総一郎監修『私的整理の理論・実務と書式』266頁以下（民事法研究会）、西村あさひ法律事務所＝フロンティア・マネジメント株式会社『私的整理計画策定の実務』596頁以下（商事法務）参照。

第3章

廃業（再チャレンジ）の手続メニュー

1 再チャレンジ支援（廃業支援）の全体像

(1) 廃業支援の意義

　この章では、再チャレンジ支援、特に廃業支援の手続メニューについて取り上げる。事業の経営改善や事業再生がむずかしい、あるいはこれらに取り組んだものの奏功しなかった場合などに、必ずしも破産によらずに、円滑な廃業、そして経営者等保証人の保証債務からの解放を目指し、経営者の再チャレンジが可能となるよう支援するものである。

a　専門家による取組みの意義

　この再チャレンジ支援に専門家が取り組むことには、大きく分けて次の意義がある[1]。

　① 早期着手により選択肢が広がること
　　　破産を回避するとともに、従業員や取引先などの関係者への被害や連鎖を最小限に抑えることができる可能性がある。
　② 経営者保証GLのインセンティブ資産上限に影響
　　　債務超過であっても、現時点で破産した場合と手続が遅延した場合

---

[1] その他、廃業のメリットや意義については、タックス・ロー合同研究会『事業再生・廃業支援の手引き』9・377頁（清文社）、三森仁ほか『会社の廃業をめぐる法務と税務』3頁（日本法令）参照。

（将来見通しが合理的に推計できる期間として3年程度）を比較して対象債権者への弁済が増加すれば、回収見込額の増加額（経営者保証GL 7(3)③、経営者保証GLQA 7－16）として、保証人の手元に一定の財産を残す余地ができる可能性があり、ひいては保証人の再スタートに資することとなる。

　総じて、債務者自身のみならず、経営者保証人や取引先、従業員への悪影響を回避し、また、結果として、対象債権者への弁済も（清算手続が遅延した場合と比較して）増加することで、各関係者にとってのマイナスを避けられる可能性があり、単純に破産するよりも多くのメリットがある。ただし、事業者の資産・財産を食い潰しきってからでは選択肢も乏しく、破産した場合と変わらないことから、破産によらずに廃業するためには、早期着手できることが望ましい。経営者の立場からすると、事業が動いている限りは廃業の決断をすることにかなりの抵抗感をもつことも多く、また経営者自身のみで廃業の意思決定をすることは困難なことも多いと思われるが、専門家としては、経営者の意思決定の材料として、事案に応じて上記のようなメリット、あるいは早期に廃業しないことのデメリットを示し、経営者とよく協議することが重要といえる[2]。

b　廃業支援の傾向

　詳細は後述するが、活性化協議会による再チャレンジ支援は、次のとおり特に2021年度から2022年度以降にかけて大幅に件数が増加しており、制度の定着とともに、近時のコロナ禍や物価高などの影響により事業再生が困難な中小企業者が増加している状況がうかがわれるものとされていて[3]、現場レベルでは再チャレンジ支援の必要性・重要性がかなり高まっているといえる（図表3－3－1）。後述する地域経済活性化支援機構（REVIC）の特定支

---

[2] 本書等であげられているメリット・デメリットのほか、たとえば株式会社日本政策金融公庫の再挑戦支援資金（再チャレンジ支援融資）など、いったん廃業しても再チャレンジ（ここでは再起業の意味）を後押ししてもらえるような環境が整いつつあることも、廃業の意思決定の要素になるといえる。

[3] 加藤寛史「ご説明資料」内閣官房ウェブサイト（新しい資本主義実現会議（第17回）の資料3）。

図表3-3-1　活性化協議会の再チャレンジ支援完了件数の年度推移

年　度	2018	2019	2020	2021	2022	2023
完了件数	22	76	79	136	542	884

（注）　完了件数は、中小企業者・保証人に対する助言に加え、代理人弁護士または紹介弁護士への助言を実施した件数。

図表3-3-2　REVICの特定支援決定件数の年度推移

年　度	2018	2019	2020	2021	2022	2023
決定件数	13	8	24	14	10	11

（注）　件数は、地域経済活性化支援機構ウェブサイト掲載の業務実施状況報告による。

援についても、近時は減少傾向にあるようだが、新型コロナウイルス感染症の感染拡大が始まった2020年度に大幅に件数が増えている（図表3-3-2）。

　また、政府の「新しい資本主義実現会議」でも、「企業経営者に退出希望がある場合の早期相談体制の構築など、退出の円滑化策の検討も必要ではないか」「企業経営者が、事業不振の際に、M&A・事業再構築・廃業などの幅広い選択肢について、早い段階から専門家に相談できる体制を、全国にある中小企業支援実施機関の体制拡充も含め、確立すべきではないか」などとされており[4]、政策レベルでも廃業に対する支援体制の確立が注目されているといえる。

(2) 資産超過と債務超過

　廃業の手法については、対象となる事業者が資産超過か債務超過かによって大きく分かれる。ただし、ここでいう「資産超過」とは、貸借対照表上で形式的に資産超過であるというだけでは足りず、実態評価をしたうえで資産超過であり、さらに、廃業に必要なコストまでまかなえる状態であることが

4　「論点案」内閣官房ウェブサイト（新しい資本主義実現会議（第17回）の資料2）。

必要となる点に留意しなければならない。そうでなければ、結局は負債のすべてを弁済することができず、債務整理を伴わざるをえないためである。

(3) 資産超過の場合

　資産超過の場合は、経営者が高齢化しているものの後継者がいない、あるいは収益が悪化してきているものの立て直しの兆しがみえない、などといったときに、債務超過となる前に早めに事業を閉鎖する、などといった事情から、廃業を決断することがある。

　この場合、法人であれば解散・通常清算（株式会社の場合は会社法471条以下）によって法人格を整理することとなる。資産超過である以上、資産をすべて換価回収するとともに債務をすべて弁済し、株主等の出資者に残余財産を分配する[5]。債務整理が不要なため順を追って進めていけばさほど難易度は高くないが、上記(2)のとおり、必要なコスト等にもれ・不足がないか留意する必要がある。

(4) 債務超過の場合

　債務超過の場合、事業者の状況等によって複数の手法が考えられる。

a　私的整理と法的整理[6]

　事業者に一定程度の資金があって商取引債務や公租公課の支払ができ、金融機関に対しても破産した場合を下回らない程度の弁済ができることが見込まれるのであれば[7]、法的整理ではなく私的整理で廃業することが考えられる。私的整理の場合、商取引債務はすべて弁済し、基本的には金融機関とだ

5　通常清算手続の流れについては、三森仁ほか・前掲注(1)8頁以下参照。また、株式会社以外の法人形態の清算手続については、尾島史賢編『株式会社・各種法人別　清算手続と書式』（新日本法規）、同『株式会社・各種法人別　清算手続マニュアル』（新日本法規出版）参照。株式会社の清算手続については、東京地方裁判所ウェブサイト（https://www.courts.go.jp/tokyo/saiban/dai8bu_osirase/hisyokaryo_osirase/index.html）でも一部の書式等が公表されている。

6　両者のメリット・デメリットを整理したものとして、三森仁ほか・前掲注(1)24頁参照。

7　具体的な考慮要素については、タックス・ロー合同研究会・前掲注(1)384頁参照。

け交渉して債務整理を行うので、経営者の再スタートにも資するし、取引先等への悪影響を最小限に抑えられるほか、金融機関にとっても貸付債権の毀損が少なくなることから、中小企業者・金融機関・地域経済にとっても望ましい[8]。他方で、法的整理とは異なり、原則として弁済計画等に対する全対象債権者の同意が必要となる点が大きな特徴である。

これに対し、商取引債務や公租公課の支払ができない場合等は、基本的には法的整理、そして多くは破産手続を利用することとなる。法令に基づいて第三者たる破産管財人が手続を進めるために公正公平ではあるが、信用不安が生じたり、事案によっては多額の予納金が必要となる。

b 代表的な手法

私的整理による廃業手法として、中小GL（廃業型）、廃業支援型特定調停（日弁連スキーム・手引3）、地域経済活性化支援機構（REVIC）の特定支援、特別精算（和解型）、そしてこれらのような手法によらない純粋私的整理（最終的な出口として特別清算等を利用）があげられる。純粋私的整理以外は、法令ではないものの一定の準則に基づいた手続であるため、準則型私的整理手続に分類される。

一方、法的整理による廃業手法としては、特別清算[9]（会社法510条以下参照）、民事再生（民事再生法参照）、破産（破産法参照）があげられる。

なお、手法というよりも廃業の相談先・支援先として、各都道府県に設置されている活性化協議会と地域経済活性化支援機構（REVIC）があげられるが、これらは後述する。

---

[8] 小林信明＝中井康之『中小企業の事業再生等に関するガイドラインのすべて』71・222頁（商事法務）参照。
[9] ここで述べているように、特別清算には、私的整理の出口として使われる場合と、法的な廃業手法として使われる場合とがある。後者としての特別清算の活用について論じたものとして、野村剛司『実践フォーラム破産実務』435頁以下（青林書院）、野村剛司『倒産法を知ろう』288頁（青林書院）参照。

2　活性化協議会による再チャレンジ支援[10]

　活性化協議会は、公正中立な国の機関で、本書第1部第1章で紹介されている「中小企業活性化パッケージ」に基づき、全47都道府県に設置されている。中小企業の収益力改善・金融債務のリスケジュールから私的整理による債務整理まで幅広く支援を行っているが、再チャレンジ支援という支援メニューも設けている。

　この再チャレンジ支援は、収益力の改善や事業再生等がきわめて困難な中小企業や保証債務に悩む経営者等に対し、当該中小企業の早期清算や再生計画策定支援以外の方法による事業再生の早期決断と、経営者の再チャレンジに向けた債務整理の決断を促すため、相談企業（経営者）およびその代理人弁護士への助言を実施するものとなっている。そのため、再チャレンジ支援においては、活性化協議会が直接的に金融調整等の支援をするのではなく、円滑な廃業や保証債務整理に向けた助言、そして事案に応じて弁護士の紹介等を行っているのみであり、具体的にどのような手続を選択するかは事業者等に委ねられている。なお、再チャレンジ支援の開始にあたっては、金融機関の同意等は不要で、事業者が活性化協議会に相談を申し込みさえすれば助言や弁護士の紹介を受けられる。また、活性化協議会において収益力改善や事業再生支援等の支援を現に受けている事業者でなくともこの制度は利用可能であるし、事業者ではなく、金融機関や弁護士が事前相談というかたちで案件に関する助言を受けることも可能である。

　これらの助言や弁護士の紹介は無料で受けられるが、紹介を受けた弁護士に事業者ないし保証人が依頼する場合は、委任契約に基づいて弁護士費用を負担することとなる。また、経営者保証GLのいわゆる単独型による保証債務整理は、この再チャレンジ支援の枠組みで実施されており[11]、活性化協議

10　制度の詳細や事例が紹介されているものとして、田端聡朗＝小松良匡「再チャレンジ支援の概要」季刊事業再生と債権管理177号68頁以下、「特集　再チャレンジ支援の実務と課題」季刊事業再生と債権管理182号4頁以下参照。

会の支援を受ける場合には、調査報告書を作成する外部専門家としての弁護士の費用も保証人が負担する必要がある点が、特定調停による場合との大きな違いの一つである（ただし、一定の場合にはその２分の１を限度として補助を受けられる）。

3 手続選択

詳細は第４部第４章１で解説するが、廃業の手続選択の視点は、大きく次のような内容となる。

(1) 私的整理から検討する

まず、すでに述べたように、私的整理によるほうが各関係者にとって望ましい結果を目指せることが多いため、ファーストチョイスとしては私的整理による廃業を目指すことが望ましいと思われる。しかしながら、次のような場合は、法的手続、それも破産手続を選択するほうが適切といえる[12]。

① 破産手続に比して経済合理性のある弁済計画案を策定する見込みがない（つまり、弁済資金を確保する見込みがない）。
② 多額な公租公課や商取引債権が存在し、全額返済の見込みがない。
③ 手形不渡りなど支払停止が予想される。
④ 債権者の個別の債権回収行為を防ぐ必要がある。
⑤ 対象債権者間の意見・利害調整が不可能または著しく困難である。
⑥ 否認権行使や役員の責任追及の問題がある。
⑦ 債務の弁済や経営状況・財務情報の開示等に誠実に対応しておらず、対象債権者との間で良好な取引関係が構築されていない。

これらのような事情がない場合では、基本的には私的整理による廃業を目

---

11 手続の流れ等の詳細は、中小企業庁ウェブサイト実施基本要領別冊４および実施基本要領別冊４QAをそれぞれ参照。
12 タックス・ロー合同研究会・前掲注(1)384頁以下・400頁以下参照。

指すことが多いと思われるが、破産手続開始による事業価値・資産価値の劣化を可能な限り回避する目的で、特別清算や民事再生といった法的整理による廃業を目指すことも考えられる[13]。特別清算は、債権者の一定数の同意があれば破産と比較して予納金がごく低額ですむため、資産に乏しい事業者でも活用可能性があるが、会社法上の制度のため株式会社のみが対象となるうえ[14]、債務整理の成立のためには一定以上の債権者の賛成または個別和解が必要となることから、対象債権者の理解が必要となる。民事再生は、株式会社以外でも利用でき、また清算型の再生計画も許容されうることから、事業を一定期間継続してソフトランディング的な廃業を目指す場合に活用の可能性があるが、予納金が多額となること、債務整理成立のために一定以上の債権者の賛成が必要となることが留意点である。

(2) 私的整理による廃業の手続

法的整理ではなく私的整理により廃業をする場合は、事案の性質や各手続の特徴、そして対象債権者（特にメインバンク）の意見に応じて手続を選択することとなるが、各手続の概要は次のとおりである。

a 中小GL（廃業型）

株式会社以外の会社や個人事業主であっても、またその規模感に関係なく、幅広く利用できる。一定の場合には、外部専門家・第三者支援専門家の費用について、経営改善計画策定事業のGL枠として補助金を受けられるのも大きな特徴であるといえる[15]。特に廃業型私的整理においては、債権者に対して収益弁済を行うわけではなく、資産換価も基本的には事業継続を前提

---

[13] 法的整理による廃業手法のメリット・デメリットを整理したものとして、三森仁ほか・前掲注(1)25頁参照。
[14] 特例有限会社であっても、株式会社に組織変更してから解散すれば特別清算を利用可能である。
[15] 補助金の詳細やマニュアル等については、中小企業庁ウェブサイト（https://www.chusho.meti.go.jp/keiei/saisei/05.html）を参照。なお、当該ガイドラインの対象となる事業者と補助の対象となる事業者とが必ずしも一致するとは限らないため、留意が必要となる。特に、事業者が一時停止の要請の時点で廃業ずみである場合や、代表者が不在または有効な意思表示ができない場合は、補助の対象とならないことがある。詳細は中小GLQA３・14、経営改善計画策定支援事業〈中小版GL枠〉Ｑ２−１−３参照。

としないため、破産と比較して、より経済合理性が認められるためには、この補助金の意義が大きい事案が多いと思われる[16]。また、第三者支援専門家により調査報告書が作成されるため、対象債権者の理解を比較的得られやすい点も特徴といえる。

詳細は第4部第1章3および同第4章を参照。

b 廃業支援型特定調停（日弁連スキーム・手引3）[17]

株式会社以外の会社や個人事業主であっても、またその規模感に関係なく、幅広く利用できる。特定調停手続によるため、いわゆる17条決定（特定調停法22条、民事調停法17条）を利用できることから、必ずしも全対象債権者の積極的な同意までは必要としない点が特徴といえる。ただし、法人格の消滅までは特定調停手続で行えないため、債務免除を受けた後に任意の清算手続を行う必要がある。また、基本的には収益弁済を行わない廃業の場合に、破産と比較して（債権者にとっての）経済合理性が見出せるか否かも検討の必要がある。加えて、上記aの中小GLと異なり、第三者的立場からの調査がなされないため、対象債権者との密なコミュニケーションが必要といえる。

この日弁連スキームは、日本弁護士連合会のウェブサイト[18]上で書式や手引が公開され、必要な情報が整備されている。廃業支援型は、「手引3」（事業者の廃業・清算を支援する手法としての特定調停スキームの手引）が該当する。

c 純粋私的整理（最終的に特別清算等）

当初は債権者との任意の交渉で私的整理を行い、その出口として特別清算

---

[16] ただし、当該補助を加味しなければ、ガイドラインに基づく手続における弁済原資が、破産した場合における弁済原資を上回ると評価できない場合は、補助の要件を満たさないものとされていることにも留意する必要がある。具体的な判別式も含め、詳細は経営改善計画策定支援事業〈中小版GL枠〉Q2-1-4参照。

[17] 廃業支援型特定調停を活用した事例として、山田尚武ほか「小規模の株式会社について、廃業支援型特定調停スキームを利用して主債務者を廃業・清算するとともに、保証債務についても経営者保証に関するガイドラインにより特定調停で一体的に整理した事例」季刊事業再生と債権管理161号122頁など参照。

[18] https://www.nichibenren.or.jp/activity/resolution/chusho/tokutei_chotei.html参照。

等を利用するかたちである。リスケジュールのみで終えられるのであればさほど支障はないが、債権放棄を伴う場合は、よるべき準則がない状態だと、事業者にとっても、債権者にとっても、手続の予測可能性や公平性および迅速性が損なわれる可能性があるため[19]、債権者の理解を得づらいこともある。また、債務整理を伴う場合は、債権者がその分を税務上損金算入できるように特別清算をはじめとしたなんらかの手続をとることが求められることが多い。このような純粋私的整理の活用場面としては、時間的な理由から、金融債権者の了解のもとに事業譲渡等を先行して行い、残った旧会社を特別清算等で処理するという場合が考えられる[20]。

d　地域経済活性化支援機構（REVIC）の特定支援

上記a～cの各手続が想定しているよりも大規模な事業者の利用が想定されており、一定の資金的な余裕も必要となる。そのうえ、REVICによる支援がされるため金融債権者との調整は比較的容易になるものの、事業者と金融機関等との連名による申込みが必要なので（株式会社地域経済活性化支援機構法32条の2第1項）、初期段階から金融機関との調整ないし支援が必要となる。

また、REVICの特定支援決定は2026年3月31日までに行わなければならないとされているため（株式会社地域経済活性化支援機構法32条の2第7項）、法改正がなされない限り、同日以降はこの制度は利用できない点に留意が必要である。

(3) 各手法の特徴

以上をふまえて各手法の特徴をまとめると、おおむね次のとおりとなる[21]。

19　三森仁ほか・前掲注(1)83頁参照。
20　タックス・ロー合同研究会・前掲注(1)220頁以下参照。
21　中小企業の事業再生等に関するガイドラインを除く各種手続のメリット・デメリットについては、三森仁ほか・前掲注(1)24頁以下参照。

【私的整理】

手続	メリット	デメリット
中小企業の事業再生等に関するガイドライン（廃業型）[22]	・手続の予測可能性が確保されるとともに、中小企業者のための準則型私的整理手続に関する金融界・産業界のコンセンサスを得たものとして、金融機関の理解・協力を得やすい ・第三者支援専門家が関与することにより、手続の中立性・公平性・透明性が担保される ・中小企業庁が実施する経営改善計画策定支援事業による専門家費用の補助が受けられる	・活性化協議会やREVICと異なり、第三者支援専門家は民間の専門家のため、対象債権者との信頼関係の醸成が必要となる ・廃業型であっても原則としてDDが必須のため、時間と費用がかかることがある
廃業支援型特定調停（日弁連スキーム）	・対象債務者の要件や手続の進行が比較的柔軟 ・DD等は必須でなく、迅速な処理も可能 ・小規模事件にも対応可能・いわゆる17条決定の活用が可能 ・調停調書および17条決定は債務名義となることから、履行確保についての信頼性が確保できる	・金融調整は債務者が自ら行う必要がある
REVIC特定支援	・債務整理の計画策定や金融調整において、準公的機関であるREVICの支援が受けられる ・手続の詳細が法定され、これに基づき手続が進められるため、手続に対する信頼性が高い ・手続費用の負担軽減制度あり	・対象企業の要件が厳格に定められており、特に公租公課および商取引債権については全額支払ができることが必要

---

22 小林信明＝中井康之・前掲注(8)223頁参照。

| 純粋私的整理[23] | ・対象債務者の要件や手続の進行が柔軟
・手続費用が低廉ですむ | ・金融調整は債務者が自ら行う必要がある |

【法的整理】

手続	メリット	デメリット
特別清算	・破産管財人等の第三者を介在させることなく、債務超過の状態にある会社の清算をすることができる ・（一定の条件を満たした場合）破産手続と比較しても手続費用が安価である	・株式会社のみが対象となる ・債権者の多数決議による賛成が必要（和解型の場合は全対象債権者の同意）
民事再生	・株式会社に限定されず法人全般について利用できる ・破産管財人等の第三者を介在させることなく手続を進行できる	・比較的多額の予納金が必要となる ・債権者の多数決議による賛成が必要
破産	・株式会社に限定されず法人全般について利用できる ・公租公課を全額支払いきることができなくとも手続を終結することができる	・第三者である破産管財人が手続を進行する ・負債金額や破産管財人の想定業務量に応じた予納金が必要となる

---

23 出口として特別清算を利用するのであれば、特別清算のメリット・デメリットもここに加わることになる。

第 **4** 部

弁護士が支援する事業再生・
廃業手続の具体的実務

第1章

中小GL第三部の概要
（私的整理手続）

1　中小GLの手続の特徴

(1)　中小企業の事業再生等のための準則型私的整理手続

a　はじめに

　中小GLは、2022年3月に一般社団法人全国銀行協会（以下「全銀協」という）にて公表され、4月15日から運用が開始されている。中小GLを利用する際のガイドとなるFAQも作成されており、全銀協ウェブサイトにて中小GLとともに閲覧することができる。中小GLは三部からなるが、本項では、実際の中小企業の事業再生および廃業の手順となっている第三部について概説する。したがって、本項における「中小GL」とは、特に説明がない限り第三部のガイドラインを指すものとして使用する。なお、中小GLとFAQは、2024年1月に一部改定され、さらにFAQは2025年1月にも一部改定されている。

　中小GLの正確な利用件数は判明しないが、すでに計画が成立した案件も報告されており[1]、運用開始から1年半が経過した段階において、その利用件数は145件にのぼるという報道もなされている[2]。また、2024年7月5日に

---

[1]　山崎良太ほか「成立事例にみる中小企業版事業再生ガイドラインの実践的活用」季刊事業再生と債権管理179号78頁ほか。また、金融庁はそのウェブサイトにて、「中小企業の事業再生等に関するガイドライン事例集」を公表している。

金融庁にて公表された活用実績における計画成立件数は、2022年度は28件（うち再生型19件、廃業型9件）、2023年度は133件（うち再生型75件、廃業型58件）となっている（金融庁ウェブサイト（https://www.fsa.go.jp/news/r6/ginkou/20240705-3/01.pdf））。

　中小GLは、全銀協が事務局となり、金融機関、日本商工会議所など中小企業支援団体、弁護士、税理士、公認会計士、倒産法研究者等が委員となり、最高裁判所、中小企業庁、農林水産省、金融庁、法務省、財務省がオブザーバーとして構成された委員会において策定され、発表されたものである。2021年6月に公表された政府の「成長戦略実行計画・成長フォローアップ」に端を発しており、金融庁も広くその利用を呼びかけていることから、金融機関にとって重要なGLとして位置づけられているものと思われる。中小GLでは「法的拘束力はないものの、債務者である中小企業者、債権者である金融機関等及びその他の利害関係人によって、自発的に尊重され遵守されることが期待されている」と規定されている（中小GL第三部2項(1)参照）。

　中小GLは、新型コロナウイルス感染症によって大きな影響を受けた中小企業者の支援という目的を有するものの、その一時的な利用にとどまらず、新型コロナウイルス感染症とは必ずしも関連性はない、中小企業者を対象とした一定の普遍性を有する準則的私的整理として利用されることを目的としている。

b　対象となる中小企業者

　中小GLの対象となる債務者は「中小企業者」と呼ばれ、中小GL第一部において、中小企業基本法2条1項の「中小企業者」（常時使用する従業員数が300人以下の医療法人を含む）を指すものと定義されている。したがって、法人のみならず個人事業主も対象となる。なお、この中小企業基本法に規定されていない学校法人、社会福祉法人についても、事業規模や従業員数

2　帝国データバンクによる2023年10月25日配信「特別企画：「中小企業の事業再生等に関するガイドライン」の実態調査」による。

などの実態に照らし適切と考えられる場合に対象とすることも可能とされている（中小GLQA3）。

その「中小企業者」のうち「小規模企業者」を対象とする条項（たとえば、事業再生計画案の適用要件を緩和した条項等）が設定されているが、その「小規模企業者」については、中小企業基本法2条5項に定義される事業者を指すとしたうえで、同法における事業者に該当しない中小企業者に対して適用することも妨げないとしている（中小GL第一部3項参照）。

すなわち、法人・個人問わず、広く中小企業の事業再生・廃業支援を行うガイドラインとして利用されることが期待されている。

そして、これら中小企業者が、以下の要件のすべてを充足する場合に、中小GLは適用される（中小GL第三部3項(1)(2)）。

【再生型私的整理】
① 収益力の低下、過剰債務等による財務内容の悪化、資金繰りの悪化等が生じることで経営困難な状況に陥っており、自助努力のみによる事業再生が困難であること。
② 中小企業者が対象債権者に対して中小企業者の経営状況や財産状況に関する経営情報等を適時適切かつ誠実に開示していること。
③ 中小企業者および中小企業者の主たる債務を保証する保証人が反社会的勢力またはそれと関係のある者ではなく、そのおそれもないこと。

【廃業型私的整理】
① 過大な債務を負い、すでに発生している債務（既存債務）を弁済することができないことまたは近い将来において既存債務を弁済することができないことが確実と見込まれること（中小企業者が法人の場合は債務超過である場合または近い将来において債務超過となることが確実と見込まれる場合を含む）。
② 円滑かつ計画的な廃業を行うことにより、中小企業者の従業員に転職の機会を確保できる可能性があり、経営者等においても経営者保証に関するガイドラインを活用する等して、創業や就業等の再スタート

の可能性があるなど、早期廃業の合理性が認められること。
　③　中小企業者が対象債権者に対して中小企業者の経営状況や財産状況に関する経営情報等を適時適切かつ誠実に開示していること。
　④　中小企業者および中小企業者の主たる債務を保証する保証人が反社会的勢力またはそれと関係のある者ではなく、そのおそれもないこと。

c　対象となる金融機関

　対象債権者となる「金融機関」については、中小企業者に対して金融債権を有する銀行、信用金庫、信用組合、労働金庫、農業協同組合、漁業協同組合および政府系金融機関に加えて、求償権が発生している場合の信用保証協会や保証会社、サービサー、貸金業者も原則として対象となるとし、これら以外の債権者であっても私的整理を行ううえで必要なときは含まれるものとされている。また、廃業型の場合はリース会社も「金融機関」に含まれるとされている（中小GL第三部1項(1)参照）。さらに、再生型の場合においても、私的整理を行ううえで必要なときは、リース債権者も含むことができるとされている（中小GLQA20の回答参照）。

d　専門家の活用

(a)　外部専門家と第三者支援専門家

　中小GLは、一定のルールに基づき手続を進める準則型私的整理手続の一つである。すなわち、経営困難な状況にある中小企業者である債務者を対象に、法的整理手続によらずに、債務者である中小企業者と債権者である金融機関等との間の合意に基づき、債務について返済猶予、債務減免等（中小GLでは、金融債務の減免その他DESを含む債務の資本化等について、まとめて「債務減免等」と呼んでいる）を実施することで、当該中小企業者の円滑な事業再生や廃業を行うことを目的としている。

　他の準則型私的整理においては、整理手続を取り仕切る第三者機関（たとえば、活性化協議会での手続であれば、各地域の中小企業活性化協議会支援業務部門、特定調停であれば担当する裁判所）が手続上重要な役割を担っているが、中小GLにおいてはこのような手続運営機関が存在しない。そのか

わり、債務者は弁護士等の専門家たる「外部専門家」の助力を受けるものとされ、さらに、私的整理の公平性を担保するための役割として、利害関係のない第三者の専門家である「第三者支援専門家」を選定するものとしている。

　外部専門家は、民事再生手続であれば、いわば申立代理人弁護士やその補助者となる税理士、公認会計士であり、債務者のため、私的整理を成立させるために積極的に活動することになる。

　他方、第三者支援専門家は、債務者との間で委任契約を行うもののその委任内容はあくまで中小GLの「第三者支援専門家」としての職責を行うことになり、専門的意見を述べることが職務となる。民事再生手続であれば、いわば監督委員的立場が期待されているものと考えられる。なお、債務免除を伴う場合には、第三者支援専門家には弁護士が入っていなければならない（中小GL第三部4項(5)①）。また、税理士等が第三者支援専門家になる場合には、弁護士法72条との関係において、法律事務にかかわらない範囲での調査・報告に限定しなければならないことに留意する必要がある（中小GLQA33参照）。

　第三者支援専門家の選定においては、中小企業活性化全国本部および一般社団法人事業再生実務家協会において候補者リストを公表している。このリストから選定する場合には、総債権額の50％以上からなる「主要債権者」全員の同意を得る必要があり、また、このリスト外から候補者を選ぶ場合には、全債権者の同意を得る必要がある（中小GL第三部4項(1)②参照）。

(b)　**専門家費用補助制度**

　活性化協議会において、中小GLを実施するにあたって必要な外部専門家や第三者支援専門家の費用について一部費用負担する制度がある。独立行政法人中小企業基盤整備機構のウェブサイトにおいて、「経営改善計画策定支援事業」の一環として、これら専門家が認定経営革新等支援機関に登録している場合には、再建型の場合の事業再生計画策定支援や廃業型の場合の弁済計画策定支援として、計画策定および伴走支援費用の3分の2（上限700万円）を負担する制度がある（後記図参照）。この制度を利用する場合には、

中小GLを開始する前に手続を実施することになり、手続開始後の利用申請となった場合には、費用補助の対象が申請後の手続費用に限定されてしまうようである。当該費用補助制度の利用に際しては、各地の活性化協議会に事前に確認することをお勧めする。

補助対象経費	補助率
DD費用等	2／3 （上限300万円）
計画策定支援費用	2／3 （上限300万円）
伴走支援費用	2／3 （上限100万円）

e　その他

　中小GLは、廃業型私的整理のガイドラインも規定しているが、これまで廃業を目的とする私的整理についてのガイドラインは、特定調停における日弁連スキーム以外には存在していなかった。中小GLでは、中小企業者が円滑かつ計画的な廃業を行うことにより、中小企業者の従業員に転職の機会を確保できる可能性があり、また、経営者においても経営者保証GLを活用する等して創業や就業等の再スタートの可能性があるなど早期廃業に合理性が認められることなどから、私的整理での廃業手続を規定しており、中小GLの特徴の一つである。なお、中小GLと同時（2022年3月）に、経営者保証に関するガイドライン研究会から、「廃業時における『経営者保証に関するガイドライン』の基本的考え方」が公表されており[3]、廃業を目的として本私的整理を進める場合には参考となる。

　さらに、本私的整理は、他の準則型私的整理手続において具体的な定めがない場合には、参照すべき拠り所として活用することが期待されており、準則型私的整理手続を中小企業者に対して適用する場合に広く準用できる旨の考え方が示されている（中小GL第三部1項(2)参照）。

---

[3]　全国銀行協会や日本商工会議所のウェブサイトに掲載されている。

(2) 再生型手続と廃業型手続の特徴

a 再生型手続と廃業型手続の特徴と利用場面

(a) 実際の利用状況

　実際の利用状況については、公表数字が存在せず正確なところは判別しないが、当初は、清算型の私的整理手続がほかにあまり存在しないことから、清算型での利用が中心となると考えられる傾向があったが、実際には、再生型においても広く利用されているようである。なお、運用開始から1年半の段階にて第三者支援専門家に対して実施したアンケート結果では、利用総件数が145件であるところ、再生型は約68％に該当する99件、廃業型は約32％に該当する46件であり、再生型の利用のほうが多い結果となったと報道されている[4]。金融庁の2024年7月5日付報道発表においても2023年度の計画成立件数は再生型が75件、廃業型が58件であり（金融庁ウェブサイト（https://www.fsa.go.jp/news/r6/ginkou/20240705-3/01.pdf））、再生型のほうが多い。

(b) 利用場面

　他の準則型私的整理手続にて扱うことがむずかしい場合にこそ、柔軟な手続である中小GLの活用が検討される場面である。たとえば、資金繰りが2～3カ月程度しか続かず、しかしながら、事業譲受先が存在しており、即時に事業譲渡が可能であるようなケースにおいては、活性化協議会のスキームでは時間的対応が間にあわないことが多く、中小GLの利用場面の代表的ケースではないかと思われる。

　その他、中小企業の再生型の手続においては、活性化協議会の利用がこれまで中心であったが、その運用には地域差があり、地域によっては抜本再生をそれほど積極的に取り扱っていないこともあるため、そのような場合に積極的に抜本再生を実施する場面や、メインバンク不在の小規模案件などにおいては、債務者代理人たる外部専門家が積極的に手続を進めることで対応

---

[4] 前掲注(2)記載の帝国データバンクによる実態調査報告による。

し、中小GLが利用されることで円滑な事業再生や廃業手続が実現することが期待される。さらに、再生できるか清算となるのかの判断のポイントが、スポンサーが見つかるか否かにて決まってしまい、見つからなかった場合には現有資産の処分代金をもって廃業型の私的整理を行いたい、などというような、再生型と廃業型との両方を見据えた案件においては、中小GLが再生型も廃業型も利用できる内容となっている点において、利用価値が高いものと思われる。そのほか、第二会社方式にて事業譲渡後の旧会社は特別清算にて処理するケースや、事前調整を実施したうえで特定調停を申し立てる特定調停日弁連スキームにおいては、特別清算や特定調停の手続に入る前の段階の金融機関調整手続において、中小GLを利用することも考えられる。

廃業型においては、私的整理としては、日弁連の廃業型特定調停スキームや法的手続ではあるが私的整理的に運用される場合の特別清算（和解型）などがあるものの、これらは債務整理の最終段階を担う手続であり、これまではその前段の金融債権者調整においては債務者代理人弁護士がバンクミーティングを開催するなどして私的整理の手続を進めていた。そこで、金融債権者調整を円滑に進めるために、中小GLを当初の金融債権者調整段階から利用することが考えられる。さらに、廃業手法として特別清算を利用する場合において、経営者の保証債務処理を経営者保証GLにて一体処理するために、中小GLを利用することも有効な利用方法と考えられる。

b　税務上の取扱い

(a)　債権者側の税務上の取扱い

中小GLの税務については、その中小GLQA95～99に説明がなされている。

このうち、再生型私的整理の場合における債権放棄を行った場合の債権者側の税務処理については、中小GLQA95において、原則として、法人税基本通達9－4－2における「合理的な再建計画に基づく債権放棄等」に該当し、当該債権放棄等の額は損金の額に算入されると説明されている。この点については、2022年4月1日に国税庁に質問し回答を得ているということである。さらに、廃業型私的整理の場合の債権放棄における債権者型の税務処理については、中小GLQA96にて、法人税基本通達9－6－1(3)ロの「行政

機関又は金融機関その他の第三者のあっせんによる当事者間の協議により締結された契約で、その内容が債権者集会の協議決定で合理的な基準により債務者の負債整理を定めているものに準ずるものによる切り捨て」に該当し、損金算入されるということである。この点も前記国税庁の質問により回答を得ているということである。

(b) **債務者側の税務上の取扱い**

再生型私的整理手続にて、事業再生計画により、債務免除等を受けた場合の債務者側の税務処理については、中小GLQA97にて、法人税基本通達12－3－1(3)に定める「債務の免除等が多数の債権者によって協議の上決められる等その決定について恣意性がなく、かつ、その内容に合理性があると認められる資産の整理があったこと」に該当し、法人税法59条3号の再生手続開始の決定に準ずる事実等に該当することから、欠損金の損金算入の適用があるとされている。この点も、前記の国税庁回答を得ているということである。しかし、資産評価損の損金算入などの企業再生税制の適用はない。なお、個人事業主たる債務者の税務処理について2025年1月29日中小GLQAの改定が公表され、QA98－2が追加された。個人事業主が再生型私的整理手続に基づき策定された事業再生計画により債務免除を受けた場合の税務処理について、所得税法44条の2第1項に該当し、債務免除益は総収入金額に算入されないとされている。この点も国税庁回答を得ているということである。

また、廃業型私的整理手続においては、弁済計画によって債務免除を受けた場合も再生型と同様に欠損金の損金算入の適用が認められているほか、中小企業者が個人事業主であった場合には、中小GLQA98において、所得税法44条に定める「資力を喪失して債務を弁済することが著しく困難である場合」として、債務免除については総収入金額に算入されないと考えられる、ということである。こちらも、前記の国税庁回答を得ているということである。

(c) **保証人の税務上の取扱い**

再生型または廃業型私的整理にて、主債務者と保証人が一体的に整理を行

う場合の保証人の税務については、中小GLQA99にて説明されている。この場合、保証人が保証債務を履行するために資産を譲渡し、その履行により取得した求償権を放棄したときは、原則として、所得税法64条2項に規定する「求償権の全部又は一部を行使することができないこととなったとき」に該当するということであり、この点も前記の国税庁回答を得ているということである。なお、保証債務の免除を受けた保証人の税務は、「「経営者保証に関するガイドライン」に基づく保証債務の整理に係る課税関係の整理」(2014年1月16日制定)と同様になると考えられている。

2 再生型私的整理手続

(1) 概　要

　中小GLは、準則型私的整理手続であり、中小企業者を対象とする再生型の準則型私的整理手続としては、すでに、活性化協議会での手続や特定調停(日弁連スキームほか)等がある。しかしながら、中小GLの特徴は、既存の私的整理手続と異なり、整理手続を取り仕切る第三者機関が存在しないため、第三者機関側の事情による影響を受けることなく手続を進めることが可能である。したがって、対象債権者との円滑な連携がなされた場合には、より柔軟な手続運用が可能となる。他方において、第三者機関が不在であることによって、手続進行が不安定となる危険性もあり、実質的に本手続を進める原動力となる外部専門家と第三者専門家の意欲的な支援が重要であり、さらに対象債権者による本手続に対する理解と積極的な関与が必要不可欠である。

　再生型私的整理手続の基本的な流れは、図表4－1－1記載のとおりである。

図表4－1－1　再生型私的整理手続スケジュールのイメージ

```
┌─────────────────────────────────────┐
│         外部専門家と契約              │
└─────────────────────────────────────┘
                  ↓
┌─────────────────────────────────────┐
│ 主要債権者に対し、本私的整理にて整理することを相談 │
└─────────────────────────────────────┘
                  ↓
┌─────────────────────────────────────┐
│        第三者支援専門家の選定          │
└─────────────────────────────────────┘
                  ↓
┌─────────────────────────────────────┐
│    第1回債権者会議（バンクミーティング）  │
└─────────────────────────────────────┘
                  ↓   ・一時停止の申請
                      ・整理方針の説明
                      ・今後のスケジュールの説明
┌─────────────────────────────────────┐
│   経営・財務および事業の状況に対する調査   │
│        事業再生計画案の作成            │
└─────────────────────────────────────┘
                  ↓
┌─────────────────────────────────────┐
│   第三者支援専門家による調査報告書作成    │
└─────────────────────────────────────┘
                  ↓
┌─────────────────────────────────────┐
│    第2回債権者会議（バンクミーティング）  │
└─────────────────────────────────────┘
                  ↓   ・事業再生計画案等の説明
                      ・第三者支援専門家による調査報告書の説明
                      ・事業再生計画案に対する同意不同意期限の決定
┌─────────────────────────────────────┐
│    対象債権者による同意不同意結果報告     │
└─────────────────────────────────────┘
                  ↓
┌─────────────────────────────────────┐
│ （場合によっては）事業再生計画案の修正等の調整 │
└─────────────────────────────────────┘
                  ↓
┌─────────────────────────────────────┐
│ 事業再生計画の成立（第三者支援専門家が書面にて報告）│
└─────────────────────────────────────┘
                  ↓
┌─────────────────────────────────────┐
│（以後、毎四半期、半期など定期的に）収益状況等の報告│
└─────────────────────────────────────┘
```

（出典）　筆者作成

(2) 手　　続

a　外部専門家との契約

　まず、中小企業者は、再生型私的整理を専門とする弁護士、公認会計士、税理士等の専門家たる「外部専門家」に相談し、再生型私的整理手続を進め

るために必要な委任契約を締結する。この時点で、通常は、法的手続を含めた手続のなかからどの手続が一番適切であるかという手続選択が行われる。なお、手続全般を通じて、外部専門家となった弁護士は中小企業者の代理人として主体的に関係者との調整を図る作業を行うことになるため、以下の手続において、単に「中小企業者」と記載されている場合であっても、支援専門家が主体的に関与していることが前提となる。

b 第三者支援専門家の選定

外部専門家となった弁護士は中小企業者とともに、本私的整理において重要な役割を果たすことになる「第三者支援専門家」を選定する。第三者支援専門家は、私的整理手続を遂行する適格性を有する弁護士、公認会計士等の専門家であり、独立行政法人中小企業基盤整備機構が設置する中小企業活性化全国本部および一般社団法人事業再生実務家協会において候補者リストを公表しており、原則としてこのリストから選任する（中小GL第三部4項(1)①）。なお、第三者支援専門家については、中小GLQA30～43において詳細な解説がなされている。

前記候補者リストから選定された第三者支援専門家について、対象債権者のうち、債務者に対する金融債権額が上位シェア50％以上までを占める「主要債権者」全員から同意をとる必要がある。この主要債権者は、保全の有無を問わずに債務者に対する金融債権額そのものの合計を分母として、債権額が上位のシェアの合計額が50％以上に達するまで積み上げた場合に含まれる対象債権者が該当する（中小GL第三部2項(5)、中小GLQA25参照）。

中小企業活性化全国本部等が用意するリスト以外でも、主要債権者のみならず、対象債権者全員から同意を得ることができれば、第三者支援専門家を選任することができる（中小GL第三部4項(1)②）。また、第三者支援専門家は補佐人を専任することも可能である（中小GLQA33参照）。

第三者支援専門家において、これらの要件を満たした場合には、中小企業者との間で本私的整理におけるアドバイザー契約を締結することになる。なお、外部専門家、第三者支援専門家および補佐人の費用については、事前に利用申請することにより、前記のとおり、一定の条件にて、国の補助金を得

第1章 中小GL第三部の概要（私的整理手続） 137

ることができる。

c 一時停止の要請

　一般に、私的整理を申請する状況にある中小企業者は、資金繰りが成り立たない危険性があるため、対象債権者への元本弁済を停止することで資金繰りを確保しながら手続を進めることになる。この対象債権者への元本弁済の停止を「一時停止」といい、一時停止要請後において対象債権者は平等に取り扱われることになる。

　この一時停止要請は、第三者支援専門家が選定された後、資金繰りの安定化のために必要があるときに行うことができ、その場合、①書面にて、すべての対象債権者に対し同時に行われており、②中小企業者において債務の弁済や経営状況・財務状況の開示等を誠実に実施し、対象債権者と良好な取引関係が構築され、また、③将来作成する事業再生計画案の内容に債務減免等の要請が含まれる可能性がある場合、再生の基本方針が対象債権者に示されているときは、対象債権者はこの要請に誠実に対応するものとされている（中小GL第三部4項(2)）。中小GLQAの参考資料として、「一時停止のお願い」の書式が掲載されており、参考となる。

　なお、この一時要請とは異なり、手続を円滑に進めるために、本整理手続開始前に対象債権者に相談して元本返済の一時猶予を要請することは妨げられないとされている（中小GLQA45参照）。

d 事業再生計画案の立案

　外部専門家となった弁護士は、中小企業者や公認会計士など他の外部専門家と連携しながら、中小企業者の経営・財務および事業の状況に関する調査分析を進める。なお、その調査分析を進める場合には、適宜に第三者支援専門家に報告し、調査・分析の過不足がないかを確認しながら進めることになる。また、主要債権者との間においても、調査対象・調査方法等について説明し、その意向を確認しながら進めることになる。このような手順にて調査を進めた結果を基にして、以下の内容を含む事業再生計画案を作成する（中小GL第三部4項(4)①）。

イ　企業の概況、財務状況、保証人の資産と負債の状況、実態貸借対照表、経営困難となった原因、事業再生のための具体的施策、今後の事業及び財務状況の見通し、資金繰り計画（債務弁済計画を含む）、債務返済猶予や債務減免等（本整理手続では、併せて「金融支援」と呼ぶこととされている）の内容。

ロ　実質的に債務超過である場合には、事業再生計画成立後最初に到来する事業年度開始の日から５年以内を目途に実質的な債務超過を解消とする内容とする（企業の業種特性や固有の事情等に応じた合理的な理由がある場合には、これを超える期間を要する計画を排除しない）。

ハ　経常利益が赤字である場合は、事業再生計画成立後最初に到来する事業年度開始の日からおおむね３年以内を目途に黒字に転換する内容とする（企業の業種特性や固有の事情等に応じた合理的な理由がある場合には、これを超える期間を要する計画を排除しない）。

ニ　事業再生計画の終了年度（原則として実質的な債務超過を解消する年度）における有利子負債の対キャッシュフロー比率がおおむね10倍以下となる内容とする（企業の業種特性や固有の事情等に応じた合理的な理由がある場合には、これを超える比率となる計画を排除しない）。

ホ　対象債権者に対して金融支援を要請する場合には、経営責任の明確化を図り、債務減免等を要請する場合には、株主責任の明確化を図る内容とするとともに、経営者保証があるときは、保証人の資産等の開示と保証債務の整理方針を明らかにする。

ヘ　権利関係の調整は、債権者間で平等であり、負担割合については、衡平性の観点から個別に検討する。

ト　債務減免等を要請する内容の場合には、破産手続で保障されるべき清算価値よりも多くの回収を得られる見込みがある等の経済合理性があること。

チ　必要に応じて、地域経済の発展や地方創生への貢献、取引先の連鎖

> 倒産回避等による地域経済への影響も鑑みた内容とする。

　なお、上記ホの経営責任や株主責任については、「中小企業者自身が事業再生のための自助努力を行うことはもとより、自然災害や感染症の世界的流行等にも配慮しつつ、その経営責任を明確にすること、また、債務減免等を求める場合は、株主もその責任を明確にすること」（中小GL第三部2項(3)）とされており、「経営者の退任を必須としておらず、経営者責任の明確化の内容として、役員報酬の削減、経営者貸付の債権放棄、私財提供や支払株主からの離脱等により図ることもあり得る」（中小GLQA23参照）とされ、株主責任においても、「事案に応じて支配株主の権利を消滅させる方法や、減増資により既存株主の割合的地位を減少又は消滅させる方法等が考えられます。なお、一般株主については、支配株主のような経営への関与が認められないのが通例であるため、そのような場合には、支配株主とは別に取り扱うこともあり得ると考えられます」（中小GLQA24参照）とされており、中小企業者の事情に応じた柔軟な対応が認められている。

　また、経営者保証の整理については、原則として、経営者保証に関するガイドラインを活用する等して、主債務と保証債務の一体整理を図るよう努めることとされている（中小GL第三部4項(7)）。

　さらに、チの地域経済の発展等については、この内容を必ず記載しなければならないというものではなく、経済合理性判断の補充要素として、中小企業者の事業継続・再生が地域経済の発展等に寄与する点があれば記載するものとされている（中小GLQA63参照）。

e　小規模企業者の特則

　前記dのロからニの事業再生計画案の内容について、小規模企業者の場合の特則が規定されている。なお、この場合の小規模企業者は、中小企業基本法2条5項の規定に限定されず、実態等に照らして柔軟に適用するとされている（中小GLQA64参照）。

　小規模企業者は、ロからニに替えて、①計画期間終了後の業況が良好であり、かつ、財務内容にも特段の問題がない状態等となる計画であること、②

事業再生計画成立後2事業年度目から3事業年度継続して営業キャッシュフローがプラスとなること、および③小規模企業者が事業継続を行うことが、小規模企業者の経営者等の生活の確保において有益なものであることのうち、①および③または、②および③を規定することができる（中小GL第三部4項(4)②）。この点、①について、中小GLQA66では、例として、「計画成立後2事業年度（事業再生計画成立年度を含まない）から、計画期間終了までの間、継続して営業キャッシュフローがプラスになること、且つ計画期間終了時点で実質資産超過状態である計画」と説明されており、事案によっては実現可能性において、かなりハードルが高い内容となる可能性があるため、要件充足可能性からすれば、②かつ③の組合せが利用されるものと考えられる。

f　事業再生計画案の調査報告

第三者支援専門家たる弁護士は、独立して公平な立場で事業の収益性や将来性等を考慮して、事業再生計画案の内容の相当性および実行可能性等について調査し、原則として、調査報告書を作成して対象債権者に提出し報告する。

なお、債務減免等を要請する内容の事業再生計画案の場合は、調査報告書の作成は必須とされ、第三者支援専門家には必ず弁護士が含まれるものとされている。

この調査報告の内容については、中小企業者の規模や再生計画の内容に応じてさまざまであるが、以下の項目を含むものとされている。報告書の体裁としては、活性化協議会の法律アドバイザーの報告書が参考になるものと考えられる。

イ	事業再生計画案の内容の相当性（中小企業者の要件該当性を含む）
ロ	事業再生計画案の実行可能性
ハ	金融支援の必要性
ニ	金融支援の内容の相当性と衡平性
ホ	破産手続で保障されるべき清算価値と比較した場合の経済合理性

> （私的整理を行うことの経済合理性）
> ヘ　地域経済への影響

g　債権者会議の開催と事業再生計画の成立

　中小企業者は、主要債権者および第三者支援専門家の協力のうえで、原則としてすべての対象債権者が参加した債権者会議を開催し、そこで事業再生計画案を説明する。また、スポンサー支援型の事業再生計画案を作成した場合には、第三者支援専門家および主要債権者（必要に応じて、主要債権者以外の対象債権者）に対し、当該スポンサー候補者選定の経緯を丁寧に説明し、十分に協議を行うなど、透明性の確保に努めることとされている。

　債権者会議では、第三者支援専門家が調査結果の報告を行ったうえで、質疑応答や意見交換が行われ、対象債権者が再生計画案に対して同意不同意の意見を表明する期限を定める。なお、債権者会議に替えて、中小企業者が個別に対象債権者への説明を持ち周って実施することでもよいとされている。外部専門家たる弁護士は、この債権者集会が円滑に運営されるように、あらかじめ必要な資料を用意し、当日の運営においても場合によっては議事進行役を担うことになる。

　債権者からの質疑応答については、当該債権者会議において実施するほか、資料調査や中小企業者からの説明等を対象債権者が理解し検討することに時間を要することも多いため、当該債権者集会後においても一定期間の質疑の機会を設定することも考えられる。これらの対応についても、外部専門家は第三者支援専門家と主要債権者との意見を確認して進めることになる。

　質疑期間を経過した後に、各対象債権者において、第三者支援専門家に対し、事業再生計画についての同意不同意の意向を表明する。全対象債権者から同意を得ることができれば事業再生計画は成立するが、1対象債権者であっても不同意の意向が表明されれば事業再生計画は成立しない。ただし、不同意とする意見を対象債権者が表明したときは、すみやかにその理由を第三者支援専門家に対して誠実に説明するものとされており（中小GL第三部4項(6)②）、その内容に応じて、外部専門家は、不同意対象債権者をさらに

説得することで、事業再生計画を成立させるよう努力することになる。また、中小企業者、主要債権者および第三者支援専門家は、対象債権者と協議のうえで、必要に応じて事業再生計画案を修正し、合意形成に努めるものとされている（前同③）。

このような経過を経て、対象債権者全員の同意が得られ、第三者支援専門家が文書等にてその旨を確認した時点で事業再生計画は成立する（前同④）。他方、対象債権者全員の同意を得ることができないことが明確になった場合は、第三者支援専門家は手続を終了させる（前同⑤）。

h　モニタリング・事業再生計画の変更

事業再生計画成立後、外部専門家や主要債権者はモニタリングを行うとされている（中小GL第三部4項(8)①）。しかし、第三者支援専門家は、モニタリングの実施については必須とされていない（中小GLQA77参照）。モニタリング期間は原則3年とされているが、事業再生計画の内容等を勘案して必要な期間を定めるとされている。モニタリングについて、中小GLQA76〜79に詳細な説明がなされている。

事業再生計画の履行が困難となった場合には、その計画の変更を検討することになる（中小GL第三部4項(8)）。

i　廃業型私的整理手続との関係

再生型私的整理手続の途中において、事業の継続可能性が見込まれないと第三者支援専門家や主要債権者が判断し、かつ、中小企業者からも廃業の申出があった場合には、廃業型私的整理手続に移行することができる（中小GL第三部4項(9)）。

他方、中小GLQA81では、廃業型私的整理手続を実施していたところ、スポンサーが見つかりそうになり、再生型私的整理が可能となった場合について説明がなされており、この場合、再生型私的整理手続に移行することができるが、廃業型私的整理手続とは、第三者支援専門家選任時期が異なるなど手続が異なるため、再生型私的整理手続の最初から開始するものとされている。他方において、廃業型私的整理手続を進めることで早期にスポンサーに対して事業譲渡等が可能となるような場合には、第三者支援専門家を選定し

たうえでその意見を得て、そのまま廃業型私的整理手続のなかで事業譲渡等を実施することも可能とされている。

3 廃業型手続の流れ

(1) 概　　要

廃業型の債務整理手続としては、これまで準則型の私的整理手続がなく、日弁連の廃業型特定調停スキームや私的整理的に運用される法的手続である特別清算（和解型）等はあるものの、これらは債務整理の最終段階を担う手続であった。

そこで、中小GLは、中小企業者が廃業する場合の公正で透明性のある手続を示すことにより、事業毀損が少ない段階で経営者に廃業を選択することを促し、経営者の再スタート、取引先等への悪影響の最小化、金融機関にとっての弁済回収額毀損の最小化を図るために策定された。また、特定調停または特別清算等の債務整理の最終段階を担う手続の前段階で金融債権者を調整するために活用することも可能である。

中小企業者に対し、安易に廃業を促す趣旨ではないものの、中小GLを活用すれば、中小企業者が円滑かつ計画的な廃業を行うことにより、中小企業者の従業員に転職の機会を確保できる可能性があり、また、経営者においても経営者保証GLを活用する等して創業や就業等の再スタートにも資する可能性がある。

廃業型私的整理手続の基本的な流れは図表4－1－2のとおりである。

基本的な流れは、再生型私的整理手続と変わらないが、主な相違点として、第三者支援専門家の関与のタイミング、一時停止の濫用可能性に対する措置、計画成立後のモニタリングの簡素化の点があげられる。次項では、この再生型私的整理手続との主な相違点を含めて廃業型私的整理の流れを詳述する。

図表４－１－２　廃業型私的整理手続スケジュールのイメージ

```
┌─────────────────────────────┐
│   主要債権者への廃業型手続の申出   │
└─────────────────────────────┘
              ▼
┌─────────────────────────────┐
│   外部専門家・計画策定支援の開始   │
└─────────────────────────────┘
              ▼
┌─────────────────────────────┐
│   （必要に応じて）一時停止要請    │
└─────────────────────────────┘
              ▼ ・主要債権者全員の同意が必要
┌─────────────────────────────┐
│        弁済計画案作成         │
└─────────────────────────────┘
              │ ・自助努力
              │ ・債権者平等
              ▼ ・経済合理性（破産配当よりも多い弁済）
              　 ・地域経済に与える影響
┌─────────────────────────────┐
│   第三者支援専門家候補者の選定    │
└─────────────────────────────┘
              ▼
┌─────────────────────────────┐
│       主要債権者全員の同意      │
└─────────────────────────────┘
              ▼ ・第三者支援専門家の選任についての同意
┌─────────────────────────────┐
│    第三者支援専門家への支援申出   │
└─────────────────────────────┘
              ▼
┌─────────────────────────────┐
│    第三者支援専門家・調査報告    │
└─────────────────────────────┘
              ▼
┌─────────────────────────────┐
│          債権者会議          │
└─────────────────────────────┘
              ▼ ・廃業型はリース債権者も対象債権者となる
┌─────────────────────────────┐
│         弁済計画成立         │
└─────────────────────────────┘
              ▼
┌─────────────────────────────┐
│         モニタリング         │
└─────────────────────────────┘
```

（出典）　筆者作成　　　　　　　　　　・通常清算または特別清算

(2)　手　続

a　第三者支援専門家の関与のタイミング

　中小企業者は、廃業型私的整理を専門とする弁護士、公認会計士、税理士等の専門家たる「外部専門家」に相談し、同手続を進めるために必要な委任契約を締結し、外部専門家とともに主要債権者に対し、廃業型私的整理手続

の利用を検討している旨を申し出るところからスタートする。

　再生型私的整理手続と異なり、この時点で必ずしも第三者支援専門家の候補者を選んでおく必要はなく（ただし、廃業型私的整理手続においてスポンサーに対する事業譲渡等を前提とする手続利用を予定している場合には、弁済計画案の作成前に第三者支援専門家を選定する必要がある（中小GL第三部5項(2)③））。外部支援専門家は、「主要債権者の意向を踏まえて、中小企業者の資産負債及び損益の状況の調査検証や弁済計画策定の支援等を開始する」（中小GL第三部5項(1)①②）。

　そのため、廃業型私的整理における第三者支援専門家は、廃業型私的整理手続においてスポンサーに対する事業譲渡等を前提とする手続利用を予定している場合を除き、作成された弁済計画案の調査から関与を始めることになる（中小GL第三部5項(4)）。なお、第三者支援専門家の選任については、主要債権者全員の同意を得る必要がある（中小GL第三部5項(4)②）。

　このように廃業型私的整理における第三者支援専門家の選定のタイミングが再生型私的整理におけるそれと異なるのは、廃業型私的整理においては、資産の換価および当該換価処分の対価等を弁済原資とした比較的把握しやすい弁済計画案となることが想定されており、第三者支援専門家が弁済計画案作成後のタイミングで関与したとしても十分に調査が可能であり、中小企業者におけるコストも抑えられるからである。ただし、中小企業者が検討の初期段階から第三者支援専門家を選任し、その支援を受けることを否定するものではなく、従前の経緯を把握しておく必要がある等の場合には、第三者支援専門家を初期段階から選定し、関与させることも可能である（中小GLQA91）。

b　「一時停止の要請」の濫用可能性に対する措置

　廃業型私的整理の場合、再生型私的整理と異なり、一時停止の要請には主要債権者の同意が必要とされている。しかし、すでに第三者支援専門家が選任されている場合には、当該第三者支援専門家が主要債権者の意向をふまえて判断すれば足りるとされている（中小GL第三部5項(1)③）。

　「一時停止の要請」書面には、外部専門家の氏名、主要債権者全員の同意

を得て要請を行っている旨等を記載するほか、一時停止の要請期間の終期を明示する必要がある。期間は、主要債権者と協議する等してケース・バイ・ケースで判断することになるが、原則として3～6カ月程度である。廃業型私的整理の場合は、再生型私的整理の場合と異なり、将来収益からの弁済が期待できないため、弁済計画案の作成が遅れると、その分弁済原資となる財産が流出する危険が増大するため、一時停止の要請期間が長期化すると対象債権者の利益を害することになりかねない点に留意が必要である（中小GLQA84）。

なお、廃業型私的整理における「一時停止の要請」は、対象債権者がこれに応じた場合、原則的には支払停止にも銀行取引約定書における期限の利益喪失事由にも該当しないと考えられるが、弁済計画案の策定状況について対象債権者からの求めがあるにもかかわらず適切な経過報告がなされない場合等弁済計画成立の見込みが乏しいといわざるをえない場合には、債務の弁済猶予に関して形成された合意が維持されないと判断され、対象債権者は一時停止を終了することができ（中小GL第三部5項(1)③なお書）、支払停止に該当するケースもあることに留意が必要である（中小GLQA85）。このような場合には破産手続開始申立てを含む法的整理の手段に移ることも考えられる。

c 弁済計画案の立案

弁済計画案は、次の内容を含む必要がある（中小GL第三部5項(3)）。

イ 自助努力が十分に反映されたものであるとともに以下の内容を含む。
・企業の概況
・財務状況（資産・負債・純資産・損益）の推移
・保証人がいる場合はその資産と負債の状況
・実態貸借対照表
・資産の換価及び処分の方針並びに金融債務以外の債務の弁済計画、対象債権者に対する金融債務の弁済計画

・債務減免等を要請する場合はその内容
ロ　権利関係の調整は、対象債権者間で平等であることを旨とし、債権者間の負担割合については、衡平性の観点から、個別に検討する。
ハ　破産手続で保障されるべき清算価値よりも多くの回収を得られる見込みがある等、対象債権者にとって経済合理性があること
ニ　（必要に応じて）破産手続によるよりも、当該中小企業者の取引先の連鎖倒産を回避することができる等、地域経済に与える影響

　弁済計画案には、「資産の換価及び処分の方針並びに金融債務以外の債務の弁済計画、対象債権者に対する金融債務の弁済計画」と「破産手続で保障されるべき清算価値よりも多くの回収を得られる見込みがある等、対象債権者にとって経済合理性があること」を記載する必要があることから、対象債権者への具体的な弁済率や弁済時期を明記する必要がある。ただし、弁済計画案に記載された財産の換価および処分の結果、実際の弁済原資の額が左右されることが避けられないこともあるため、保守的に弁済率を記載し、計画案以上の弁済原資が確保できた場合には、追加弁済を行う旨の弁済計画案とすることも許容される（中小GLQA87）。また、「実態貸借対照表」については、いわゆる修正簿価の算定程度のものとすることも許容されている（中小GLQA88-2）。そのほか弁済計画案については、中小GLQA80～90に解説がある。

d　弁済計画案の調査報告
　第三者支援専門家たる弁護士は、独立して公平な立場で弁済計画案の内容の相当性および実行可能性等について調査し、調査報告書を作成して対象債権者に提出し報告する。なお、債務減免等を要請する内容の弁済計画案の場合は、第三者支援専門家には必ず弁護士が含まれるものとされている。
　調査対象は次の内容を含むものとする。

イ　廃業の相当性（中小企業者の要件該当性を含む）
ロ　弁済計画案の内容の相当性

ハ　弁済計画案の内容の実行可能性
　ニ　債務減免等の必要性
　ホ　債務減免等の内容の相当性と衡平性
　ヘ　破産手続で保障されるべき清算価値と比較した場合の経済合理性
　　（私的整理を行うことの経済合理性）
　ト　地域経済への影響（弁済計画案に記載がある場合のみ）

e　債権者会議の開催と事業再生計画の成立

　中小企業者、主要債権者および第三者支援専門家が協力のうえで、原則としてすべての対象債権者による債権者会議を開催し、中小企業者が、そこで弁済計画案を説明する。その会議において、第三者支援専門家は調査結果の報告を行ったうえで、質疑応答や意見交換が行われ、対象債権者が弁済計画案に対して同意不同意の意見を表明する期限を定める。なお、債権者会議に替えて、中小企業者が個別に対象債権者への説明を持ち回って実施することでもよいとされている。外部専門家たる弁護士は、この債権者集会が円滑に運営されるように、あらかじめ必要な資料を用意し、当日の運営においても場合によっては議事進行役を担うことになる。

f　弁済計画成立後のモニタリング

　弁済計画成立後、外部専門家と主要債権者はモニタリングを行うとされている（中小GL第三部5項(7)）。しかし、廃業型私的整理の場合には、そもそも中小企業者が廃業を行う前提であるから、再生型私的整理の場合に求められるモニタリングよりも簡素化した内容とされている。

　したがって、弁済計画に沿った資産の換価および処分等が適時適切に実行されているかについて報告を受けて履行状況を確認することが想定されている（中小GLQA94）。

第2章

事業再生の手続の具体的な実務1
(自主再建(リスケジュール型))

1　相談段階(手続選択)

(1)　相談に向けた準備

　相談時に的を射た質問を行い、現状と課題を適切に把握するためには、相談前に債務者会社のビジネスモデル、業界の基礎知識・用語・特徴などを確認しておくのが望ましい。確認の方法として、債務者会社のウェブサイトのほか、金融庁が公表している「業種別支援の着眼点」[1]、業界分析などがなされている書籍[2]も有用である。

(2)　徴求資料

a　基礎資料

　事業者から徴求すべき基礎資料は、以下のとおりである。

　　① 　決算書・申告書・勘定科目内訳書含む・直近3期分
　　② 　直近の試算表
　　③ 　資金繰り表(月次、日繰り)

1　https://www.fsa.go.jp/policy/chuukai/0330gyosyubetu_00.pdf
2　一般社団法人金融財政事情研究会編『第15次業種別審査事典(1)～(10)』(金融財政事情研究会)、鈴木学＝山田ビジネスコンサルティング株式会社編『業界別事業再生事典』(金融財政事情研究会)など。

④ 固定資産納税通知（または固定資産評価証明書）
⑤ 企業概要書・パンフレットなど

b　資金繰り表

　資金繰り表には、月ごとの資金繰りを把握する月次資金繰り表と、日ごとの資金繰りを把握する日繰り表がある。月次資金繰り表では月中の資金残高がわからないので、資金繰りが逼迫している企業においては、日繰り表の作成が必要である（資金繰りについては第２部第２章参照）。

　中小企業では資金繰り表を作成していることは多くない。あらためて債務者会社に作成を依頼するか、債務者会社、顧問税理士、弁護士の協働により作成することもある。

(3)　確認事項

　相談時には概要以下の事項を確認するとよい。ただし、通常は初回相談時にすべて聞き取ることはむずかしく、打合せを重ねて確認できればよい。

a　事業内容

　事業内容がわからなければ現状分析も手続選択も不可能である。債務者会社の業種・業態、従業員数、窮境要因、メインバンク、金融機関との協議状況などを確認する。

b　資金繰り状況

　資金がショートする前に事業再生のために使える時間、すなわち資金繰り状況が手続選択においてきわめて重要な要素である。資金繰り表（日繰り表）をもとに、現在の現預金残高、今後の入金（売上げは現金回収か売掛か）、支払（仕入れは現金払いか買掛か手形か）、資金ショートの見込み時期などを確認する。

c　損益状況

　損益計算書および直近の試算表をもとに、売上げ、売上総利益、営業利益、経常利益を確認する。そのうえで、事業再生のためにはキャッシュフローが回る必要があるため、資金減少を伴わない減価償却費を経常利益に加算した結果プラスとなるか否かを確認する。

d　資産負債状況

　貸借対照表および勘定科目内訳明細書をもとに、流動資産、固定資産（特に事業所が所有か賃借か）、金融負債、商取引債務（滞納の有無）、リース（貸借対照表未計上が多い）、公租公課の滞納の有無・金額などを確認する。また、事業用資産への担保権設定の状況や、金融債権者の保全（担保権設定、保証協会の保証など）状況も確認する。

e　経営者の意向

　経営者が自主再建意向なのか、スポンサーからの支援も検討しているのか、それとも廃業意向なのか、意向確認は必須である。

f　スポンサー候補の有無・可能性

　スポンサー型再建の可能性を検討するためスポンサーの有無や可能性を確認する。

(4)　手続選択——リスケジュールを選択する場合

　手続選択全般は第3部第2章を参照されたい。

　リスケジュールは、月々の返済額の減額など返済条件を変更して返済期限を延長する金融支援である。金融支援の程度としては最も軽微であって、債務の減免を伴わないため、基本的には資金繰り、事業面での支援であり、財務面の改善効果は期待できない。すなわち、財務面の改善まで行う必要のない事業者が選択する方法である。

　毎期のキャッシュフローが返済額を下回るような場合、資金が減少し、資金繰りが苦しくなる。そこで、事業改善を実行してキャッシュフローを生み出すまで資金繰りを維持するためにリスケジュールが用いられている。

　キャッシュフローが返済額を下回る場合、リスケジュールで足りるか、債権放棄まで必要かを考える必要があり、リスケジュールを選択するのは、以下の場合である。

　　① 実態債務超過ではない（実態資産超過）
　　② 実態債務超過だが実態債務超過解消および債務償還が可能

　リスケジュールの目的は返済猶予ではなく、返済猶予中の事業（収益力）

改善である。したがって、いかに収益力を改善していくか、その経営改善計画が重要となる。

(5) 経営改善計画策定支援事業

リスケジュールが想定される場合、事業者の費用負担を軽減するため、活性化協議会が外部専門家（認定経営革新等支援機関）の費用の一部を補助する経営改善計画策定支援事業（通称：405事業）を利用するのがよい。

次項以下では、中小GLに基づく事業再生計画を念頭に解説する。

2 デューデリジェンス（DD）

(1) DDの意義、目的

事業を改善して事業再生を実現するためには企業の現状を分析する必要がある。企業の現状を明らかにして課題を抽出し目指すべき再生の方向性および計画の内容を決定するための重要な作業が外部の専門家によるDDである。DDの分野には、事業、財務、法務、税務、不動産などがあるが、中心となるのは財務DDと事業DDである。

(2) 財務DD

a 財務DDとは

財務DDの目的は、事業再生計画立案のために必要な財務情報を入手することである。事業再生計画において、現在の収益力から改善施策によりどれだけ収益改善が必要なのか、現在の実態純資産の状況をどれだけの期間で改善させていくのか、その判断の基礎となる具体的な数値を示し、事業再生計画の立案につなげていくプロセスが財務DDである。財務DDは主として公認会計士が行う。

活性化協議会の実務では、財務DDにおいて以下の七つの指標を押さえる

こととされている[3]。

 ① 実質債務超過
 ② 収益力
 ③ フリーキャッシュフロー（FCF）
 ④ 過剰債務
 ⑤ 債務償還年数
 ⑥ 非保全額
 ⑦ 税務上の繰越欠損金

b　実質債務超過

　実質債務超過とは、実態で純資産額がマイナスになっている状態である。最も基本的な項目であり、実質債務超過であれば、これを一定期間内に解消することが事業再生の数値面での目標となる。

c　収益力

　収益とは、企業会計上、損益計算書の各段階の利益として表現されるものである。財務DDで把握が求められる収益力は、会計処理の恣意的な操作や誤りを取り除いた実態としての収益力である。

d　フリーキャッシュフロー（FCF）

　FCFは、企業が一定期間において事業から獲得するキャッシュから事業活動の維持に必要な設備投資等の投資キャッシュを控除した残額を意味しており、これが有利子負債の返済原資となる。活性化協議会では、FCFは以下の計算式で計算される。

 FCF＝経常利益
  －みなし法人税
  －支払利息
  ＋減価償却費
  ±運転資本の増減
  －年間必要な最低限の設備投資概算額

---

[3]　藤原敬三『実践的中小企業再生論〔第3版〕』81頁以下（金融財政事情研究会）参照。

e　過剰債務

　過剰債務は、FCFの10倍を超過する要償還債務をいう。これにより企業に対する金融支援の必要性や必要な支援額をイメージすることができる。活性化協議会では、過剰債務は以下の計算式で計算される。

> 過剰債務＝要償還債務－FCFの10倍（有利子負債－正常運転資金（売掛債権＋棚卸資産－仕入債務）－現預金－換金性のある有価証券）

f　債務償還年数

　債務償還年数とは、有利子負債の返済能力がどの程度あるかを測る指標である。これにより、必要な金融支援の方法および金額、案件の難易度などをイメージすることができる。一般に債務償還年数が10年を超えると改善の必要ありと認識されている。活性化協議会では、債務償還年数は以下の計算式で計算される。

> 債務償還年数＝要償還債務÷返済に充当可能な年間CF

g　非保全額

　非保全額とは、有利子負債から担保や信用保証協会の保証等により保全されている金額（保全額）を控除した金額である。非保全額は抜本的な金融支援が必要となる事案において、金融支援額の負担割合を示すものであるとともに、経済合理性を判断する基礎となる（清算価値保障原則を充足しているか否か）。

h　税務上の繰越欠損金

　確定申告書を提出する法人の各事業年度開始の日前10年以内に開始した事業年度で青色申告書を提出した事業年度に生じた欠損金額（税務上の繰越欠損金）は、各事業年度の所得金額の計算上損金の額に算入される。税務上の繰越欠損金は、法人税額のみならず、FCF、実質債務超過解消年数、過剰

債務、債務償還年数にも影響することになる。また、抜本的な金融支援が必要となる事案においては、債務免除益が欠損金で吸収できるか（法人税課税が発生しないか）を把握する必要がある。

(3) 事業DD

事業DDでは、ビジネスモデルを俯瞰したうえで、外部環境分析、内部環境分析を行い、これらを集約したSWOT分析（後述）をふまえ、事業再生計画案における収益改善策の実効性を確認することになる。

事業DDにおいて重要なのは、会社および事業の理解を前提とした窮境要因の特定である。

会社の理解として、会社の沿革、株主の状況、本社・事業所、役員、従業員等の基本情報を確認し、経営体制の特色や問題点、計画実行におけるキーパーソンの確認などを行う。事業の理解として、ビジネスモデル俯瞰図により、会社のビジネスモデル、商流、物流を見える化する。ビジネスの始点から終点までのモノの流れと、その反対の支払の流れを整理することでビジネスの全体像を把握する。

事業DDは、主として中小企業診断士、事業コンサルタントなどが行う。

(4) DDのレベル感、リスケジュールが想定される場合のDD

DDは、企業の現状を明らかにして課題を抽出し目指すべき再生の方向性および計画の内容を決定するためのものであるから、案件によってどこまで行うかというレベル感が異なる。ただし、想定スキームから自動的にDDの程度が決定されるわけでなく、案件の特性から必要十分な方法を選択することに注意を要する。案件特性の例としては、①想定される金融支援の重さ、②合意形成の困難さ、③事業の見通しの容易さ、④税務上のリスクの程度などがあげられる。

リスケジュールが想定される事案においては、財務DDは会社側専門家による実態貸借対照表の作成で足りることが多いと思われるが、事業改善は金

融支援の内容にかかわらず必須であるから、事業DDはフル対応（内外の経営環境分析を実施し、事業の把握・課題の抽出・具体的な改善策の立案をトータルで行う）が必要である。

(5) DDにおける弁護士の役割

　財務DDおよび事業DDは各専門家が行うため弁護士がDD自体を行うことはないが、DD実施時においては、弁護士が先に把握している情報および資料の提供、DD対象の特定や役割分担、スケジュール管理、関係者調整（会社と専門家、専門家同士）などを行うことがある。また、DDの結果を記した報告書はその後の事業再生計画立案につながるものであり、弁護士にも報告書の記載内容を読み解く力および各専門家とディスカッションする力は必要である。

3　事業再生計画策定

(1) 計画策定の流れ

　事業再生計画策定の流れは、おおむね以下のとおりである。
　① 現状分析（DD）
　② 窮境要因の明確化
　③ 課題解決策の検討
　④ アクションプランの策定
　⑤ 数値計画の策定
　⑥ 金融支援の検討
　⑦ 返済計画の策定
以下、計画策定の流れに沿って解説する。

(2) 現状分析

事業DDおよび財務DDによって、以下の状況を把握・分析する。

a 会社および事業の状況

会社および事業の状況として把握すべき情報は前記のとおりである。

b 財務状況

財務状況として把握すべき重要な指標は前記のとおりである。

c GoodとBadの見極め

複数の事業を営んでいるか、一つの事業しか営んでいない場合でも製品や得意先等の観点から複数の管理単位がある。一般的な管理単位として、①製品・商品・サービス別、②顧客・得意先別、③拠点・店舗別などがある。事業の見極めをするためには、この管理単位ごとに、Good（収益性が高い）かBad（収益性が低い）かを切り分ける必要がある。

管理単位ごとの収益性を判断するためには、損益を管理単位ごとに分解して、各単位で利益が出ているかをみる必要がある。その際、費用は固定費と変動費に分けて、限界利益（売上高－変動費）と貢献利益（限界利益－固定費）で利益をみる。限界利益がマイナスの場合、商品を売れば売るだけ損失が発生するので、その管理単位は撤退すべきと判断される。貢献利益がマイナスの場合、費用がまかなえていないので、変動費と固定費の削減努力によってプラスに転換できないようであれば、撤退すべきと判断される。

(3) 窮境要因の明確化

a SWOT分析

窮境に陥った原因を特定し、これを除去しなければ、金融支援を受けても再度窮境に陥ることになる。事業DDでは、窮境原因の特定およびその除去可能性を把握するところ、これに有用なのがSWOT分析である。SWOT分析とは、外部環境および内部環境を分析し、強み（Strength）、弱み（Weakness）、機会（Opportunity）、脅威（Threat）の四つの視点から企業を分析する手法である。

	強み（S）	弱み（W）
内部環境	…… ……	…… ……
外部環境	機会（O） …… ……	脅威（T） …… ……

b 窮境要因

　SWOT分析によって事業者が窮境に陥った要因（外部要因と内部要因に整理される）を特定する。事業者ごとに窮境要因は異なるが、抽象化すると以下のような事情があげられる[4]。

　① 外部要因
　　○ バブル崩壊、リーマンショック、新型コロナ
　　○ 業界自体の衰退
　　○ 業界再編
　　○ 主要取引先の突発的な倒産
　② 内部要因
　　○ 経営上の問題（経営会議を実施していない）
　　○ 営業上の問題（低収益体質の継続）
　　○ 管理上の問題（年次予算がない、資金繰りを把握していない、月次決算が遅い）
　　○ 過大投資
　　○ 会社財産の私的な流用
　　○ 親族間の争い
　　○ 社会的地位に起因する問題（本業をおろそかに）
　　○ グループ企業への支援による資金流出

---

[4] 藤原敬三・前掲注(3)91頁、福島朋亮ほか『中小企業再生のための財務デューデリジェンスの実務』158頁（金融財政事情研究会）参照。

第2章　事業再生の手続の具体的な実務1（自主再建（リスケジュール型））

(4) 課題解決策の検討

a 自助努力

　窮境要因に対する解決策は、事業改善策と財務改善策に分けられるが、いずれも最大限の自助努力が前提となる。自助努力なしに金融支援のみで窮境要因を解消することはできない。

　事業再生の場面においては、外部の専門家による支援が必要ではあるものの、課題を把握した後の課題解決策は事業者自身が最も考えなければならないし、策定した計画を実行するのも事業者自身である。その意味では、責任者（担当者、管理責任者）を明確にして、実行状況を確認する体制を自社で整備することが不可欠である。この点がおろそかになっていると、立案した改善策がいかに優れたものであっても十分な成果は得られない。

b 事業改善策

　事業改善策としては、①売上高の拡大、②費用の削減、③資金繰りの改善、④ガバナンスの構築があげられる。

　①売上高の拡大のためには、売上高の構成要素である「単価」と「数量」に分解して施策を検討することである。「単価」向上のためには値上げが必要であり、これは容易ではないものの、単価が原価割れしていないか、コスト上昇を適切に反映しているかの検証は必要であり、その観点から単価が適切な水準でなければ、取引先への値上げ要請を行わなければならない。「数量」増加のためには、既存顧客の取引頻度の増加と、新規顧客の獲得である。

　②費用の削減のためには、各費用が売上獲得につながっているかを精査することである。固定費のなかで最初に削減を検討するのが役員報酬である。また、接待交際費や旅費交通費など、役員の私的な支出が含まれているようであれば、公私混同を解消して削減する。人件費については、余剰人員が生じている場合には人員の整理も必要だが、過度な人員整理や給与カットなどを行うと従業員の士気低下を招き生産性が低下しかえって収益が悪化するため注意が必要である。

③資金繰りの改善のためには、売掛金の早期回収、仕入債務の支払サイト長期化、在庫圧縮などによる運転資金の圧縮が必要である。適時の実地棚卸等によって適正在庫を保有する、その仕入債務の支払サイトを延ばし、反対に売掛金の回収サイトを短くすれば運転資金を圧縮することができる。ただし、仕入債務の過度な支払サイトの長期化は信用不安を招くおそれがあるので注意が必要である。

④ガバナンスの構築のためには、適時の取締役会等の経営会議の実施、顧問税理士事務所による月次監査、メインバンクや外部専門家によるモニタリングなどが有用である。

c　財務改善策

財務改善策としては、①有利子負債の適正化、②返済原資と返済額のバランスの見直しである。

①有利子負債の適正化のためには、まずは自助努力として、たとえば遊休不動産などの非事業用資産の売却による負債の圧縮が考えられる。そのうえで過剰債務が解消できなければ抜本的な金融支援を依頼することになる。

②返済原資と返済額のバランスについては、金融支援を受けて適正化する必要がある。返済原資に見合う返済額とするよう金融負債をリスケジュールする。さらに返済負担を減少させる必要がある場合にはDDSも検討する。

(5) アクションプランの策定

アクションプランとは、経営改善施策別に、いつ、どこで、だれが、何を、どのように実施するかの手順を示した行動計画である。アクションプランの目的は、責任者（担当者）を明確にして各従業員レベルまで事業計画を落とし込むこと、モニタリングの実効性を上げることである。そのため、アクションプランは、担当者を決めて、具体的・定量的に記載し、改善効果が高いと考えられる施策を優先するなど実施時期も決める。

(6) 数値計画の策定

a 数値計画

数値計画は、事業改善策、財務改善策、アクションプランを数値化した計画であり、具体的には財務3表である損益計画、貸借対照表計画、キャッシュフロー（CF）計画である。

図表4－2－1 数値計画の策定

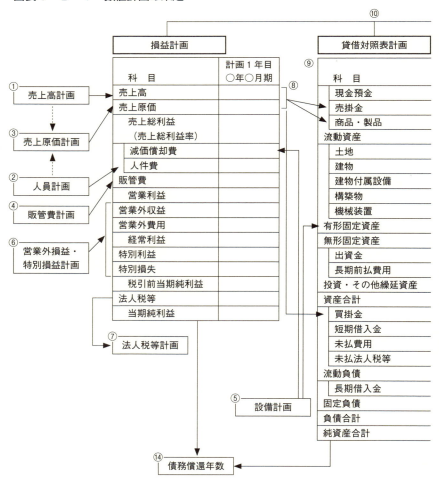

損益計画は、売上高計画、売上原価計画、人員計画、販管費計画、営業外損益・特別損益計画に基づき策定される。

　貸借対照表計画は、資産と負債の構成である。

　CF計画は、営業CF、投資CF、財務CFから構成される。

　数値計画の具体的な策定手順は以下のとおりである（図表4－2－1）。

　① 「売上高計画」に基づき売上高を算定

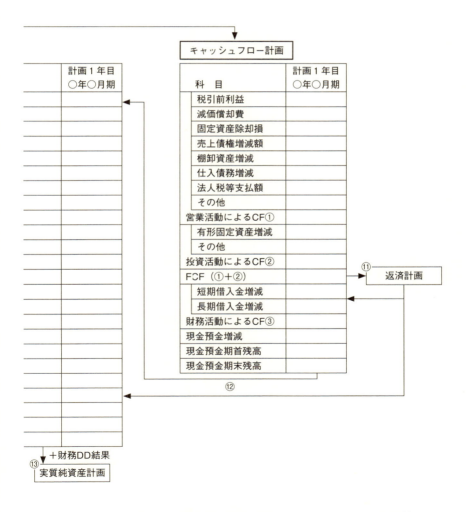

第2章　事業再生の手続の具体的な実務1（自主再建（リスケジュール型））　163

② 「人員計画」に基づき算定される人件費を売上原価と販管費に振分け
③ 「売上高計画」および「人員計画」に基づき「売上原価計画」を策定
④ 固定費、変動費を算定し、「販管費計画」を策定
⑤ 「設備計画」に基づき、有形固定資産を算定し、あわせてこれに伴う減価償却費を算定
⑥ 「営業外損益・特別損益計画」を策定
⑦ 以上をもとに税引前当期純利益を算出し、「法人税等計画」を策定
⑧ 売上高と売上原価に基づき、売掛金、商品・製品、買掛金を算定
⑨ その他の資産負債を算定
⑩ 損益計画と貸借対照表計画に基づき、フリーキャッシュフロー（FCF）を算定
⑪ FCFに基づき「返済計画」を策定し、借入金増減、借入金残高を算定
⑫ CF計画に基づき算定された現預金期末残高を貸借対照表計画に反映

以上で損益計画、貸借対照計画、CF計画が完成する。そして、この各計画が数値基準に適合するかを以下のとおり検証する。

⑬ 貸借対照表計画の純資産に財務DDの結果（資産負債の加算減算）を加味して、実質純資産の推移を検証する。
⑭ 貸借対照表計画と損益計画から債務償還年数の推移を検証する。

上記の各計画のうち留意すべき点に触れる。

b 売上高計画

製品・サービス別、取引先別、拠点別等の管理区分ごとに、単価と数量に分解して売上高を計画する。事業DDでの分析および示された方向性、アクションプランとの整合性に留意する。

c 売上原価計画

売上高の管理区分に対応して、変動費的要素と固定費的要素に分解して数

値化する。当該費目ごとの想定と事業計画との整合性、見直しや削減の余地・実現可能性をふまえた計画とする。

d　販管費計画・人員計画

過去の実績推移をベースに、変動費の場合は変動費率、固定費の場合は金額について、変動要因や事業計画をふまえた今後の見通しを反映する。

e　法人税等計画

事業再生計画の実行時に発生する法人税等の負担は可能な限り減らさなければならない。債権放棄事案では債権放棄により発生する免除益に対するタックスプランは必須である。

f　設備計画

製造業や宿泊業などの装置産業においては、窮境状態でも一定の設備投資が必要である。借入金でまかなうことは困難なため、基本的には自己資金またはリースで設備計画を立てることになる。

(7) 金融支援の検討

繰り返しになるが、窮境原医の解決策は、まずは最大限の自助努力であって、自助努力に基づく損益計画、貸借対照表計画、CF計画を策定し、これに財務DDの結果を加味することにより、自助努力により実態債務超過および債務償還年数がどの程度改善されるかをシミュレーションする。

そして、計画5年目で実態債務超過が解消されていれば抜本的な金融支援は不要である。また、計画5年目における債務償還年数が10年以内であれば、こちらも抜本的な金融支援は不要であり、リスケジュールで十分である。

このようにして、金融支援を考慮しない損益計画、貸借対照表計画、CF計画に基づき、求める金融支援の内容を確定させる。

(8) 返済計画の策定

a　返済計画策定の流れ

リスケジュールの場合の返済計画策定の流れは以下のとおりである。

①　FCFに基づき返済原資を算定
　②　返済原資を基準残高に基づき各金融機関に按分
　③　返済額を毎期固定とするか変動とするかを決定

b　返済原資の算定

　CF計画の営業CF、投資CFの合計額がFCFである。FCFはその名のとおり自由に使える現預金であり、これが返済原資となる。ただし、手元現預金が必要資金残高（毎月の経費支払額）に不足している場合は、FCFの一部を必要資金残高が充足されるまで返済に回さないこともある。

　計画上のFCFは、確定した金額ではないから、計画が下振れするリスクに備えて、その100％を返済原資とするのではなく、一般に80％程度（70～80％）を返済原資としている。

c　金融機関ごとの返済

　金融機関には衡平な弁済が求められる。返済原資は衡平に配分されなければならない。衡平な配分の方法としては、借入金残高を基準として返済原資を按分する債権残高プロラタ方式と、借入金残高から保全額を控除した非保全残高を基準として返済原資を按分する非保全残高プロラタ方式がある。

　リスケジュールの場合、保全部分は顕在化（担保権実行等）しないので、債権残高プロラタ方式を採用するのが一般的である。

d　変動か固定か

　FCFをもとに毎期の返済額を変動させる場合と、計画期間のFCFの平均を基準にするなどして固定額とする場合がある。

　ただし、いずれの方法であっても、計画が上振れまたは下振れしたときに、返済額の見直しが必要となる場合がある。

4 モニタリング

(1) 意　義

モニタリングとは、策定した事業再生計画が計画どおりに進捗し、事業改善が図られているかどうかを、あらかじめ計画した定期的な時期ごとに確認することをいう。事業再生計画は実行したうえではじめて改善が図られることになるが、実行だけでは不十分であり、PDCAサイクル（Plan・Do・Check・Action）を回す必要がある。そのためには、計画が予定どおり実行され、その成果が得られているかを検証し、見直す必要があり、モニタリングが果たす役割は大きい。

(2) 方　法

a　実施者

外部専門家と主要債権者である。ただし、リスケジュールの場合には、主要債権者が中小企業者の協力を得て、モニタリングを行うことで足りる（中小GL第三部4項(8)①イ）。

b　方法

事業者が、外部専門家および主要債権者に対して、収益の状況、財務の状況、事業再生計画の達成状況等を報告することにより行う（中小GLQA76）。

そのうえで、中小企業者または外部専門家は、定期的にモニタリング資料を送付したりモニタリング会議を開催したりして、原則として、希望するすべての対象債権者にモニタリング結果を報告することが好ましい。また、主要債権者以外の対象債権者は、外部専門家や主要債権者に対してモニタリングの結果を問い合わせることによって進捗状況を把握することもでき、問合せを受けた外部専門家や主要債権者は、守秘義務等に反しない範囲で誠実に対応し、中小企業者に対して当該対象債権者に必要な報告を行うように促すことが求められる（中小GLQA78）。

c　頻度・期間

　モニタリングは、事案に応じて1カ月、3カ月、6カ月、1年など定期的に行う。

　モニタリングの期間は、原則として事業再生計画が成立してからおおむね3事業年度（事業再生計画成立年度を含む）をメドとして、企業の状況や事業再生計画の内容等を勘案したうえで決算期を考慮しつつ、必要な期間を定めるものとする（中小GL 4項(8)①ロ）。

(3)　計画の変更等

　モニタリングの結果、事業再生計画と実績の乖離が大きい場合、中小企業者・主要債権者は乖離の真因分析を行い、そのうえで、中小企業者・主要債権者は、経営規律の確保やモラルハザードの回避といった点をふまえつつ、その真因分析をふまえた対応、たとえば、事業再生計画の変更や抜本再建、法的整理手続、廃業等への移行を行うことを検討する（中小GL第三部4項(8)②）。

第3章

事業再生の手続の具体的な実務 2
（スポンサー再生型（債権放棄型））

1　スポンサー支援型

(1)　スポンサー

　事業再生におけるスポンサーとは、リスクマネーを注入することで経営権を取得し、相応のリターンを追求するために、対象事業者の再生をコミットする投資家をいう[1]。

　独立行政法人中小企業基盤整備機構「2022年度に認定支援機関が実施した中小企業再生支援業務（事業引継ぎ分を除く）に関する事業評価報告書」（2023年10月18日）は、債権放棄案件において、スポンサー支援を伴った案件の増加が顕著となっている旨を指摘しており、2017年度以降は一貫して自主再建型よりもスポンサー支援型の案件数が多くなっている。スポンサー支援型の件数と割合は、今後も継続して増加していくと考えられている（図表4－3－1）。

　スポンサー支援型は、債務者会社の経営資源を利用するだけでは、事業を再生することが困難な場合か、あるいは外部の経営資源を利用したほうが事業を再生するのに有利な場合に選択される。経営資源とは、人材、有形・無形の資産、資金、情報など事業を再生するために利用できるさまざまなもの

1　株式会社産業再生機構編著『産業再生機構　事業再生の実践　(1)』186頁（商事法務）。

図表4－3－1　自主再建・スポンサー支援別債権放棄案件数

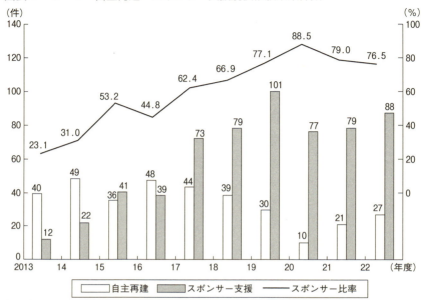

（出典）　独立行政法人中小企業基盤整備機構「2022年度に認定支援機関が実施した中小企業再生支援業務（事業引継ぎ分を除く）に関する事業評価報告書（2023年10月18日）」(https://www.chusho.meti.go.jp/keiei/saisei/2023/231025report.pdf)

を指す。たとえば、債務者会社の経営課題が販路開拓である場合に、自社で営業担当人員を増員し、営業ノウハウを改善、蓄積しながら販路を開拓し、売上高を伸ばすよりも、スポンサーが備える多数の営業担当人員（人材）や優れた営業ノウハウ（情報）を利用したほうが、事業を再生するのに有利であれば、スポンサー支援型による事業再生を検討するといった具合である。

(2)　スポンサーの種類[2]

スポンサーは、ファイナンシャルスポンサーと事業スポンサーに大別することができる。

---

[2]　スピアヘッド・アドバイザーズ=石毛和夫編著『再建型私的整理の実務』112頁（中央経済社）、田中亀雄ほか編『私的整理ガイドラインの実務』355頁（金融財政事情研究会）。

ファイナンシャルスポンサーは、再生した後に株式を売却するなど一定期間をメドにEXITを図る目的を有しており、事業を投資対象としてとらえているスポンサーをいう。一般的には投資ファンドを指し、民間のプライベートエクイティファンドや地域再生ファンドが存在している。事業スポンサーは、自ら事業を営む一般の事業会社等であり、スポンサーとして事業の経営権を取得し継続的に事業活動することを想定しているスポンサーをいう。
　実務上は、ファイナンシャルスポンサーと事業スポンサーの両方の性格を併せ持つスポンサーや自主再建型に近似するスポンサー支援型もあり、明確に区分できないことも多い。

2　相談段階・手続選択段階

(1)　スポンサー支援型を選択する際の視点

　スポンサー支援型とする必要性等を判断するために、弁護士は、債務者会社から相談を受けた際に、可及的すみやかに、かつ詳細に、事業状況を把握するように努める必要がある。特に資金繰りは、できるだけシビアに把握するべきである。次いで、把握した事業状況を分析し、窮境に至った原因、窮境原因除去の可能性、窮境原因除去の具体的方策を検討する。さらに、第4部第2章1(3)にて説明した内容の判断要素を検討し、債務者会社の経営資源を生かして事業を再生することの難易度や、外部の経営資源を利用するとすればどのような経営資源が適切かといった視点で債務者会社の事業再生をスポンサー支援型で進めることの必要性・相当性を検討する。
　債務者会社との面談では、対象債権者が債務者会社の再生に対してどのような意向を有しているのかという点についても聴取する。弁護士との面談以前に、対象債権者からスポンサー型での再生を促されているケースや、反対に自主再建を促されているケースなど、対象債権者の意向が債務者会社に伝えられていることがある。私的整理では対象債権者の同意を得られることが

必須であるから、対象債権者の意向を無視して一方的に債務者会社の方針を押し付けることはできない。債務者会社と対象債権者とで方針にズレがある場合には、慎重に調整することが求められる。また、スポンサーに求める事項やスポンサー交渉レベルに応じたスポンサー候補者への開示情報も協議するとよい。そうすることで、経営者が重視している項目や債務者会社の事業の特徴を掴むことができ、スポンサー選定手続を進めるうえで有益である。

(2) 相談段階や受任初期における弁護士の役割

a 経営者に寄り添う

　債務者会社が、弁護士に対して、スポンサー支援型で事業を再生したいと相談に訪れることは多くはない。多くの場合、どうすれば事業を継続できるか、あるいは破産を考えているという相談である。

　事情聴取を進めるなかで、弁護士が、スポンサー支援型での事業再生が最良の選択肢であると判断したとしても、経営者がすぐには決断できないこともある。弁護士は、破産を回避できるのであるから、経済合理性があるから、従業員の生活が守られるから、金融機関の意向が強いからなどの理由をもとに合理的な選択としてスポンサー支援型を提案するが、いかに合理的な根拠があろうとも、それだけで経営者がスポンサー支援型に前向きに取り組めるわけではない。スポンサー支援型を選択した場合、経営権が自らの手から離れるにもかかわらず、破産以上の費用や労力を経営者が負担しなければならないこともある。長年にわたり全身全霊で取り組んできた事業を、従業員も、事業活動の場所も、設備も変わらないままスポンサーが経営し、そこに経営者だけが参加できないという疎外感を感じることもある。経営権がスポンサーに移るまでに債務者会社の経営者が果たす役割は非常に大きいため、経営者の強い意欲がなければ事業再生が困難であるのは、スポンサー支援型においても同様である。

　そのため、スポンサー支援型を選択することが合理的であったとしても、感情面が追いつかないこともある経営者の複雑な心情に寄り添い、経営者と繰り返し協議し、経営者が前向きにスポンサー支援型での事業再生に取り組

めるように努めることは、相談段階における弁護士の重要な役割である。

b 支援専門家の選定

　事業再生の手続においては、再生計画案に対する対象債権者からの同意を得ることが重要である。再生計画案の作成には、債務者会社代理人としての弁護士のほか、公認会計士、税理士、中小企業診断士、不動産鑑定士、司法書士、行政書士などの専門家が関与することがある。どの専門家が関与するか、どの程度関与するかは、債務者会社の状況により決まる。

　弁護士は、債務者会社が窮境に至った原因、窮境原因除去の可能性、窮境原因除去の具体的方策を検討し、再生計画案の完成形をイメージする。そして、イメージした再生計画案の作成に必要な支援専門家を決める。依頼する支援専門家は、債務者会社の顧問を務めていることもあれば、債務者会社や弁護士の既知の専門家であることもある。活性化協議会等に紹介を依頼することもある。

　多くの専門家は多忙である。資金繰りがもたないという時間的な制約があるなかで、突発的な業務を受任できないこともあるため、既知の専門家がいる場合には、事業再生を検討している債務者会社があり、支援専門家として参加を依頼する可能性があることを早い段階で伝えておくとよい。

　その際、財務DDを担当する公認会計士の果たすべき役割は大きい。財務DDの目的は、現状までの企業活動の成果である実態純資産額と、その結果をもたらした収益力とFCFを基礎にして、事業再生計画の立案につなげていくことにある[3]。紹介者である金融機関や債務者会社が有利になるように調査結果を誘導し私的整理の関係者に結果を押し付けることなく、専門家としての矜持や職業倫理をもった事業再生に精通した公認会計士に依頼することが重要である[4]。

c 支援専門家間の目線合せ

　債務者会社の支援専門家が決まった後、弁護士は、支援専門家と個別に連

---

[3] 福島朋亮ほか『中小企業再生のための財務デューディリジェンスの実務』2頁（金融財政事情研究会）。
[4] 福島朋亮ほか・前掲注(3)はじめに、6頁（金融財政事情研究会）。

絡をとったり、支援専門家全員で会議を開催したりしながら、再生計画案のイメージを共有していく。各専門家の作業が進むにつれ、再生計画案のイメージが変更されていくこともあるから、タイミングをみて会議を開催する必要がある。

　選定された支援専門家が本来的業務に精通している場合でも、事業再生を試みる債務者会社の支援経験はないということもあり、成果物をどのようなかたちでまとめたらよいか、項目立てはどうしたらよいか、再生計画案とはどのようなものでどのように自らの成果物が生かされるのかと質問されることもある。

　各支援専門家の作業は、一つの再生計画案に結実させるためになされる必要がある。専門家間で協議し目線合せをすることなく作業した結果、まったく方向性があわない成果物ができあがり、再生計画案に落とし込めないのでは意味がない。

d　知識や経験の活用

　弁護士が支援専門家の目線合せを行い、再生計画案を作成するためには、各支援専門家の領域についても一定の知識が求められる。

　第三者専門家候補者の登録がない地域もあるように、事業再生分野における経験が豊富な専門家は決して多いとはいえない。これは弁護士に限らず、公認会計士、税理士、中小企業診断士、不動産鑑定士、司法書士、行政書士についても同様である。

　当該事案における支援専門家に、事業再生に関与した経験がない、あるいは経験が少ない専門家がいるという場合には、弁護士が果たさなければならない役割は必然大きくなる。その役割を果たすためには、支援専門家の作業について方向性を示したり、支援専門家による成果物の矛盾点に気づき指摘したり、目線合せのために支援専門家間の調整をするため質問できるに足りる程度の知識を備えている必要がある。常日頃蓄えた財務会計、経営改善、税務など法律分野以外の知識と経験を活用することが求められる。

e　経験豊富な弁護士の協力を求める

　事業再生の経験豊富な弁護士に質問をすると、「ケース・バイ・ケースで

す」といった趣旨の回答が返ってくることが多い。事業再生のノウハウを一般化することは困難であるため、座学により多くの知識を習得したとしても、まったく経験のない弁護士が独力で事案を遂行することはむずかしい。支援専門家のなかに事業再生の経験がない、あるいは少ない者がいる場合にはなおさらである。

そのような場合でも、事業再生の可能性があると考えるのであれば、安易に破産を選択せず、事業再生経験が豊富な弁護士に協力を求め、共同受任することで事業再生に取り組んでほしい。昨今は、インターネット技術の発達により、ビデオ会議を利用したり、データを共有したりすることが容易になったため、地理的に離れた経験豊富な弁護士と共同受任することは以前と比べれば容易になっている。

3 金融機関対応

(1) 方針の共有

スポンサー支援型で事業再生を実施する方針を検討している場合には、金融機関に対して、その旨をすみやかに伝えたほうがよい。スポンサー支援型では、金融機関に対して債権放棄を求めることが多く、金融機関における影響は大きいから、金融機関の立場に対する配慮が求められる。債務者会社がスポンサー支援型を強く希望している場合でも、金融機関に対する伝え方は工夫しなければならない。資金繰り等の観点から迅速に進めたいとの欲求に駆られ、金融機関から理解を得られる前に、スポンサー支援型を確定的な方針として進めてしまうと金融機関から不信感を抱かれることもある。

金融機関の立場に配慮し、信頼関係を構築することで、その後の交渉を円滑に進めることができる。また、金融機関から、スポンサー候補を紹介、提案してもらえることもある。

(2) 経験に応じた対応

　債権放棄を伴う私的整理やスポンサー支援型の事業再生を経験したことがない、あるいは経験が少ないという金融機関も珍しくない。そのような場合、金融機関から再生計画案に対する同意を得るためには、私的整理の考え方、手続の流れ、弁護士がこれまで私的整理において積み重ねてきた経験、想定される問題点やその解決策などを丁寧に説明し、金融機関が抱いている疑問や質問を一つずつ解決するなど、時間をかけて金融機関の理解を得ることが必要になる。

(3) 金融機関との信頼関係

　金融機関は、債務者会社と債権債務関係という対立関係にある一方、債務者会社の再生計画案に同意し債権放棄をする事業再生の協力者という面もある。

　私的整理では、金融機関の了解を得ながら進めていくことになるため、債権者という対立関係でのみとらえず、活性化協議会や各支援専門家などの協力を得ながら、金融機関との信頼関係を築かなければならない。

(4) 全金融機関に対する透明性ある態度

　対象債権者となる金融機関が複数である場合、透明性ある態度で臨むことが必要である。金融機関からの紹介を経て債務者会社から受任することもあるが、そのような場合であっても、透明性を意識するべきである。時には、紹介者である金融機関がスポンサー候補者を紹介してくれたり、DD担当者となる専門家を推薦してくれたりすることもある。このような紹介や推薦は、弁護士にとっては大変ありがたいことである。しかし、他の金融機関からは、紹介者・推薦者である金融機関を優遇しているのではないかと不信感を抱かれるおそれがないわけではない。

　メインである金融機関や主要債権者である金融機関とのコミュニケーション量が多くなることや、対象債権者や担当者の私的整理への慣れの程度によ

りコミュニケーション量に差が生ずることもある。全対象債権者に対し完全に平等なコミュニケーションをとることは現実的ではないが、情報の質や共有するタイミングなどを意識し、透明性ある態度で臨むとよい。

(5) 金融機関との接触の仕方

　スポンサー支援型の経験が多くない金融機関については、訪問することが望ましい。金融機関が少数かつ近隣に所在する場合はもちろん、金融機関が多数である場合や遠方に所在する場合には、当該地域の弁護士の協力を得て債務者会社の代理人体制を整えることも必要になることがある。

　とはいえ、金融機関との接触は、金融機関から再生計画に対する同意を得るため、信頼関係を築くために行うのであるから、目的達成に適した接触を心がけなければならない。金融機関によっては、訪問よりも電話が好まれることもあるため、金融機関の意向をふまえながら対応するとよい。

　電話であれ、訪問であれ、初回の印象によってその後の協力関係の築き方に難易が生じることもあるため、ファーストコンタクトには相応の慎重さと配慮が求められる。消費者金融業者を対象債権者とした債務整理事案におけるかつての対応のように、事前連絡することなく、いきなり受任通知を送付するといった方法は避けるべきである。また、弁護士が前触れもなく電話をすると、破産に着手したとの誤解を与えることも少なくない。まずは、債務者会社の代表取締役などを通じて、弁護士に相談していることを金融機関担当者に伝えるなど、金融機関と債務者会社の関係性を考慮しながら、接触方法を決定するのが望ましい。

　債権放棄を伴うスポンサー支援の場合には、金融機関において特に慎重な検討がなされることが多いため、訪問に際しては、項目と簡単な説明のみの1枚であってもよいから、説明文書を持参するなどの工夫をするとよい。

(6) 接触頻度

　全金融機関平等に取り扱うことが基本であるが、事案や地域の実情に応じた柔軟な対応が許されないわけではない。金融機関との接触の初期段階で、

債権額が少額である金融機関から、スポンサー支援型での事業再生に同意するか否かといった大きな枠組みについては、メイン行の判断に委ねるといわれることもあるため、その場合にはメイン行との接触頻度が増すこともある。

(7) 金融機関との接触回数

　金融機関との接触回数は、必要かつ十分であることが求められる。定量化することはむずかしいが、全金融機関から再生計画に対する同意を得ることが目的であるから、同意が得られるだけの信頼関係を築くのに足りる回数だけ接触する必要がある。可能であれば、1カ月に1度は接触するとよい。試算表を示しながら資金繰りを説明し、またスポンサー選定状況を月次で報告するなど定期的に接触することで、信頼関係が強固になるものである。

(8) 金融機関との接触のタイミング

　訪問のタイミングは、受任時、各DDや不動産鑑定などの資料の完成時、手続選択時、再生計画案完成時、事業再生の障壁となる事項が顕在化したときやそれが解消されたときなどがあげられる。

(9) バンクミーティングの活用

　金融機関との接触は、個別の接触のほか、バンクミーティングと呼ばれる全金融機関が参加する会議を利用することもある。バンクミーティングは、共有すべき事情がある場合、懸念事項が発生した場合、意思統一をしたい場合などに利用される。
　バンクミーティングの開催場所を選定する際には、私的整理に着手したことが広く知られるきっかけとならないよう、予約のとり方、会場における貼り紙の仕方にも配慮が求められる。私的整理に着手したことが知られると、事業価値が大きく毀損され、事業再生できなくなることもある。

4 デューデリジェンス（DD）

　DDの目的や意義は、第4部第2章2を参照されたい。なお、スポンサー型にて債務者会社が実施するDDは、対象債権者に対する情報提供を目的としており、スポンサーに示すことを目的とはしていない。

　DDという名称では呼ばれないものの、債権放棄や債権劣後化（DDS）を伴う事業再生においては、不動産鑑定やエンジニアリングレポートを作成することがある。

(1) 不動産鑑定

　不動産鑑定士により、事業用不動産や担保物件の時価を把握するために不動産鑑定が実施されることがある。

　金融機関の債権を担保するため、事業用不動産や経営者所有の不動産に抵当権が設定されている事案は多い。私的整理において金融支援を受けるためには、清算価値を超える弁済が求められる。そのため、不動産鑑定により時価額を算定し、清算価値を求めることになるのである。

　また、不動産鑑定は、スポンサーに対する事業譲渡の対価を算定するための資料としても用いられる。鑑定額が高額になればなるほど事業譲渡対価も高額になり、スポンサー候補者がつかないような事態となることもあるため、事案によっては、事案の詳細を知る弁護士と不動産鑑定士で、適性な鑑定額のあり方について協議することもある。

(2) エンジニアリングレポート

　エンジニアリングレポートは、宿泊施設のような設備型事業の事業再生において、将来の必要投資額を算定するために実施されるものである[5]。

　エンジニアリングレポートで示された投資内容や投資額は、自助努力によ

5　タックス・ロー合同研究会『事業再生・廃業支援の手引き』249頁（清文社）。

る事業再生の難易、スポンサー選定時の考慮要素、再生計画案における事業改善の具体的方策の検討に利用される。

5 スポンサー交渉

(1) スポンサーの選定基準

a　はじめに

「中小企業の事業再生等に関するガイドライン」は、スポンサーの選定基準を定めてはいないものの、「スポンサー支援を求める場合、金融機関や実務専門家の支援・助言を得つつ、透明性のある手続でスポンサーを選定するように努める」と定めている（中小GL第二部2項(1)④ハ）。

b　二重の基準

事業再生におけるスポンサー選定については、研究者、弁護士、金融機関関係者などのメンバーからなる「事業再生におけるスポンサー選定研究会」が、多種多様な事案に即した望ましいスポンサー選定のあり方について、実務的な観点からの指針（以下「二重の基準」という）を発表している[6]。

「二重の基準」は、まず、対象企業の特性等によりスポンサー候補者の競争による選定がふさわしい事案か否かを判定し、その結果によりスポンサー選定の当否を判断するための基準を振り分ける（第1段階）。次に、第1段階で選択された基準に基づいてスポンサー選定の当否を具体的に判断する（第2段階）。

第1段階では、①企業の規模、②企業の事業内容、③特定個人への依存度、④時間的余裕の4要素を総合的に考慮した結果により、スポンサー候補

---

[6] 事業再生におけるスポンサー選定研究会「事業再生における望ましいスポンサー選定のあり方(1)〜(6)」NBL1042号38頁・NBL1043号84頁・NBL1044号59頁・NBL1047号67頁・NBL1049号60頁・NBL1050号62頁。山本和彦＝事業再生研究機構編『事業再生におけるスポンサー選定のあり方』（商事法務）。

者の競争による選定がふさわしい事案か否かを判定する。たとえば、企業の規模が小さすぎて投資対象として魅力的でない、事業内容があまりにも特殊で関心を示す投資家を見つけにくい、事業が経営者個人の能力に大きく依存している、またはスポンサー選定に時間をかけていると事業価値が急速に毀損されるおそれがある場合には、競争による選定がふさわしいといえないため、「合理性の基準」を適用する。これに対して、競争による選定がふさわしい状況にある場合には、「厳格な基準」を適用するのが相当であるとする。

　第2段階における「合理性の基準」は、スポンサー選定にあたり選定者の裁量を尊重し、合理性が認められるかを総合考慮して判断する。「合理性の基準」を用いる場合、スポンサー候補者の選定経緯・属性・提案内容等を検討対象として、スポンサーの支援によって実現する弁済率が清算価値保障原則を満たすことを前提に、支援額のほか、事業維持・拡大の目的、シナジー効果の有無、従業員の雇用確保、取引先との取引の継続、地域社会への貢献性、経営方針の相当性などの各要素を総合的に考慮し、明らかに不合理でなければ、スポンサー選定は承認される。

　これに対して、第2段階における「厳格な基準」は、入札手続等、複数のスポンサー候補者の提案内容を比較する手続を実施した場合には、まず、最高価格の支援額を提示したスポンサー候補者を選定したかを検討したうえで、最高価格を提示したスポンサーを選定した場合は支援額以外の要素で問題があるかないかのチェックを行い、他方で、最高価格を提示したスポンサー候補者でない者を選定した場合には、支援額に合理性が認められる必要があるほか、支援額以外の要素を含め総合的に考慮した場合、支援額が最高価格のスポンサー候補者の提案と比べ、たしかな根拠のある優位性を認めることができるか否かをチェックすることになる。また、入札手続等の複数のスポンサー候補者の提案内容を比較する手続を実施しない場合には、仮に入札を行ったとしても結果が変わらないという特別な事情がない限り、支援額に合理性が認められる必要があるほか、支援額以外の要素でも、たしかな根拠のある評価ポイントを認めることができるか否かを厳格な基準をもってチェックすることになる。「厳格な基準」を要約すると、スポンサー候補者

を競争させることがふさわしい事案においては、スポンサー候補者を競争させたうえで、最高価格を提示した者を選ぶことが原則で、原則に外れたスポンサー候補者を選定する場合には厳格に妥当性がチェックされることになる。

「二重の基準」は、再建型法的倒産手続（再生手続、更生手続）を念頭に置いて作成されたものであるが、再生型私的整理手続での利用を排除しているものではなく、再生型私的整理手続においても実務の指針になりうると考える。

(2) スポンサーの選定手続

a 自力再生の断念およびスポンサーの探索

中小企業者は、収益力の低下、過剰債務等による財務内容の悪化、資金繰りの悪化等が生じたため、経営に支障が生じ、または生じるおそれがある場合、金融機関に対して、正確かつ丁寧に信頼性の高い経営情報等を開示・説明したうえで、本源的な収益力の回復に取り組み、自力で事業再生計画を策定することが望ましいとされている（中小GL第二部2項(1)①②③）。

スポンサーの探索は、一般に、中小企業者が自助努力を尽くしてもなお、自力での事業再生が困難である場合に開始される。このような場面においては、債務減免等の金融支援が必要になることも想定されることから、中小企業者は、自力での事業再生を断念して、スポンサーを探索する場合には、金融機関に対して、自力再生を断念し、スポンサー探索に至った経緯等を十分に説明し、その理解を得るように努める必要がある。

また、事案によっては、金融機関から、スポンサー支援の打診を受ける場合もありうるところであり、その場合は、自力再生の可能性等について金融機関との間で協議・意見交換を行うなどして、方向性を決定することになる。中小企業者の経営者が十分に納得したうえで、その後の手続を進めていくことが非常に重要である。外部専門家である弁護士は、経営者に寄り添いつつ、自力再生の可能性や今後の見通し等について専門的見地から意見を述べるなどして、経営者の意思決定をサポートすることが求められる。

b　FA・仲介業者の選定

　スポンサーを探索する場合は、FA（ファイナンシャル・アドバイザリー）や仲介業者（以下「FA等」という）の選定の有無を判断し、FA等を選定することに決定した場合には、すみやかに業者を選定する。

　中小企業者の事業再生におけるスポンサー探索の局面では、資金繰りが急速に悪化していることが多く、限られた時間軸のなかで、中小企業者が自ら適切なスポンサー候補者を見つけることは容易ではない。FA等を選定することで、適切なスポンサーを見つけやすくなることに加え、スポンサー選定手続の透明性・公正性を確保できるという利点がある一方で、相応の費用がかかる点に留意が必要である。FA等の選定の要否、選定するFA等や費用の見通し等について、金融機関と情報を共有し、協議や意見交換を行うことも有益である。また、スポンサー契約は、再生計画の前提となることから、私的整理手続に精通したFA等を選定する必要がある。中小企業者側で適切なFA等の候補者がいない場合には、金融機関や外部専門家に紹介を求めることも考えられる。事案によっては、弁護士などの外部専門家がFA等の業務を行う場合もある。

c　スポンサーの探索

　FA等が選定されると、FA等を通じてスポンサー探索が行われる。スポンサー探索の方法は、通常のM＆Aと基本的には同様であるが、スポンサー契約は、その後に作成される再生計画の前提となることから、スポンサーについては、スポンサーとしての適格性や事業再生に資する経営資源を有していることはもちろん、私的整理手続を理解し、スケジュールを含め、再生計画の作成・遂行に協力してくれるスポンサーを探索することが求められる。

　中小企業者のスポンサー探索においては、FA等において候補先のリストを作成したうえで、複数の候補先に打診し、興味を示した候補先との間で、秘密保持契約を締結したうえで、詳細な情報を開示し、意向表明がなされた場合には、提案内容を検討し、候補先を絞り込んでいく方法が一般的であると思われる。前述の「二重の基準」に照らして合理性の基準が適用される場合が多いと考えられるが、そうであっても、事業規模や内容にてスポンサー

候補者が見つかる可能性がきわめて低いという事情がなく、また、時間的余裕などが許す状況においては、スポンサー選定の透明性、公正性の観点からは、複数の候補先に打診するなどして、一定の競争的環境が維持されたなかで、スポンサーを探索することが望ましいといえるので、どの範囲まで打診するかを含めて、適宜、金融機関と協議することが有益である。

事業を再生させるためには、窮境原因を適切に把握したうえでこれを除去することが必要であるから、スポンサーについては、本業のビジネスをもつ事業スポンサーで、そのビジネスが中小企業者のビジネスと関連があれば、シナジー効果を期待することができる。また、事業スポンサーは、株式の売却を目的としないため、長期的な視野で経営改善にあたることができる。そこで、通常は、シナジー効果を期待しうる事業スポンサーを探索することが多いと思われるが、スポンサーを探索するための時間が限られている場合や、事業スポンサーを見つけることが困難であると見込まれる場合には、ファイナンシャルスポンサーにスポンサー支援を打診する場合もありうる。ファイナンシャルスポンサーがスポンサーになる場合、ファイナンシャルスポンサーは、一定期間の後に株式を売却して投資を回収することを予定しており、「出口」を見据えていることに留意する必要がある。

d　スポンサー候補者からの提案内容の検討

スポンサー候補者から意向表明がなされた場合は、提案内容を検討し、合理性が認められるかを判断する。検討対象は、支援額のほか、事業維持・拡大の目的、シナジー効果の有無、従業員の雇用確保、取引先との取引の継続、地域社会の貢献性、経営方針の相当性などの各要素である。

支援額の合理性については、競争的な環境のもとで提示された支援額が維持されている場合は、原則として支援額に合理性は認められると考えられる。これに対し、たとえば、提示された支援額が交渉経過で減額されている場合には、支援額の合理性に疑義が生じうることから、減額の理由を説得的に説明することが求められる。また、支援額が競争的な環境のもとで決定されていない場合は、財務DDをふまえて算出される事業価値（EBITDA倍率法による事業価値やDCF法による事業価値）との比較などにより、支援額

に合理性が認められることを説明することが求められる。なお、いずれの場合も、支援額については、金融機関にとって経済合理性が認められる再生計画を作成できるに足りる価額以上でなければならないから、仮に、スポンサー候補者からの提示額がこれに足りないときは、増額を求めて交渉する必要がある。

支援額以外の各要素については、総合的に考慮して合理性を検討することになるが、窮境状態にある中小企業者が自力再生を断念してスポンサーを選定する場面では、一定の合理性が認められる場合が多いと考えられるので、実際には、明らかに不合理な事情が存在するか否かをチェックするという作業を行うことになる。不合理な事情の例としては、①スポンサー候補者が反社会的勢力の影響下にある、②スポンサー候補者が社会的に相当とはいえない事業の実施を意図している、③スポンサー候補者の事業計画が実現性の低いものである、④スポンサー候補者が従業員の大幅な削減を予定しており、従業員の雇用がほとんど確保されない、⑤スポンサー候補者において提示した支援額を調達できる見通しが不確実である、⑥経営者が個人的な見返りと引き換えにスポンサーを選定している場合などが考えられる。

e　スポンサー契約

スポンサー候補者からの提案内容を検討し、スポンサーを決定したら、スポンサー契約を締結する。スポンサー契約の内容は、通常のＭ＆Ａと基本的には同様であるが、債務減免等の金融支援が想定される場合は、金融機関の同意を、スポンサー契約の効力発生の停止条件とする条項を設けることが一般的である。また、中小企業者の事業再生の局面では、地域における雇用の確保が重視されていることから、雇用の確保に関する条項を盛り込むことを検討すべきである。

(3)　スポンサー選定の留意点、弁護士の役割

a　選定基準の振分け

「二重の基準」では、第1段階における「合理性の基準」と「厳格な基準」との振分けが重要となる。中小企業者の事業再生の局面においては、①企業

の規模、②企業の事業内容、③特定個人への依存度、④時間的余裕の4要素を総合的に考慮すると、多くの窮境状態に陥っている中小企業においては、競争による選定がふさわしいとはいえない場合が多くなると思われるが、事案によっては、中小企業者と金融機関との間で評価が分かれることがありうる。私的整理手続は、債務者と債権者間および債権者相互の話合いのなかで、対象となるすべての金融機関から金融支援の合意を取り付けることとなるため、外部専門家である弁護士は、その専門的知識と経験をふまえ、スポンサーの選定方法等を金融機関に十分に説明し、金融機関とのコミュニケーションを密にし、調整を行うことが期待される。

b　選定過程への関与

スポンサーの適格性、選定手続の合理性、支援額の合理性は、いずれも再生計画案の記載事項であり、第三者支援専門家による検証対象となる。そこで、外部専門家である弁護士は、適正な再生計画を作成するために、FA等との連携を密にし、スポンサーの選定が適切に行われるように、その選定過程に主体的に関与することが期待される。

c　スポンサー契約への関与

外部専門家である弁護士は、スポンサー契約についても主体的に関与し、必要に応じて、契約書の作成やレビューを行い、再生計画の作成、遂行に資する内容を盛り込むとともに、再生計画の作成、遂行に支障になる条項があれば、当該条項の削除や修正を求めるなどの役割りを果たすことが期待されている。

6　再生計画策定（経営者保証人の弁済計画含む）

(1)　再生計画案の記載事項（スポンサー支援型の場合）

a　事業再生のための具体的施策

自助努力のみでは事業の再生が困難であることを前提に、スポンサーの必

要性、スポンサー支援の内容等を具体的に記載する。

b　今後の事業および財務状況の見通し

　スポンサーによる譲渡対価で一括弁済を行う事案が多いと考えられるところ、このような事案においては、スポンサーのもとでの事業計画の提出を受けられないことがあり、そのような場合には、今後の事業および財務状況の見通しを示すことは必須とまではいえないと解される（中小GLQA68参照）。もっとも、スポンサーのもとでの事業計画や財務状況の見通しが示されていることは望ましいので、スポンサーから協力が得られるように努めることが必要である。

　これに対し、スポンサー型であっても、スポンサーが債務を引き受け、スポンサーのもとで事業再生計画に基づいて弁済をする場合は、スポンサーのもとでの事業計画や財務状況の見通しを記載する必要がある。

c　資金繰り計画（債務弁済計画を含む）

　スポンサー再生型で、たとえば、スポンサーへの事業譲渡を行い、スポンサーによる譲渡対価で一括弁済を行ったうえで、特別清算手続によって清算する場合は、特別清算手続が結了するまでの資金繰りの計画を記載する。このスキームでは、対象債務者は、スポンサーへの事業譲渡により、今後の事業収入がなくなることから、特別清算までの資金繰りを精緻に見積もることが重要になる。必要に応じて、不測の事態に備えて、予備費の計上を検討する。

　これに対し、スポンサーが債務を引き受け、スポンサーのもとで事業再生計画に基づき弁済をする場合は、原則どおり、事業再生計画の終了年度までの資金繰りの計画を記載する。

(2) 再生計画の留意点

a　事業再生の必要性

　事業再生の必要性について、事業再生の意義（たとえば雇用の確保等）が認められることを前提に、自助努力を尽くしたにもかかわらず、自力で窮境原因を除去することができず、自力での事業再生が困難であり、事業を再生

させるためにスポンサーの支援が必要であること等を、財務DDおよび事業DDをふまえて説得的に記載することが求められる。

b　スポンサー選定、支援対価の合理性

　スポンサー支援の必要性が認められることを前提に、スポンサーの選定経過を説明するとともに、スポンサー選定手続に合理性が認められることを説明する。また、スポンサー選定手続の合理性に加え、支援対価に合理性が認められることを説明する。

c　再生計画案の実行可能性

　事業を再生させるためには、再生計画案が実行される必要があることから、再生計画案に実行可能性が認められることを説明することが求められる。

　スポンサー型で、スポンサーへ事業譲渡を行い、スポンサーによる譲渡対価で一括弁済を行ったうえで、特別清算手続によって清算する場合は、特別清算手続が結了するまでの資金繰りの計画について、その実行可能性が認められる必要がある。

　まず、スポンサー型の場合、再生計画案が実行される前提として、スポンサー支援が実行されることが必須になる。そこで、スポンサー契約において、スポンサー支援に前提条件が定められている場合には、前提条件の充足可能性を説明することが求められる。スポンサー契約において、不明瞭な前提条件が定められていると、スポンサー支援の実行可能性に疑義が生じるので、スポンサー契約を締結する際にはこの点に留意する必要がある。また、スポンサー支援の内容として、スポンサーによる資金調達が必要である場合、必要に応じて、資金調達の方法（自己資金または借入れ）を確認したうえで、スポンサーに対して、資金調達の裏付け資料（預金の残高証明書、融資証明書等）の提出を依頼する。

　なお、債務減免等を受ける金融債務以外の債務については、全額弁済が原則であるので、これらの債務の弁済可能性についても留意する必要がある。仮に、全額弁済が困難である場合には、再生計画案の作成に先立って、債権放棄を受けるなどして、再生計画案の実行可能性に影響が生じないように調

整することが求められる。

d　金融支援の必要性、相当性、衡平性
(a)　金融支援の必要性

債務減免等の金融支援を求めるためには、その前提として、金融支援の必要性が認められなければならない。

スポンサー型で、スポンサーへ事業譲渡を行い、スポンサーによる譲渡対価で一括弁済を行ったうえで、特別清算手続によって清算する場合は、譲渡対価が相当であることを前提に、譲渡対価および譲渡対象外資産の換価回収額から、金融債権者の対象債権全額を支払うことができなければ、金融支援の必要性は認められる。

そこで、再生計画では、財務DDやスポンサー契約の内容等をふまえて、金融支援が必要であることを説明する。

(b)　金融支援の相当性

債務減免等の金融支援の必要性が認められるとして、次に、金融支援の内容が相当でなければならない。

まず、金融支援の総額は、対象債権者の債権総額から保全部分への弁済額および非保全部分への弁済額を差し引いた金額となるところ、金融支援の総額の相当性を検討するためには、保全部分への弁済額が相当でなければならない。保全部分への弁済額は、保全評価額と同じであるから、保全評価額が相当であることの説明が必要になる。対象財産が不動産の場合、不動産の保全評価額として、正常価格と特定価格（早期売却価格）のいずれを採用すべきかについては、中小GLには特段の定めはなく、実務上も事案ごとに判断しているものと考えられるので、その価格を採用した理由を十分に説明する必要がある。

さらに、非保全部分への弁済総額が相当である必要があるところ、非保全部分への弁済総額は、譲渡対価および非譲渡対象財産の換価見込額から、保全評価額および清算までに要する費用を控除した金額であるところ、これらの金額が合理的に算出されていることを説明する必要がある。

(c) 金融支援の衡平性

中小GLは、「事業再生計画案における権利関係の調整は、債権者間で平等であることを旨とし、債権者間の負担割合については、衡平性の観点から、個別に検討する」と定めている（中小GL第三部4項(4)①ヘ）。

私的整理手続における債権放棄を内容とする再生計画では、第三者保証や物上保証によって担保された債権額を控除した金額（いわゆる非保全部分）を基準として、プロラタ方式（均等按分）によることが一般的であり、原則として、プロラタ方式（均等按分）により形式的な衡平性を確保することになる。

もっとも、事案によっては、対象となる債権者間で、債務減免のカット率や負担割合に差異を設けることが相当であり、これにより実質的に衡平性が確保される場合もありうる。中小GLは、カット率について、「4項(4)①ヘのとおり、カット率は債権者間で同一であることを旨とします。ただし、例外的に、債権者間に差異を設けても実質的な衡平性を害さない場合には、差異を設けることが直ちに否定されるものではありません」としており（中小GLQA60）、また、負担割合について、「例えば、実質的な衡平性を害さない限りで、債務者に対する関与度合、取引状況、債権額の多寡等を考慮して、例外的に債権者間の負担割合について差異を設けることが考えられます」としており（中小GLQA61）、非保全残高を基準にしたプロラタ方式（均等按分）を原則としつつ、実質的な衡平性を害さない限りで、債権者間で差異を設けることは許容されている。

私的整理手続は、債務者と債権者間の話合いのなかで、すべての金融機関から同意を取り付けることになるため、プロラタ方式（均等按分）を原則としつつも、必要に応じて、窮境原因の関与の有無、経営への関与度合、債権額や保全の状況等、さまざまな要素を考慮したうえで、実質的な衡平性についてディスカッションを行い、権利関係の変更案を作成することになる。

e　経営責任、株主責任、保証責任の明確化

(a)　経営責任

スポンサー再生型で債務減免等を伴う事案においては、スポンサーが経営

権をもつことから、経営者は退任することが多いと思われるが、種々の事情を考慮して経営者が退任しない場合には、その必要性や相当性を金融機関に説明し、理解を得ることが必要である。

(b) 株主責任

スポンサー再生型で、スポンサーによる譲渡対価で一括弁済を行う事案においては、中小企業者は特別清算手続によって清算し、株主に残余財産の分配はなく、これにより株主責任は果たされることになるため、株主責任の明確化に関する問題は生じない。なお、中小企業者の株主責任に関連して、既存の株主が、スポンサーまたはスポンサーが設立する新会社の株主となることの当否については、新会社のガバナンスに留意したうえで、その当否や内容を検討する必要があるが、一般には消極に解されている。

(c) 保証責任

スポンサー再生型で債務減免等を伴う再生計画案を作成する際には、経営者保証GL 7項(3)④に基づいて、保証人の財産の状況、資産の換価・処分の方針、保証人の弁済計画、対象債権者に対して要請する保証債務の減免等の内容を再生計画案に記載することが求められる。

具体的には、基準時点における資産・負債の状況を整理し、財産状況に関する資料（預金通帳や保険の解約返戻金を証する資料等、自己破産を申し立てる際に裁判所に提出するのと同様の資料）を提出し、また、仮に保証人が破産した場合における配当額を試算したうえで、経営者保証GLの要件に適合する弁済計画案を作成し、再生計画案に記載することになる。

f 経済合理性

債務減免等を内容とする再生計画においては、金融機関にとってその再生計画によることが、法的整理手続よりも多くの回収を図れることが合理的に説明されなければならない。

具体的には、スポンサー再生型で、スポンサーによる譲渡対価で一括弁済を行う事案においては、再生計画に基づく弁済額と、財務DDに基づき算出した破産手続の場合の配当見込額・配当率を比較し、前者が後者を上回っている場合には経済合理性が認められると判断する。破産手続の配当見込額・

配当率を算出する基準時については、原則として財務DDの基準時であるが、財務DDの基準日とスポンサーへの譲渡日が離れている場合には、スポンサーへの譲渡日における破産配当率を試算し、経済合理性を検証することもある。

なお、中小企業者の私的整理手続における再生計画案においては、破産手続との比較のみならず、再建型の法的手続である民事再生手続との比較を行うことが一般的であるが、事業価値の毀損により結果として清算型に近い配当になることが合理的に予想されることから、破産手続との比較で経済合理性が認められれば、配当率を計算するまでもなく、民事再生手続との比較でも経済合理性が認められると考える。

(3) 再生計画案の構成例

スポンサー再生型で、スポンサーによる譲渡対価で一括弁済を行う事案における、再生計画案の構成例は以下のとおりである。

（I）. 再生計画の概要
Ⅱ. 会社の概要
Ⅲ. 財務状態および経営成績の推移
　1. 財務状態の推移
　2. 経営成績の推移
　3. 資金繰りの推移
Ⅳ. 窮境の状況および原因
　1. 実態貸借対照表
　2. 実質純資産額
　3. 債務償還年数
　4. 過剰債務
　5. 窮境の原因
Ⅴ. 再生計画
　1. 事業再生の意義

2．スポンサーの必要性
　3．スポンサー選定
　　(1)　スポンサーの選定過程
　　(2)　スポンサーの概要
　　(3)　スポンサーの事業計画
　4．事業譲渡の内容
　5．弁済計画の内容
　　(1)　金融債権者および保全・非保全債権の状況
　　(2)　保全債権の弁済
　　(3)　非保全債権の弁済
　　(4)　保証人の弁済計画および保証債務の整理案
　　　ア　保証人の資産、負債の状況について
　　　イ　保証人の弁済計画
　　　ウ　経営者保証に関するガイドラインの要件該当性
　　(5)　特別清算に伴う実質債権放棄の内容
Ⅵ．経営責任、株主責任、保証責任
　1．経営責任
　2．株主責任
　3．保証責任
Ⅶ．経済合理性
　1．清算型の法的整理手続との比較
　2．再建型の法的整理手続との比較
Ⅷ．対象債権者への依頼事項（金融支援の内容）

7 金融機関との交渉

(1) 情報開示

a　はじめに

　金融機関への情報開示は、私的整理手続の透明性や信頼性の担保として、また、私的整理手続の公平性や公正性の見地からも重要である。

　情報開示においては、金融機関間で情報の量や質に差異が生じることは相当ではないので、可能な限り、共通の情報や資料を開示するように努めるべきである。

　以下、各段階における情報開示を検討する。

b　スポンサーを探索する段階

　スポンサー再生型は、中小企業者が自助努力を尽くしてもなお、自力での事業再生が困難であると判断した場合に選択されるものであるから、中小企業者がスポンサー再生型を選択する場合には、すみやかに、自力での事業再生を断念するに至った経緯や理由、スポンサー探索の進め方等を金融機関に説明する必要がある。説明の方法は、個別に金融機関に説明するという方法とバンクミーティングを開催するという方法が考えられる。実際の手順としては、まず、メインバンク等の主要な金融機関に相談し、主要な金融機関の理解を得たうえで、他の金融機関への説明やバンクミーティングを開催するという流れになることが多いと思われる。

　最低限必要な資料は、資金繰り表や直近の試算表である。資金繰り表については、資金繰りが逼迫している場合は、月次ではなく、日繰りの資金繰り表を作成する。資金繰り表を作成し、開示することで、金融機関との間で時間軸を共有することが可能になる。決算書については、金融機関に開示ずみのことが多いと思われるが、仮に、不適切な会計処理がなされているような場合には、すみやかに金融機関に報告し、実態を反映した数字を説明する必要がある。

また、スポンサー探索については、FA等の選定の有無を含め、スポンサー選定の方法や進め方を説明し、金融機関の理解を得るように努めることになる。「二重の基準」では、第1段階として、企業規模、企業の事業内容、特定個人への依存度、時間的余裕という4要素を総合考慮して判断するので、入札手続等の競争的な選定を行わないこととした場合は、かかる4要素に関する事情を金融機関に十分に説明する必要がある。また、その後のスポンサー探索の状況についても、スポンサー候補者との秘密保持義務に留意しつつ、適宜、進捗状況を金融機関に報告し、情報共有に努める。

c　スポンサーを選定した段階

　スポンサーを選定した場合は、スポンサー選定の経緯と選定理由を金融機関に説明することになる。また、スポンサー契約の内容や支援の条件等は、再生計画の根幹をなすものであるから、支援の具体的内容については開示が必要であると考えられる。実務上、金融機関からスポンサー契約書の開示を求められることがあり、その場合は、営業秘密等の支障部分があれば当該部分を除外したうえで、開示に応じることが相当であると考える。

d　再生計画案の作成段階

　再生計画案の作成に先立って、財務DDや事業DDが実施されるので、財務調査報告書や事業調査報告書が完成したら、すみやかに金融機関に説明し、情報共有を行うことになる。情報共有の方法は、金融機関に個別に送付して説明する方法と、バンクミーティングを開催して説明する方法がある。不動産鑑定が実施された場合には、不動産鑑定評価書を金融機関に開示する。また、再生計画案に保証債務の整理案が記載される場合には、保証人の資産・負債に関する資料を金融機関に開示することになる。

　さらに、再生計画案を作成するに際して、再生計画案の実行可能性や経済合理性を検証するために、①クロージングまでの損益予測に関する資料、②クロージング時点における予想貸借対照表、③清算結了までのタックスプランニングの説明資料などが作成される場合には、これらの資料についても金融機関に開示することになる。

(2) 意思疎通

　私的整理手続は、対象となるすべての金融機関から金融支援の合意を取り付けることとなるため、着手の段階から、金融機関と意思疎通を図り、中小企業者の事業再生という目的に向かって、目線をあわせて取り組むことが重要である。中小企業者としては、当初から「債権放棄ありき」という姿勢は慎まなければならないが、スポンサー再生型の場合には、債務減免等の金融支援が必要になることが多いといえるので、スポンサー再生型を選択する場合には、金融機関との意思疎通が特に重要になる。

8　モニタリング

(1)　再生計画の成立

　再生計画案が作成されると、債権者会議が開催され、再生計画案の説明と、第三者支援専門家から再生計画案に対する調査結果の報告が行われる。その後、すべての対象債権者が、再生計画案について同意すると、再生計画は成立する。再生計画が成立すると、中小企業者は再生計画を実行する義務を負担する。

(2)　再生計画の成立後のフォローアップ

　再生計画が成立すると、再生計画を遂行するためにモニタリングが実施される。モニタリングの主体は、原則として、「外部専門家」と「主要債権者」である（中小GL第三部4項(8)①イ）。

　そこで、外部専門家である弁護士は、再生計画の成立後において、再生計画の達成状況や遂行状況について、定期的にモニタリングを行う。

　スポンサー型で、スポンサーによる譲渡対価で一括弁済を行う事案においては、通常、クロージング日において、スポンサーから譲渡対価を受領し、

これを原資として再生計画に基づき弁済を実行することになるので、外部専門家である弁護士は、再生計画に基づく弁済が実行されることを確認する。また、保証人がいる場合には、保証人の弁済が実行されることを確認する。

さらに、スポンサーへ株式譲渡ではなく、事業譲渡を行った場合には、譲渡後の債務者会社を清算する手続が残っており、負債をその特別清算手続にて処理する場合には、特別清算手続を実施することになる。負債を私的整理手続にて整理できた場合でも、債務免除を受けた債務者会社の通常清算手続を実施することになる。外部専門家である弁護士は、特別清算手続が結了するまで、中小企業者をサポートすることが求められる。特別清算の手続については第4部第5章1を参照されたい。

第4章

中小GLを前提とした廃業手続の具体的な実務

1 相談段階（手続選択）

(1) 廃業手続に関する相談の概要

廃業手続に関する相談は、再生に関する相談の延長線上にある（再生手続に関する手続選択については第3部第2章参照）。自力であれ、スポンサーによる支援であれ、法人が存続できなくとも、事業が再生できる可能性があるのであれば、経営資源を有効活用するためにも再生をすることが望ましい。事業再生が実現すれば、取引先への影響も限定的となり、従業員の雇用が守られることもあり、経営者もそれを望むのが通常である。そのため、事業の再生の可能性をギリギリまで模索し、再生が困難であると判断せざるをえない場合に廃業手続を検討することとなる。

したがって、相談段階における徴求資料や確認事項は、基本的に再生手続に関するそれと同様である（第4部第2章1参照）。

(2) 徴求資料

a 基礎資料

事業者から徴求すべき基礎資料は、以下のとおりである。
① 決算書・申告書・勘定科目内訳書含む・直近3期分
② 直近の試算表

③　資金繰り表（月次、日繰り）（あれば）
　④　固定資産納税通知（または固定資産評価証明書）（あれば）
　⑤　企業概要書・パンフレット等

b　資金繰り表
　廃業手続を検討する企業は、資金繰りが逼迫していることが多く、日繰り表が必要である。資金繰り表を作成している中小企業は多くないため、作成されていない場合、債務者会社の経理担当者等に作成を依頼するか、債務者会社、顧問税理士、弁護士の協働により作成する。

(3) 確認事項

相談段階においては主に以下の事項を確認する。

a　債務者会社および事業内容
　債務者会社の業種・業態、役員構成、従業員数、窮境要因（外部要因か否か等）、メインバンク、メインバンク等の金融機関との協議状況等を確認する。

b　資金繰り状況
　資金がショートするまでの時間が、ソフトランディングな私的整理による廃業手続を選択できるか、法的整理である破産となるか等は、手続選択においてきわめて重要な要素である。資金繰り表（日繰り表）をもとに、現在の現預金残高、今後の入金（売上げは現金回収か売掛か）、支払（仕入れは現金払いか買掛か手形か）、ショート見込み時期等を確認する。

c　損益状況
　事業再生の可能性がないか検討するために、損益計算書および直近の試算表をもとに、売上げ、売上総利益、営業利益、経常利益を確認し、実態の収益力や可能であれば部門別の損益を把握する。

d　資産負債状況
　貸借対照表および勘定科目内訳明細書をもとに、流動資産、固定資産（特に事業所が所有か賃借か）、金融負債、商取引債務（滞納の有無）、リース（貸借対照表未計上が多い）、公租公課の滞納の有無・金額等を確認する。ま

た、事業用資産への担保権設定の状況や、対象債権者の保全（担保権設定、保証協会の保証等）状況も確認する。廃業した際に顕在化する簿外債務がないか（原状回復費用や解雇予告手当等）もあわせて確認する。

e　経営者の意向

　経営者が廃業意向なのか、法的整理を回避することを希望しているか等、意向確認は必須である。

f　スポンサー候補の有無・可能性

　スポンサー型再建の可能性を模索するためスポンサーの有無や可能性を確認する。

(4)　手続選択

a　廃業の手続選択

　廃業には、通常清算、私的整理による清算、法的整理による清算がある。

　なお、廃業の手続選択において、債務者会社がどの程度資金を有しているかが判断の分かれ目となることが多い。たとえば、多額の公租公課が残っていても、資産換価方法を工夫して高額で処分することで公租公課の弁済原資を確保することができれば、手続選択においても余裕が生じる。弁護士としては、単に手続選択メニューをみるだけでなく、その前提として、どのようにして弁済原資を確保するのかを検討する必要があり、仕掛品の納品の時期など、事業の状況を把握したうえで、事業停止のタイミングやその方法についても適切なアドバイスを行うことが重要となる。

(a)　通常清算の場合

　資産超過または保証人の資産も加味すると負債が完済できる株式会社の場合、通常清算を選択する。什器備品等の資産が簿価よりも高値で売却できた場合等一見簿価が債務超過であっても、資産超過となる場合があり、このような株式会社の場合は通常清算をする。

(b)　私的整理による清算の場合

　債務超過であっても、公租公課滞納額が多額でなければ、私的整理による清算を検討する。具体的には、中小GL（廃業型）、廃業支援型特定調停（日

弁連スキーム）、REVIC、特別清算等である。特別清算は裁判所を通じた整理ではあるが、債権者との協議を前提にした手続であるため、私的整理的な手続といえる。

なお、商取引債務を全額弁済できない状態である場合には、高額の商取引債務のみを金融債務と一緒に私的整理にて整理できるかを検討することになる。多数の商取引債務が残ってしまう場合には、特別清算の協定型を検討することになるが、協定成立がむずかしいような場合には、破産を選択することになる。

(c) **破産によらざるをえない場合**

公租公課の滞納が多額となり、全額弁済ができない場合や、多数の商取引債権者が残ってしまって特別清算を実施することができない場合、さらには、否認権行使や役員の責任追及の問題等があり多数の対象債権者からおよそ同意を得られる見込みがないときは、私的整理は困難であり、法的整理である破産を選択せざるをえない（第3部第3章参照）。

b **私的整理による清算手法**

私的整理による清算の主な手続として、中小企業GL（廃業型）、廃業支援型特定調停（日弁連スキーム）、特別清算がある。それぞれの特徴は、第3部第3章に記載のとおりであるが、破産を回避できる見込みがある場合には、以下の観点から私的整理による清算の手続選択を行う。

まず、債務超過であって通常清算が困難な状態においては廃業を実施するスキームとして、大きく分けて①単純廃業型（事業再生または事業譲渡を模索したものの実行に至らなかったケースを含む）、②事業譲渡型、③廃業済型の3類型に分けられる。

単純廃業型の場合（①）、メインバンク等の債権者および債務者の関係者の意向にもよるが、第三者支援専門家の調査報告書により対象債権者の調整がスムーズに行うことが期待される場合（事業の一部売却がある場合、評価がしにくい資産が含まれている場合等）であれば、手続に信頼の厚い中小GLによる廃業型私的整理手続を積極的に活用する。しかし、事案によって簡易な手続にて清算が可能な場合には、手続が柔軟で手続費用が廉価な特別

清算や廃業型特定調停の利用を検討する。

　また、中小GLによる廃業型私的整理手続における対象債権者には、原則として商取引債権者は含まれていないものの、「第三部に定める手続に基づく私的整理を行ううえで必要なときは、その他の債権者を含む」（中小GL第一部3項）として、商取引債権者も例外的に対象債権者に含められることができる。しかしながら、中小GLは取り仕切る第三者機関が存在しないことから、数多くの商取引債権を含めてまとめていく場合には、裁判所が関与する手続である特別清算または廃業型特定調停を検討する。特別清算か廃業型特定調停の違いについては、特別清算が会社法上履践しなければならない手続が多いのに対し、廃業型特定調停はすみやかに手続を進めることが可能である。他方、特別清算は協定型にて多数決にて整理することが可能であるのに対し、廃業型特定調停の場合対象債権者すべての同意が必要となる（裁判所によるいわゆる17条決定（特定調停法22条、民事調停法17条）という方法があるが、この場合でも消極的同意は必要である）。ただし、特別清算は会社法上の手続のため、株式会社しか利用できない点には注意が必要である。

　次に、事業譲渡型の場合（②）には、中小GL（廃業型）だけでなく、中小GL（再生型）も視野に入れて手続選択をする必要がある。廃業型か再生型かいずれの手続を選択するかは、全事業の事業譲渡か一部か、時間軸などの要素を考慮して決定することになる。

　もっとも、中小GLは、「他の準則型私的整理手続において具体的定めがない場合には、中小企業者及び対象債権者は、本手続を参照すべき拠り所として活用することが期待され」（中小GL第三部1項(2)）ており、特別清算や廃業型特定調停を選択した場合でも、特別清算または特定調停申立前の金融機関と債務者との協議の進め方において中小GLの内容を取り入れたりするなど、その趣旨を取り込んで利用することも考えられる。

　廃業済型の場合（③）、資産譲渡しかなく、第三者支援専門家による調査の必要性が高くないことが多いため簡易な手続で進めることが好ましく、対象債権者および関係者の意向を聞いたうえで、特別清算または廃業型特定調停の手続を選択することが考えられる。

c 私的整理による清算のメリット

　私的整理による清算は、基本的に破産と異なり対象債権者（金融債権者）以外の取引債権者を巻き込まずに行う手続であり、ソフトランディングな廃業を可能とすることで、連鎖倒産を防止し、債務者会社が廃業することで当該地域経済に生じる混乱を最小化することができる。一般の取引債権者を巻き込まないために、金融債権者に先んじて金融債権者以外の債権者に対してのみ弁済をすることになる場合があるものの、債務者会社が破産してしまえば、保有する原料、仕掛品、半製品、製品等の資産価値が著しく劣化することは避けられない一方で、事業をスムーズに廃止することができれば、資産価値を最大化して換価することが可能となり、金融債権者以外の債権者に対して弁済したとしても、金融債権者にとっても破産における配当を上回るというメリットが期待される。これは、中小GL（廃業型）に明記された内容ではあるが、他の私的整理手続を選択した場合においてもその趣旨を勘案して、対象債権者の理解を得るように努める。

2 金融機関との交渉開始[1,2]

(1) 準備事項

a 外部専門家の選任

　廃業型私的整理手続を進めていくためには、中小GL第三部5項(1)①②が

---

1 中小企業の事業再生等に関するガイドラインに基づく廃業型私的整理手続に関する文献としては、タックス・ロー合同研究会編著『事業再生・廃業支援の手引き』388頁以下（清文社）、アンダーソン・毛利・友常法律事務所事業再生・倒産プラクティスグループ『ケースでわかる実践「中小企業の事業再生等に関するガイドライン」』47頁以下（中央経済社）。
2 中小企業の事業再生等に関するガイドラインに基づく廃業型私的整理手続の成立事例の報告としては、宮原一東ほか「主債務者及び保証人が一定の問題を抱えていたものの、中小企業の事業再生等に関するガイドライン（廃業型）を活用して、廃業型弁済計画（経営者保証ガイドラインとの一体整理）が成立した事例」季刊事業再生と債権管理179号68頁以下。

「中小企業者は、外部専門家とともに、主要債権者に対して、廃業型私的整理手続を検討する旨を申し出ることができる」「外部専門家は、主要債権者の意向を踏まえて、中小企業者の資産負債及び損益の状況の調査検証や弁済計画策定の支援等を開始する」と定めているため、まず、外部専門家を選任する必要がある。

　外部専門家は、弁護士を中心とする[3]。弁護士法72条は「弁護士又は弁護士法人でない者」が「報酬を得る目的で」「一般の法律事件に関して」「代理……和解その他の法律事務を取り扱」うことを「業とすることができない」と定めている。債務の免除を交渉することは、法律上の効果を発生、変更する事項の処理として「その他の法律事務」に該当すると解されるため[4]、債務の免除について（経営者本人を介さずに）債務者企業の代理人として債権者と交渉できるのは弁護士のみといえる。

　弁護士を外部専門家として選任し、代理人として金融機関と交渉することが理想的である。

b　外部専門家との初期相談

　中小企業者が外部専門家を選任した場合、外部専門家との間で、廃業型私的整理手続をどのように進めていくかを相談する。

　相談の内容は、廃業型私的整理手続を選択することを決定したとすれば、廃業型私的整理手続に基づく弁済計画が成立する見込みがありそうかを、外部専門家がチェックすることとなる。成立する見込みがなければ、破産手続等、別の手続を検討しなければならないからである。そのために、外部専門家は中小企業者に対し、資産負債および損益の状況、事業の状況や資金繰りの状況を聴取し、財務諸表や会計帳簿、資金繰り表等の資料を徴求する必要がある。そのうえで、清算価値保障原則[5]（破産手続で保障されるべき清算価値を下回らない回収を得られること）を満たす見込みがありそうか、対象債権者全員が同意しうる弁済計画案を立案できる見込みがありそうかを判

3　必要に応じて税理士や会計士が入ることもある。
4　日本弁護士連合会調査室編著『条解弁護士法〔第5版〕』654頁（弘文堂）。
5　清算価値と同額でも許容されるし、その場合にはゼロ弁済も許容される。

断する。中小企業者は、外部専門家の求めに応じ、資産負債および損益の状況、事業の状況や資金繰りの状況等を包み隠さず開示しなければならない。

c 預金避難の検討

中小企業者が主要債権者に対して廃業型私的整理手続を検討している旨を申し出る前に、申出後に対象債権者が預金を拘束することを防止するために、借入れのない金融機関の口座に預金を移動したり、売掛先からの入金口座を借入れのない金融機関口座へ変更すること（いわゆる「預金避難」）をすべきかどうかという問題がある。

中小GLQA85は、一時停止の要請を行った場合でも、原則的には、倒産法上の支払停止または銀行取引約定書における期限の利益喪失事由に該当しないとされている。しかしながら、一部の金融機関が債権保全のために預金拘束を行うおそれが現実化しているような場合などは、私的整理手続を円滑に進めるために預金避難を行う必要性が高い。

預金避難を行った場合でも、その後、中小企業者が最初に主要債権者その他対象債権者に廃業型私的整理手続を検討している旨を申し出る際に、私的整理手続を盤石かつ慎重に進めるために念のため預金避難を行った旨を説明して立場の理解を求め、対象債権者との円満な関係を構築していくように努めることが肝要である。

(2) 交渉開始から一時停止の要請

a 主要債権者への申出

外部専門家が中小企業と相談のうえ、廃業型私的整理手続に基づく弁済計画が成立する見込みがあると判断できれば、中小企業者は外部専門家とともに、主要債権者に対して、廃業型私的整理手続を検討している旨を申し出ることになる（中小GL第三部5項(1)①）。

ただし、一定期間事業継続するケースで、事業の継続にリース物件が必要な場合は、当該リース物件の使用期間に応じたリース料を支払うことも考えられる（この場合、対象債権者の理解を得ておくことが望ましい）。また、

リース料が少額であり、当該債権者を除いたとしても債権者間の衡平を害さない場合は、他の対象債権者の同意により、当該リース債権者を対象債権者に含めない取扱いもありうる。

中小GLでは、廃業型私的整理手続の検討を申し出る先は主要債権者と定められているが、いずれ弁済計画の成立には対象債権者全員の同意が必要となることからすれば、早めに理解を得るために、主要債権者の後にすべての対象債権者に対して、適宜申出（相談）をすることも考えられる。

主要債権者としては、中小企業者から廃業型私的整理手続の利用を検討している旨の申出があったときは、誠実かつ迅速にこれを検討しなければならず、主要債権者と中小企業者（外部専門家も当然含まれる）は、相互に手続の円滑ですみやかな進行に協力しなければならない（中小GL第三部1項(5)）ことに留意すべきである。

さらに、主要債権者は、手続の初期段階から信用保証協会と緊密に連携・協力することとされており（中小GL第三部1項(5)）、中小企業者や外部専門家も主要債権者に対し、信用保証協会付融資について信用保証協会とも連絡をとるべきか等の確認をしておくことが望ましい。

b 初回説明のポイント

対象債権者（金融機関）からすれば、これまで事業を継続して返済を続けてきたにもかかわらず、中小企業者から突然に廃業するといわれれば驚くであろうし、警戒感を抱くこともある。中小企業者（経営者）からは廃業せざるをえなくなった事情等を真摯に説明し、支援専門家（債務者代理人弁護士）からは今後の手続や見通しをわかりやすく説明し、誠実かつ丁重に対応し、対象債権者（金融機関）との信頼関係を構築していくように努めることが大切である。

初回説明後も、対象債権者（金融機関）から質問や連絡があれば、外部専門家（債務者代理人弁護士）がスピーディーに対応し、円滑にコミュニケーションすることも求められる。

c 支援開始

外部専門家は、主要債権者の意向をふまえて、中小企業者の資産負債およ

び損益の状況の調査検証や弁済計画策定の支援等を開始する（中小GL第三部5項(1)②）。

「主要債権者の意向をふまえて」とは、この段階では、その後策定される具体的な計画案への同意の可能性までを確認する必要はなく、主要債権者が廃業型私的整理手続を利用して当該中小企業者の事業の廃業の検討を進めていくことに対して否定的でないことが確認されれば足りると解される（中小GLQA44）。

d 一時停止の要請

中小企業者および外部専門家は、必要に応じて、cの支援開始決定後、主要債権者全員からの同意を得て（ただし、すでに第三者支援専門家が選任されている場合には、当該第三者支援専門家が主要債権者の意向をふまえて判断すれば足りる）、一時停止の要請を行うことができる（中小GL第三部5項(1)③）。

また、通常は、一時停止の要請のなかで、金利の支払を維持すること、期限の利益の維持を求めることなどを説明する。

対象債権者は、上記の一時停止の要請に対して、中小企業者が手続開始前から債務の弁済や経営状況・財務情報の開示等に誠実に対応し、対象債権者との間で良好な取引関係が構築されているという要件を満たせば、誠実に対応しなければならない（中小GL第三部5項(1)③）。

一時停止は、すべての対象債権者が一時停止の要請に応諾することにより、その効力は要請時にさかのぼって効果が生じる。応諾の有無は、書面による確認を必要とせず、外部専門家が適切な方法で確認をすれば足りる。確認の結果については、適切な方法で対象債権者に報告することが望ましい（中小GLQA51）。

なお、対象債権者が一時停止に応じた場合でも、中小企業者および外部専門家は、相当の期間（原則として支援開始から3～6カ月程度）内に弁済計画案を策定し対象債権者に提示するものとし、これが適切になされない場合や、弁済計画案の策定状況について対象債権者からの求めに応じた適切な経過報告がなされない場合には、対象債権者は一時停止を終了することができ

るとされている（中小GL第三部5項(1)③）。これは、廃業型では再生型と異なり、事業継続による新たな弁済原資の獲得を期待できないことから、いたずらに計画の作成期間が長期化して対象債権者の不利益とならないように定められたものである。中小企業者および外部専門家としては、支援開始後早期に、弁済計画案を策定するように留意しなければならない。

e　リース債権者への対応

前述したとおり、廃業型私的整理手続においては、リース債権者も原則として対象債権者に含まれるため、基本的にはリース債権者に一時停止の要請を書面で送付し、リース料の支払を停止することとなる。

これによって、資産の換価等の清算業務に必要なリース物件の引き揚げをリース債権者から求められることもある。中小企業者および外部専門家（債務者代理人弁護士）としては、リース物件の継続使用を交渉するとともに、場合によっては、他の全対象債権者の理解を得て、リース料相当額を使用料として支払う等の対応が考えられる（金融機関に対して利払いを継続するのであれば、同意も得られやすいと思われる）。

3　弁済計画の策定（経営者保証人の弁済計画も含む）

(1)　中小企業者の弁済計画

a　弁済計画の立案

廃業型私的整理手続においては、中小企業者は、自らまたは外部専門家から支援を受ける等して、相当の期間内に、廃業に向けて資産の換価等必要な対策を立案し、弁済計画案を作成する（中小GL第三部5項(2)①）。

弁済計画案の策定前には、事業・財務の調査、適宜のタイミングでの資産の換価、対象外債務の弁済等が必要となりうる。

中小企業者はかかる弁済計画の立案に習熟していないのが実際であるか

ら、外部専門家（債務者代理人弁護士、公認会計士等）の支援を受ける必要がある。

　相当の期間とは、前述のとおり、原則として、支援開始から3～6カ月程度とされる。

b　弁済計画の内容

　弁済計画案は、次の内容を含むものとする（中小GL第三部5項(3)②）。

① 次の内容を含み、自助努力が十分に反映されること
- 企業の概況
- 財務状況（資産・負債・純資産・損益）の推移
- 保証人がいる場合はその資産と負債の状況
- 実態貸借対照表
  作成に関しては、後記4の中小企業者側のDDで述べる。
- 資産の換価および処分の方針ならびに金融債務以外の債務の弁済計画、対象債権者に対する金融債務の弁済計画
  状況によっては、計画前の資産処分や事業譲渡などもありうる。資産処分等をある程度進めないと、計画を描くことができず、実行可能性に問題が出てくることもあるからである。対象債権者の理解を得ながら、進める場合もありうる。
- 債務減免等を要請する場合はその内容

② 対象債権者間の平等、負担割合の衡平性が確保されていること
　対象債権者のもれがないかの確認も重要である。対象債務によっては期限の到来の有無が分かれる場合もあり、どのように確定するかを、第三者支援専門家と相談しながら、対象債権者と協議して決める必要がある。

③ 破産手続で保障されるべき清算価値を下回らない回収を得られる見込みがある等、対象債権者にとって経済合理性があること（清算価値保障原則）

④ 必要に応じて、破産手続によるよりも、当該中小企業者の取引先の連鎖倒産を回避することができる等、地域経済に与える影響も鑑みた

内容とすること

c 弁済計画の具体性

　弁済計画案は「資産の換価及び処分の方針並びに金融債務以外の債務の弁済計画、対象債権者に対する金融債務の弁済計画」を含む必要があり、破産手続で保障されるべき清算価値よりも多くの回収を得られる見込みがある等、対象債権者にとって経済合理性があることが必要である（清算価値保障原則）ため、清算価値が保障されることを対象債権者が確認・判断できるように、資産の換価・処分の計画とそれらを弁済原資とする弁済計画を策定し、各対象債権者ごとに具体的な弁済率や弁済時期を明記することが求められる。なお、金融債務の弁済がまったく行われない弁済計画案も排除されないとされている（中小GLQA90参照）。

　弁済計画案に記載された財産の換価および処分の結果、弁済原資の額が予測を下回るリスクもあるため、保守的に弁済率を示したうえで、計画以上の弁済原資を確保できた場合には追加弁済を行う旨の弁済計画案とすることも許容される（中小GLQA87）。外部専門家としては、かかる工夫も行うべきであろう。

d 自助努力

　最終的に事業を廃止するまでの間、中小企業者は可能な限り事業価値（原料、仕掛品、在庫や売掛金等の価値）を維持し、これらを有利に換価するなどして債権者に対する弁済を最大化するよう努力することが求められる（中小GLQA88）。

　この点、通常の商流で資産の有利な換価方法を熟知しているのは、長年業界に属して取引活動を行ってきた中小企業者側である。資産の処分の方法や時期、金額等について、外部専門家もヒアリングしながら、中小企業者自身が最善と判断する方法を導き出し、対象債権者（とりわけ主要債権者）の理解を得ながら進めていく姿勢が肝要である。

　また、一部ないし全部の事業を第三者に譲渡したほうが、通常の商流で売却するよりも対価が高いような場合には、事業譲渡を選択することになる。

e　清算価値保障原則

　廃業型私的整理手続において弁済計画が成立するかどうかは、清算価値保障原則を満たすかどうかである（なお、この清算価値保障原則については、中小GLQA90にて、弁済額がゼロの場合も許容していることについては、前述のとおりである）。対象債権者（金融機関）としても、この点に弁済計画に同意することのメリットがある。

　中小企業者が破産した場合、破産管財人は、破産者所有の資産を契約不適合責任免除の現状有姿条件で売却することとなり、破産事件をできる限り早期に終結することが求められるため、売り急がざるをえない。売却の相手方も、破産管財人ということで足元をみてくることもある。したがって、破産管財人が資産処分をする場合には、中小企業者が通常の事業の過程で売却するよりも、売却価値が大幅に劣化することは避けられないのが実情である。

　廃業型私的整理手続においては、取引債務は完済することが前提とされている（取引先に迷惑をかけないことが廃業型私的整理手続の大きなメリットである）。取引債務を完済してもなお、破産手続（債務の弁済は取引債権者も含めて全債権者に平等である）より金融機関（対象債権者）にとってメリットがあることが要件となる。

　イメージでいえば、たとえば金融債務が1億円、取引債務が3000万円の中小企業者（公租公課はゼロとする）において、破産をして資産換価額が1300万円となった場合、金融債権者には1000万円、取引債権者には300万円が配当される（按分弁済）。これに対し、廃業型私的整理手続を選択して、資産換価額が5000万円となった場合、取引債権者には3000万円を完済したとしても、金融債権者には2000万円を弁済することになり、破産手続よりも高額の弁済を行うことができ、清算価値保障原則を満たすことになる。

　破産した場合に資産処分額がどの程度になるのかは、対象商品・製品の性質等によるが、破産管財人の経験を有し、破産後の資産換価の実態を熟知している弁護士や、会計の専門家である公認会計士が適切な説明を行うことで、対象債権者に対する説得力を増すものと考えられる。

　清算価値保障原則については、清算価値をどの時点で判断するか、手続開

始時か計画作成時か、その基準日が問題となる。さまざまな議論がありうるが、状況も流動的で想定外の資金流出もありうることも鑑みれば、手続開始時においてはその時点で想定される清算価値を下回らない弁済計画を作成できる見込みがあること、計画作成時においてはその時点での清算価値を下回らない弁済計画をつくることとし、対象債権者にもその旨を説明して理解を得るというのが一つのあり方である。

　f　経営責任

　2024年1月改訂版で追記された中小GLQA88においては、廃業型私的整理手続では、弁済計画案の内容として「経営責任の明確化」「株主責任の明確化」は規定されていないものの、債務減免を伴う弁済計画の策定が予定されていることから、当然に弁済計画においてその記載は必要であるとしている。

　そのうえで、法人を清算していくことにより、基本的には株主責任および経営責任は果たされていくことになるものと考えられるが、特筆すべき論点等があれば、それについても記述することが望ましいとされている。

　g　事業譲渡等を前提とする場合

　中小企業者が過剰な金融債務を負っているが、事業の全部または一部は今後も継続していく必要性や価値があり、事業を引き受けるスポンサーがいるのであれば、事業譲渡を前提として、廃業型私的整理手続を選択して金融債務の免除を受けることも考えられる。

　2024年1月改訂版で追記された中小GL第三部5項(2)③、中小GLQA81によると、中小企業者が廃業型私的整理手続において、スポンサーに対する事業譲渡等を前提とした弁済計画案を作成しようとする場合は、①手続開始後、後記5(2)で述べる方法で第三者支援専門家を選定すべきこと、②第三者支援専門家は、中小企業者の事業の内容や規模、資金繰りの状況等ならびに主要債権者の意向もふまえ、廃業型私的整理手続を適用することが相当であるか判断すること、が求められている。

(2) 保証人の弁済計画

中小企業者について廃業型私的整理手続を行う場合、中小企業者の債務に係る保証人が保証債務の整理を図るときは、誠実に資産開示をするとともに、原則として、経営者保証GLを活用する等して、主たる債務と保証債務の一体整理を図るよう努めることとされている（中小GL第三部5項(6)）。

そのため、廃業型私的整理手続における中小企業者の弁済計画案には、保証人の弁済計画も織り込むことが原則となる。

主たる債務と保証人の保証債務を一体整理する場合の保証債務に係る弁済計画案の策定手続は、中小GLに基づく主たる債務者の弁済計画案の策定手続と同様のプロセスを経て策定し、最終的に対象債権者全員の同意により成立する。成立した主たる債務者の弁済契約および保証人の弁済計画に基づき、主たる債務者が弁済を行い、保証人が保証を履行し、保証人は主たる債務者に対する求償権を原則として放棄することになる。対象債権者は、弁済計画に基づき主たる債務者が弁済を行い、保証人が保証債務を履行したことを確認した後、当該弁済計画に基づき残存する対象債権を放棄し、保証債務の履行後に残存する保証債務を免除することになる（中小GLQA92）。

保証人の弁済計画は、財産の状況、保証債務の弁済計画、資産の換価および処分の方針（保証人の手元に残すことができる残存資産を除く）ならびに対象債権者に要請する保証債務の減免その他の権利変更の内容を含むことになる。保証債務の履行により主たる債務者に対して取得する求償権を放棄することも原則として盛り込む（主たる債務者の弁済計画案についても同様である）。

保証人がインセンティブ資産を残したい場合には、「回収見込額の増加額」（経営者保証GL7(3)③）を示す必要があるが、準則型私的整理手続を行うことにより、主たる債務者または保証人の資産の売却額が破産手続を行った場合の資産の売却額に比べ、増加すると合理的に考えられる場合は、当該増加分の価額も加えて算出することができるため（経営者保証GLQA【B.各論】Q7-16）、中小企業者の弁済計画案において、対象債権者に対する弁済額

と清算価値を説明することは重要である。

4 中小企業者側のデューデリジェンス（DD）

(1) 財務DD等の必要性

　前述したとおり、廃業型私的整理手続に基づく弁済計画案においては、①実態貸借対照表を作成すること、②清算価値保障原則を満たすことを示すために、清算価値を明らかにすること、③財務状況の推移を示して、廃業の必要性を示すこと、が求められる。

　かかる点を説得的に盛り込むためには、中小企業者としても外部専門家、特に会計の専門家としての公認会計士の助力を得ることが望ましい。

　中小企業者が不動産を所有していた場合、本来は不動産鑑定士による鑑定評価書を得ることが望ましいが、鑑定費用等のコストが嵩むこともあるため、主要債権者を含めた対象債権者の理解を得て、不動産鑑定士による簡易な査定書や複数の不動産業者による査定書を得ることで対応することも考えられる。

　その他、廃業型は再生型と異なって事業の継続は想定されていないので、対象債権者の理解を得たうえで、事業DDは特段不要なケースも多いと思われる。

(2) 財務DDの実施

　中小企業者としては、外部専門家（公認会計士等）の求めに応じ、財務資料や会計帳簿等を開示し、事情聴取に応じることになる。

　外部専門家としては、清算価値の算定が重要となる。前述したとおり、破産手続により、破産管財人が現状有姿条件・契約不適合責任免除で売り急ぐことにより、資産が大幅に劣化する事情をふまえたうえで、対象資産の性質等を考慮して、算定しなければならない。そして、会計の専門家は公認会計

士ではあるが、事業者が破産した後の資産換価の実態は破産管財人の経験を有する弁護士が熟知しているので、弁護士も積極的に評価に関与すべきである。

対象資産に市場性があれば、市場価格（複数の査定書を取得する等で評価をする）を基準として、破産管財人が売却する特殊性を減価要因として織り込むことになる。

対象資産が特許等の知的財産権、無形資産である場合には、当該資産が今後どれだけの収益、キャッシュフローを生み出すかという観点からの評価を取り入れることも考えられるが、基本的に算定するのは（継続事業価値ではなく）清算価値であることは考慮されなければならない。

実態貸借対照表としてどのような内容が求められるかについては、2024年1月改訂版で追記された中小GLQA88−2において、廃業を検討している企業においては、弁済計画立案までの時間的制約が大きいことや、すでに廃業を決断した企業の弁済計画案としては清算価値を保障するような経済合理性の確認ができれば足りると考えられることから、事業の継続を想定した実態貸借対照表を作成することは必ずしも必要ではないとされている。

たとえば、基準時の清算価値を適正に算定できるように、決算期末の資産内容等の数値について実態に即した修正を施した、いわゆる修正簿価の算定程度のものを実態貸借対照表とすること等が考えられるとされている。

(3) 事業譲渡を行う場合

中小企業者が事業譲渡を行って廃業を行う場合には、事業について財務DDを行って事業価値を算定する必要がある。

もっとも、廃業型私的整理手続においては、事業譲渡といっても、比較的小規模で事業性が高くない（たとえば赤字続きで事業価値が乏しい）事業を対象とするものと想定される。事業性の高い事業の事業譲渡を行うのであれば、金融調整を再生型私的整理手続で行うことも考えられる。

(4) 財務DDの基準日の設定

　2024年1月改訂版で追記された中小GLQA61－2において、廃業型私的整理手続における財務DDの基準日の設定に関して、直前の決算期末を基準日として清算貸借対照表が作成されることが多いことから、当該清算貸借対照表を参照して清算価値を確認することが一般的であるとしている。
　そのうえで、直前の決算期末から手続開始までの間や、手続開始から事業再生計画案の提示までの間に資産負債の状況が変動することもあるため、財務DDの基準日の清算価値との比較が適切でない場合も生じうるとしている。そのような場合には、事業再生計画案を提示する直近時点を基準時とする清算貸借対照表に基づいて算出された清算価値の提示を受け、当該時点の清算価値と比較することは許容されると考えられるとしている。
　そして、上記にかかわらず、客観的な一時点を基準日とした場合においても、実質的な衡平性を害さないものと考えられるとしている。

5 第三者支援専門家と調査報告

(1) 第三者支援専門家の必要性

　廃業型私的整理手続においては、前述のとおり、主要債権者に検討の申出をして、手続を開始するためには、外部専門家は必要であるが、第三者支援専門家を選任することは要件とはなっていない点で、再生型とは異なる。
　第三者支援専門家は、すでに作成された弁済計画案の調査から関与を開始するのが原則である（中小GL第三部5項(4)）。これは、廃業型は再生型に比べて、弁済計画案が簡素となることが想定され、弁済計画案作成後のタイミングで関与しても調査に支障はないこと、中小企業者にとっての手続コストを抑えられることなどが理由である。
　もっとも、廃業型私的整理手続でも、初期段階から第三者支援専門家を選

任することは否定されているわけではなく（中小GLQA92）、従前の経緯把握のため、早い段階から第三者支援専門家を関与させることも考えられる。たとえば、弁済計画前に事業譲渡や重要資産の譲渡をするような場合には、初期段階から関与させることが望ましいであろう。

　第三者支援専門家の業務内容としては、弁済計画案のチェック・精査や、中小企業者（外部専門家）が手続を進行するにあたり、資産処分等をどのタイミングでどのように進めていくか、対象債権者との協議や擦り合わせはどのようにすべきか、ガイドラインに照らして問題はないか等を、積極的にアドバイスすることなどである。

(2) 第三者支援専門家の選任と調査報告書の作成

　中小企業者は、外部専門家（債務者代理人弁護士等）とともに、第三者支援専門家の候補者を公表されたリストから選定する。中小企業者は、第三者支援専門家の選任について、主要債権者全員からの同意を得る（第三者支援専門家は、中小企業者および対象債権者との間に利害関係を有しない者とする）。対象債権者全員から同意を得た場合は、リストにない第三者支援専門家を選定することも可能である。

　中小企業者は、第三者支援専門家に支援を申し出ることができ、第三者支援専門家は、中小企業者からの申出に対して、誠実に対応する。

　第三者支援専門家は、債務者である中小企業者および対象債権者から独立し公平な立場で弁済計画案の内容の相当性および実行可能性等について調査し、調査報告書を作成のうえ、対象債権者に提出し報告する。

　債務減免等を要請する内容を含む弁済計画案の場合は、第三者支援専門家には弁護士を必ず選任する（中小GL第三部5項(4)①②③）。ほとんどの弁済計画案は債務免除を求める内容であろうから、弁護士は必須となる。

　第三者支援専門家に会計の専門家（公認会計士等）を選任するかどうかは、第三者支援専門家の弁護士と協議すべきであるが、弁済計画案は再生型の事業再生計画案に比べて簡素な内容となるであろうから、手続コストを考慮すると、外部専門家に会計の専門家が加わっていれば、特段の事情がなけ

れば不要ということが多いと思われる。

(3) 調査報告の対象

第三者支援専門家による調査対象は次の内容を含むものとする。弁済計画案に記載がある場合は⑦を含むものとする（中小GL第三部5項(4)④）。

① 廃業の相当性（中小企業者が廃業型私的整理手続の開始要件（前記2(1)ｂ）に該当することを含む）
② 弁済計画案の内容の相当性
③ 弁済計画案の実行可能性
④ 債務減免等の必要性
⑤ 債務減免等の内容の相当性と衡平性
⑥ 破産手続で保障されるべき清算価値と比較した場合の経済合理性（清算価値保障原則を満たすか）
⑦ 地域経済への影響

6 金融機関との協議

(1) 弁済計画案作成前の債権者説明会

中小GLにおいては、債権者会議について、弁済計画案作成後しか明示的な記載はない。

しかし、私的整理手続において、すべての関係債権者（主に金融機関）を集めて説明会（バンクミーティング）を開催することは、手厚い情報提供や双方向のコミュニケーションの充実、債権者間の平等や衡平性の確保の観点から、きわめて有用である。

廃業型私的整理手続においても、主要債権者に検討の申出を行い、外部専門家が手続開始を決定し、一時停止の要請の前後から、債権者説明会を開催することは望ましいといえる。債権者説明会は、外部専門家（債務者代理人

弁護士）が主催すると円滑に進むであろう。弁護士以外の外部専門家（会計士等）や、第三者支援専門家（弁済計画案作成前に選任した場合）が同席してもらうと、対象債権者も安心感が増すし、これらの専門家も手続への理解を深めることができる。

　債権者説明会の開催方式も、新型コロナ禍によりリモート会議が定着してきたことから、遠方の対象債権者が存在する場合などは、対象債権者の理解を得て、完全ウェブ方式か、対面とウェブのハイブリッド方式なども便宜である。

　開催回数に関しては、ケース・バイ・ケースであるが、定期的な情報共有は計画策定を円滑に進めるために必要であるから、1～2カ月程度の間隔で開催することも考えられる。

　弁済計画案作成前の債権者説明会においては、次のような事項が考えられる。金融機関への利払いは、多くの場合はこれを実施することで、金融機関との円満な関係の醸成に資するので、資金繰りに問題がない限り実施することが望ましいであろう。

① 弁済計画案作成までのスケジュールの提示
② 第三者支援専門家の紹介
③ 金融機関への利払いの継続を、対象債権者の理解を得て行うこと
④ 使用継続するリース物件について、リース債権者へのリース料相当の使用料支払等を、対象債権者の理解を得て行うこと
⑤ 資産の換価等の実行への理解を求めること（対象債権者に書面による承諾まで求めるのはむずかしいので、中小企業者から必要性を真摯に説明したうえで、対象債権者全員から特に異議が述べられなければ、進めてよいと思われる）
⑥ 現状の経営状況や資産負債の状況の報告

(2) 弁済計画案作成後の債権者会議の開催

　中小企業者により弁済計画案が作成された後、中小企業者、主要債権者および第三者支援専門家が協力のうえ、原則としてすべての対象債権者による

債権者会議を開催する。

　債権者会議では、中小企業者および外部専門家が、対象債権者全員に対して弁済計画案を説明し、第三者支援専門家が、対象債権者全員に対して弁済計画案の調査結果を報告する。中小企業者・外部専門家と対象債権者との間で、第三者支援専門家も交え、弁済計画案の詳細な説明、質疑応答および意見交換を行ったうえで、中小企業者および外部専門家が、対象債権者が弁済計画案に対する同意不同意の意見を表明する期限を定める。

　なお、債権者会議を開催せず、弁済計画案の説明等を持ち回りにより実施することも可能である（中小GL第三部5項(5)①）。

7　弁済計画の成立

　弁済計画を円滑に成立させるためには、債権者説明会以外の場でも中小企業者（外部専門家）が対象債権者と個別に協議をして、条件についても擦り合わせておく配慮も必要である。

　弁済計画案に対して不同意とする対象債権者は、すみやかにその理由を第三者支援専門家に対し誠実に説明しなければならない。

　すべての対象債権者が、弁済計画案について同意し、第三者支援専門家がその旨を文書等により確認した時点で弁済計画は成立し、中小企業者は弁済計画を実行する義務を負担し、対象債権者の権利は、成立した弁済計画の定めによって変更され、対象債権者は、債務減免等など弁済計画の定めに従った処理をすることになる。

　他方で、弁済計画案についてすべての対象債権者から同意を得ることができないことが明確となった場合は、第三者支援専門家は、本手続を終了させるものとする。本手続が終了したときは、対象債権者は一時停止を終了することができる（中小GL第三部5項(5)②③④）。

　全対象債権者から同意を得られずに手続終了のやむなきに至った場合は、不同意の債権者の債権額が全体の3分の1に達しなければ、特別清算を行う

ということも考えられるし、不同意の債権者の債権額が多くを占めるのであれば、破産手続に移行することも考えられる。

8 弁済計画成立後のモニタリング

　外部専門家と主要債権者は、弁済計画成立後の中小企業者による計画達成状況等についてモニタリングを行う（中小GL第三部5項(7)）。

　短期間ですべての資産を換価して一括で返済できるのであれば、一括返済が行われるかどうかのモニタリングに尽きることになる。他方、早期の売却が困難な不動産を所有しており、当該不動産が売却できたら追加弁済という弁済計画であれば、当該不動産の売却状況について適宜モニタリングをする必要がある。

9 会社の清算手続

　廃業型私的整理手続である以上、中小企業者が会社であれば清算手続を行う。外部専門家である弁護士が手続をサポートすることが多いであろう。

　方法としては、①債務の免除を受けてから通常清算を行う方法、②会社を解散して特別清算において債務免除を受ける方法がある。どちらの方法を選択するかは、対象債権者との協議による。①の通常清算であれば、手続終結後に対象債権者にも報告しておくことが望ましい（図表4-4-1）。

図表 4 − 4 − 1 　廃業型私的整理手続の流れ

```
┌─────────────────────────────────────────┐
│  ①　外部専門家（弁護士）の選定・相談       │
└─────────────────────────────────────────┘
                    ↓
┌─────────────────────────────────────────┐
│  ②　主要債権者への手続利用検討の申出       │
└─────────────────────────────────────────┘
                    ↓　・この後、債権者説明会（バンクミーティング）
                    　　を適宜開催するのもよい
┌─────────────────────────────────────────┐
│  ③　外部専門家による支援開始の決定         │
└─────────────────────────────────────────┘
                    ↓
┌─────────────────────────────────────────┐
│  ④　一時停止の要請                        │
└─────────────────────────────────────────┘
                    ↓　・主要債権者の同意必要
                    　　・原則、期限の利益喪失に当たらず
┌─────────────────────────────────────────┐
│  ⑤　弁済計画案の策定                      │
└─────────────────────────────────────────┘
                    ↓　・作成期間は 3 〜 6 カ月を目安
┌─────────────────────────────────────────┐
│  ⑥　第三者支援専門家の選任                │
└─────────────────────────────────────────┘
                    ↓　・初期段階から選任してもよい
                    　　・債務免除→弁護士の選任が必要
┌─────────────────────────────────────────┐
│  ⑦　第三者支援専門家の調査報告            │
└─────────────────────────────────────────┘
                    ↓
┌─────────────────────────────────────────┐
│  ⑧　債権者会議の開催                      │
└─────────────────────────────────────────┘
                    ↓
┌─────────────────────────────────────────┐
│  ⑨　弁済計画の成立                        │
└─────────────────────────────────────────┘
                    ↓
┌─────────────────────────────────────────┐
│  ⑩　弁済計画の実行・モニタリング          │
└─────────────────────────────────────────┘
```

（出典）　筆者作成

第5章

その他の廃業型私的整理手続
——特別清算・廃業型特定調停

1　特別清算

(1)　特別清算の概要と手続選択のポイント

a　概　　要

　特別清算とは、解散後の清算株式会社について、清算の遂行に著しい支障をきたすべき事情または債務超過の疑いがあるときに、清算人等の申立てにより開始され、裁判所の監督のもとで行われる清算手続である。会社法第9章清算の章に規定され、事業を終了して会社を閉じるために会社の財産や債務を処理する清算手続のうち、残余財産をもって債務の完済ができない可能性がある場合に、特別清算が行われ、株式会社のみを対象[1]としている。

　特別清算は、破産と同じく清算を目的とする法的整理の一つであるが、破産のように管財人は選任されず、裁判所の後見的関与はあるが、取締役などの清算人が自ら管理処分権をもって清算業務を遂行し、清算会社が主導して作成した協定や和解に基づいて債務の減免を実現するDIP型の手続である。こうした点で、裁判所の管理下で厳格な手続が法定されている破産に比べ、

---

[1]　有限会社や合同会社などの株式会社以外の会社は、特別清算の対象とならないが、あらかじめ株式会社に組織変更すれば、特別清算の対象とすることができる。実務上、特例有限会社について、組織変更を失念したまま特別清算の申立てを行い、開始決定が出されないケースがあり、解散前に商業登記で商号を確認する必要がある。

迅速かつ柔軟な手続であるといえる。

　b　特別清算が利用される類型

　特別清算が実際に利用される場面は、主に次の三つの類型に整理される[2]。

　(a)　自己破産代用型

　債務超過の状態にあると判断される株式会社について解散決議を行い、清算人が特別清算開始申立てを行う類型である。経営者にとって、自己破産は躊躇することが多く、経営者が破産の回避を希望する場合や、柔軟かつ迅速に手続を行いたい場合に、破産にかえて特別清算が利用されることがある[3]。

　(b)　対　税　型

　特別清算により清算株式会社に対する債権について貸倒損失を計上し、法人税の負担を軽減することを目的とする類型である。親会社が業績不振の子会社について特別清算を実施すれば、子会社に対する債権を貸倒損失として処理することができるため、親会社自身の税負担軽減を図る場合にも利用される。

　(c)　事業再編型

　業績不振に陥っている株式会社について優良な事業部門を会社分割または事業譲渡によって社外に切り出し、残された不採算部門を特別清算によって清算する類型である。民事再生や会社更生の手続においても、会社分割や事業譲渡により優良部門を切り出すことは可能であるが、法的手続を行うのではなく、事業価値の毀損を防ぐために、金融債権者に説明を行ったうえで、会社分割または事業譲渡を行った後に特別清算を申し立てるという手法が多く利用されている。債権者にとっても、特別清算により貸倒損失として処理するメリットがあるため、会社分割や事業譲渡後の手続として特別清算の実施を求められることがある。

2　伊藤眞『会社更生法・特別清算法』810頁以下（有斐閣）参照。
3　特別清算は、近時は、第二会社方式などの私的整理の出口の手続として利用されるイメージがあるが、廃業の場面で特別清算が利用されることも多数ある。たとえば、金融機関との事前調整を行ったうえで特別清算を利用する場合や、親族会社において親族等の債権者だけであっても、不確知の債権者が見つかる場合に備え特別清算を利用する場合がある。

c 手続選択のポイント
(a) 特別清算が適している場合

手続選択にあたり、特別清算の特徴や手続要件の観点から、以下の事項を満たす場合には特別清算が適している。

- ○ 一般の先取特権その他の優先権のある債権（公租公課や未払給与等）が全額弁済できること[4]
- ○ 和解契約または協定案に対する協定債権者の同意の得られる見込みがあること[5]
- ○ 特別清算によることが、経済的合理性を有すること[6]
- ○ 否認権行使の対象となる行為がないこと[7]
- ○ 解散決議をすることができる株式会社等であること

このほか、協定債権者との事前調整が不可欠であるため、手続の見通しの立てやすさや交渉の手間を考えると、債権者の数が少ないほうが特別清算に適している。

(b) 破産と特別清算

特別清算は、清算人が主導するDIP型の手続であり、破産による風評被害を回避し、取引先への影響を軽減できる点で、同じく廃業・清算型の法的整理である破産に比べソフトランディングな手法といえる。このため、過大な金融債務を抱える事業者から相談を受けた弁護士としては、法的整理がやむをえないとしても、破産の前に積極的に特別清算の利用を検討すべきであ

---

4 これらの債権は、協定債権に含まれず（会社法515条3項）、公租公課等を全額弁済ができる資産がないときは、特別清算開始の障害事由である「特別清算によっても清算を結了する見込みがないことが明らかであるとき」（会社法514条2号）に該当する。特別清算を開始しても、清算を結了する見込みがなければ「協定の見込みがないとき」とされ、裁判所が職権で破産手続開始決定をしなければならない（会社法574条1号）ため、結局特別清算が無駄になってしまうことから、特別清算開始の障害事由とされる。
5 協定案が可決されるためには議決権者の過半数および議決権総額の3分の2以上の同意が必要とされる（会社法567条1項2号）。
6 協定債権者の同意を得るためには、破産配当率を上回る弁済額を協定に盛り込む必要がある。
7 特別清算には否認権の制度がなく、否認権行使により散逸した会社財産を取り戻せる場合は、特別清算には適さない。

る。

 (c) 中小GLと特別清算

　債務超過の株式会社の私的整理については、中小GLのなどの準則型債務整理手続以外に、私的整理と清算型の法的整理である特別清算等を活用する第二会社方式[8]も考えられる。いずれの手続を選択するかは、債権者の意向もふまえて決することになるが、中小GLの場合、DDを実施し、外部の第三者支援専門家による調査報告を要する点などで、相当程度の時間と費用を要するため、より迅速かつ簡易な手続を志向するときは特別清算を利用する第二会社方式を選択することも有用である。

(2) 申立てまでの準備と注意事項

a　解散まで

　一つの作業の見落としや遅れがスケジュール全体に影響するため、いつだれが何を行うかについて、着手の段階からスケジュールを設定することが重要である。準備における注意事項は、次のとおりである。

 (a) 株主への説明

　解散は株主総会の特別決議（会社法309条2項11号）が必要である。事前に株主に対し、清算の方針について説明し、事前の了解と協力を得ておかなければならない。

 (b) 債権者への説明と調整

　金融機関に対しては、あらためて特別清算手続と協定案について説明を行い、理解を得る。特別清算手続には、民事再生手続の債権認否等の債権確定の手続がなく、債権の存否や金額に争いがある場合は、早めに調整を行う。

 (c) 債務の弁済・資産の処分のメド

　解散公告後の債権申出期間は弁済禁止となるため、解散前に必要経費の支払を行う。資産の処分は清算会社になっても行えるが、弁済原資となる資産

8　第二会社方式とは、「債務者である中小企業の事業を会社分割又は事業譲渡によって別会社に譲渡した後、債務者である中小企業者について特別清算手続等により対象債権者から実質的な債権放棄を得る手法」と定義されている（中小GLQA22）。

の処分は協定案に影響するため、解散前からメドをつける必要がある。解散決議に先立ち、できるだけ資産・負債を減らしておくことは、その後の手続を円滑にする。

(d) 事業の終了に向けた準備

取引先との契約関係の終了、店舗や事務所の賃貸借契約の終了、従業員との労務契約を終了には、相当程度時間を要するため、解散前に着手する。

(e) 担当者の確保

解散年度や清算年度の確定申告や、清算事務の遂行状況の報告用の月次報告書に添付する財産目録や貸借対照表の作成が必要となるが、経理担当者の退職が想定されるため、あらかじめこれらの業務について税理士等に協力を依頼する。

(f) 費用等の確保

特別清算の申立てに必要な予納金や弁護士費用、納税額が判明している公租公課[9]のほか、解散年度や清算年度の確定申告[10]のための税理士費用を確保しておく必要がある。

b 解散から申立てまで（図表4－5－1）

株主総会を招集し、特別決議による解散決議（会社法471条3号、309条2項11号）、清算人の選任決議（会社法478条1項・3項）を行い、有限会社の場合はあわせて株式会社への組織変更の決議を行う。

清算株式会社は、解散決議後に遅滞なく、債権者に対し、2カ月を下らない期間内にその債権を申し出るべき旨を官報に公告し、知れている債権者には、各別にこれを催告しなければならない（会社法499条1項）。官報公告の

---

[9] 申立て直前まで事業を行っている場合など、多額の消費税が発生することがあり、納税額の確保に注意を要する。

[10] 清算株式会社は、個別和解または協定により債務免除を受けることになり、税務上、免除された債務の金額を贈与により取得したものとみなされ、課税所得（債務免除益）が発生しうる。このため、清算年度の確定申告において、課税所得が発生しないように対応できるかどうか、具体的には繰越欠損金や資産の換価過程で生じる譲渡損失などを使用できるかどうか、申立て前に税理士等に相談しメドを立てておく必要がある。繰越欠損金等で処理できず多額の課税所得が発生する場合に全額納税する資産がなければ、特別清算が適している場合といえないから、手続選択を再考する必要がある。

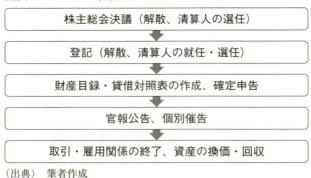

図表4−5−1　解散から申立てまでの流れ

(出典)　筆者作成

申込みは、全国官報販売協同組合等のウェブサイトから入力フォームを利用して行うことができる。官報公告の掲載日が債権申出期間の起算日となるが、掲載日が毎月1〜2回程度のため、事前に掲載予定日を確認し、余裕をもって申込みを行う。定款で官報掲載以外の公告方法を定めている場合であっても、解散公告は官報によらなければならない（会社法499条1項）。知れている債権者に対する個別催告は、債務承認に該当する（大判大4.4.30民録1巻625頁）ため、消滅時効期間が経過していないか通知前に確認が必要である。債権届出期間内は、裁判所の許可を得なければ債務の弁済をすることができず（会社法500条1項・2項）、税金、給与、事務所の電気代などのすみやかな支払を要する費用はできるだけ先払いをし、先払いできない費用については、弁護士が受任時に実費として予納を受けた預り金からの支出等を検討する。

　特別清算の申立てに先立ち、協定型か和解型のいずれにするか決めておく必要がある。債権者が多数の場合は、集団的な取扱いが可能となる協定型によることが多いが、債権者が1名の場合であっても、当該債権者が協定型を希望することがあるため、債権者の意向をふまえ決定することになる。

(3)　申立て後の手続と注意点（図表4−5−2）

　特別清算開始申立書には、特別清算開始の原因、申立てに至った事情のほ

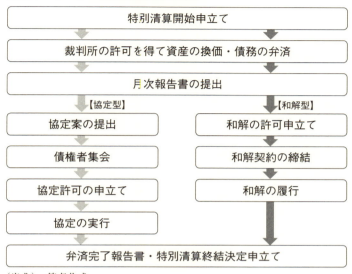

図表4-5-2　特別清算手続の流れ

（出典）　筆者作成

か、特別清算の実行方法や見込みについても記載する。実行見込みの疎明資料として、主な債権者から同意書[11]を取得し、これを申立書に添付する。総債権額の3分の2以上の債権者の同意書[12]を添付しなかった場合は、予納金が高額となることがある。また、特別清算開始申立ての代理人となっていても、弁護士が清算事務を代理するには、別途、忘れずに清算人代理選任許可申請を行わなければならない。

特別清算開始決定書[13]の主文には、提出を要する書面や協定案の提出期限

11　債権者の同意書は、清算会社が特別清算を行うことに対する債権者の同意であるが、特に協定成立の見込みがあるか否かの判断材料となる趣旨の書面である（鈴木規央『詳解特別清算の実務』74頁（中央経済社））。債権者から同意書を取得する際には、担当者に書面の趣旨を丁寧に説明したり、債権届出書に同意文言を入れたりするなどの工夫をして円滑な取得に努めるとよい。
12　協定債権者の同意書の要否・債権者の名義（支店長名義で足りるか）や予納金額は、裁判所により取扱いが異なるため、事前に管轄裁判所に問合せをするとよい。
13　開始決定が出される時期に関し、解散の公告期間中は開始決定を出さない運用をする裁判所があり、この点でも事前に管轄裁判所にスケジュールを確認するとよい。

や債権者集会の開催期限などが記載される。この期限にあわせてスケジュールを修正し、関係者にも共有する。特別清算開始決定（会社法510条）が出されると、清算会社は財産処分や債務の弁済などが制限される（会社法535条、537条）。特別清算事務を行うにあたっては、これらの制限に注意を要する。ただし、100万円以下の債務の弁済は裁判所の許可を要せず（会社非訟事件等手続規則32条）、一般先取特権その他の一般優先債権は、手続外で随時弁済することができる。

　協定型は、債権者との間の債務整理を債権者の多数決に基づいて行う手続である。清算株式会社は、債権者集会に対し、弁済計画と免除の方針を記載した協定の申出を行う（会社法563条）。具体的には、①遅くとも債権者集会開催予定日の1カ月前までに、裁判所に協定案のドラフトを提出し（協定の申出とは異なる）、②裁判所と打合せをして開催日時や場所を決め、その後、③債権の申出をした協定債権者、知れている債権者、および清算株式会社に対し、開催予定日の2週間前までに債権者集会の招集を通知し（会社法549条1項）、あわせて④裁判所に対し、債権者集会の招集について届出を行う（会社法552条2項）。債権者集会招集通知書の発送とあわせて、主要な債権者に対し、議決権行使に関する説明を行ったうえ、協定に賛成の意向を確認し、必要に応じて説得を行う。事前に書面投票で賛成票を提出してもらうことも有効である。債権者集会の当日まで、協定の可決が不安視される事態は避けるべきである。債権者集会において、①出席した議決権者の過半数の同意、および②議決権者の議決権の総額の3分の2以上の議決権を有する者の同意が得られたときに協定は可決される（会社法567条1項）。協定の性質は、清算に向けた集団的和解と解され、債権者集会で可決された協定は、その後の裁判所の認可の確定を経て、清算株式会社およびすべての協定債権者に効力が及ぶ（会社法571条1項）。ただし、協定の効力は、担保権、保証債務には影響を及ぼさない（会社法571条2項）。

　和解型は、全債権者との個別の和解契約に基づいて債務整理を行う手続である。債権者との個別和解契約の締結には、裁判所の許可が必要である。債権者が複数の場合は、和解許可申請書の別紙としては、各債権者との和解契

約書をそれぞれ添付する。和解契約は、協定にかえて行うものであるから、交渉は個別に行うとしても、弁済率や弁済条件については、債権者間の公平が確保されなければならない。協定型と同様に、保証人には和解契約の効力は及ばないと解されている。このため、協定型和解型のいずれにしても、保証人については、経営者保証ガイドラインによる債務整理等を検討することになる。

協定の認可が確定し、または和解契約が許可されたら、協定や和解契約に基づき弁済を行う。現務が終了し、弁済が終わったときは、弁済完了報告書とともに、特別清算終結決定申立書を提出し、終結決定を受ける。

2 特定調停

(1) 特定調停の概要・特徴

a 概　　要

特定調停手続を利用したスキームは、弁護士が主導し、対象債権者となる金融機関の理解を得たうえで、簡易裁判所の特定調停手続を利用する、事前準備型の手続である。小規模事業者に適した手続であり、再生や廃業の相談を受けた弁護士にとって、要件さえ満たせば利用しやすい手法である。日本弁護士連合会は、代理人となる弁護士の指針として三つの特定調停スキームの手引[14]を公表している。以下、この手引に基づく手続を「日弁連スキーム」という。

なお、中規模の債務者会社においては、前記日弁連スキームとは異なり、

---

[14] 日本弁護士連合会は、①事業再生型の「事業者の事業再生を支援する手法としての特定調停スキーム利用の手引」（通称「手引1」）、②廃業型の「事業者の廃業・清算を支援する手法としての特定調停スキーム利用の手引」（通称「手引3」）を公表している。③保証人の単独型については、「経営者保証に関するガイドラインに基づく保証債務整理の手法としての特定調停スキーム利用の手引」（通称「手引2」）による。なお、2023年11月に各手引について改訂版が公表された。

地方裁判所に特定調停手続を申し立て、必要に応じて、専門家に対して調査嘱託を実施して、専門家の意見書を取得したうえで調停を実施する手続を利用することもある。

b 特　徴

　特定調停手続の利用は、対象債権者にとっては、中立公正な機関である裁判所の関与があり、調停調書が債務名義となることや、債務免除について無税償却が認められていることなどのメリットがある。対象債権者の協力を求める場面で、大きな説得材料となる。また、事前調整段階で調停条項案に対し否定はしないが積極的に賛成の態度を示さない場合、調停期日への出頭をしない場合であっても、いわゆる17条決定（特定調停法22条、民事調停法17条）により調停成立と同様の効果を得ることができる。

　日弁連スキームでは、保証人について経営者保証ガイドラインに準拠しており、一つの特定調停手続で事業者と保証人について柔軟かつ一体的な解決が可能となる。このため、保証人となっている経営者が抜本的な債務処理に取り組む動機づけになる。

(2)　事業再生型特定調停スキーム

a　手続選択のポイント

　日弁連スキームは、対象債権者となる金融機関の理解を得たうえで、簡易裁判所の特定調停手続を利用する、事前準備型の手続であるから、再生計画案について全対象債権者の同意が得られる見込みがなければ利用はできない。

　私的整理の他の手続を検討した場合、事業再生ADRや地域経済活性化支援機構は、DDなどの費用負担が重く、小規模事業者の利用がむずかしいとされる。活性化協議会の再生手続は、金融調整の支援や、財務・事業DDの費用面での支援が受けられるといったメリットがあるが、手続を柔軟に対応することができる点で、特定調停手続を選択肢の一つとして検討することになる。なお、債務免除を伴うために、金融機関（特に信用保証協会）が特定調停に加え特別清算を行うことを希望する場合がある。

b 要件

事業再生型日弁連スキームの利用は、申立人の要件、対象債権者の要件、再生計画案等の要件をすべて満たす必要があり（手引１の３頁）、これらの要件を理解し、当初から念頭に置いて準備を進める必要がある。主な要件は以下のとおりである。

(a) 申立人の要件

事業者（個人事業主を含む）が、①経営改善により、約定金利以上は継続して支払える程度の収益力を確保できる見込みがあること、②過大な債務を負い、既存債務を弁済することができないことまたは近い将来において既存債務を弁済することができないことが確実と見込まれること、かつ③自助努力のみではその状況の解決が困難であり、一定の金融支援が必要と合理的に予想されることが必要である。保証人の保証債務の整理も同時に進める一体型の場合には、④保証人について、弁済について誠実である、財産状況等を適切に開示している、免責不許可事由のおそれがないなど、経営者保証ガイドラインの要件も充足する必要がある。

(b) 対象債権者の要件

相手方となる対象債権者は、事業者に対し金融債権を有する金融機関や、保証人に対し保証債権を有する金融機関である。主要取引先やリース債権者など弁済計画の履行に重大な影響を及ぼすおそれのある債権者については、対象債権者に含めることができる

(c) 再生計画案等の要件

事業者の再生計画案については、対象債権者にとって経済的合理性が期待できることが必要とされ、具体的には、破産手続による配当見込額を上回る弁済額を提示することになる。一体型の場合は、保証人の弁済計画案についても、経済的合理性が要件とされ、具体的には、経営者保証GLにのっとり、①主たる債務の再生計画案および保証債務の弁済計画案に基づく回収見込額の合計金額と、②現時点において主たる債務者および保証人が破産手続を行った場合の回収見込額の合計金額とを比較し、①の額が②の額を上回ることを示す必要がある。

c 申立てまでの準備と注意点(図表4-5-3)

　再生計画案・清算貸借対照表等の作成のため、税理士や公認会計士にあらかじめ協力を依頼する。なお、一体型の場合には、事業者と保証人との双方の代理人となることが多いが、事前に利益相反の可能性について説明し、双方から同意を得る必要がある。

　再生計画案や調停条項案に対し全対象債権者の同意の見込みを得るために、対象債権者に対し、時間をかけて十分な事前説明と協議を行うことが重要である。特にメインバンクに対しては、事業再生型特定調停スキームによる債務整理の方針を固めたところで方針説明を行い、理解と協力を求めておくべきである。また、信用保証協会の保証付債権があり、信用保証協会の求償権を債権放棄(直接放棄)する場合には、条例にて対応が可能かを確認する必要がある。また、条例によって対応が可能な場合であっても、信用保証協会にて、日本政策金融公庫との調整が必要とされ検討に一定の時間を要す

図表4-5-3　特定調停スキームの流れ

```
┌─────────────────────────────────────────────┐
│ 資料収集・ヒアリング、税理士・会計士への協力依頼 │
└─────────────────────────────────────────────┘
                    ↓
┌─────────────────────────────────────────────┐
│ メインバンクへの現状と方針説明、返済猶予の申入れ │
└─────────────────────────────────────────────┘
                    ↓
┌─────────────────────────────────────────────────────┐
│ メインバンク以外の対象債権者への現状と方針説明、返済猶予の申入れ │
└─────────────────────────────────────────────────────┘
                    ↓
┌─────────────────────────────────────────────┐
│ 事業・財務DDの実施、再生計画案・清算BS等の作成 │
└─────────────────────────────────────────────┘
                    ↓
┌─────────────────────────────────────────────────┐
│ 再生計画案について対象債権者への説明、調整、再生計画案の修正 │
└─────────────────────────────────────────────────┘
                    ↓
┌─────────────────────────────────────────────┐
│ 再生計画案について全対象債権者の同意見込みの取付け │
└─────────────────────────────────────────────┘
                    ↓
┌─────────────────────────────────────────────┐
│ 特定調停申立書・調停条項案・添付資料の作成 │
└─────────────────────────────────────────────┘
                    ↓
┌─────────────────────────────────────────────┐
│ 調停条項案について、全対象債権者の同意見込みの取付け │
└─────────────────────────────────────────────┘
                    ↓
┌─────────────────────────────────────────────┐
│ 特定調停の申立て │
└─────────────────────────────────────────────┘
```

(出典)　筆者作成

るため、代位弁済前であっても信用保証協会に対し、早めに方針説明を行っておく必要がある。資金繰りの状況によっては、方針説明と同時に返済猶予の要請を行う。メインバンクの理解が得られたところで、他の対象債権者に対し、バンクミーティングなどを活用し、方針説明と返済猶予の要請を行う。

　方針について全対象債権者の理解が得られた場合は、適宜事業・財務DDを行ったうえ、日弁連スキーム手引1の書式を参照し、再生計画案と清算貸借対照表の作成に着手する。一体型の場合は、保証人についても弁済計画案、資産目録および表明保証書を作成する。再生計画案や弁済計画案の内容については、再生計画案等の要件で示したとおりである。

　作成した再生計画案等（一体型の場合はあわせて弁済計画案を含む）は、まずメインバンクに対しを提示し、協議を行う。メインバンクの意向をふまえ、再生計画案等の練り直しを行い、同意の見込みを得られた再生計画案等について、メインバンク以外の対象債権者に対し、説明と協議を行う。最終的に、全対象債権者から同意の見込みまたは積極的に反対せずいわゆる17条決定があった場合はこれに従う意向であることを確認する。再生計画案だけでなく調停条項案も事前に全対象債権者に提示して確認を求め、同意の見込みを得る。これらの同意の見込みについては、実務的には、完全にすべて同意に至っていなくとも、調停手続中にて調整ができる可能性があれば、十分と考えられる。対象債権者によっては、調停申立書や添付資料について事前の確認を要請されることがあるので、スケジュールに余裕をもって対応しなければならない。

d　特定調停申立て

　特定調停申立書において、相手方となる金融機関が複数の場合に、金融機関ごとに作成が必要であるのか、それとも1通で足りるのか、申立てを行う予定の裁判所に事前に確認する必要がある。なお調停条項案については金融機関ごとに作成し、添付する必要がある。また、申立て時において、信用保証協会が代位弁済前の場合は、信用保証協会を利害関係人として申立書に記載し、手続に関与させる必要がある。

管轄裁判所は、相手方の住所、居所、営業所もしくは事務所の所在地を管轄する簡易裁判所または当事者が合意で定める簡易裁判所であり、かつ、地方裁判所本庁に併置されるものが勧められている[15]。法定の土地管轄が地方裁判所本庁併置の簡易裁判所にはなく、事前合意がないときであっても、特定調停については広く自庁処理が認められているため、地方裁判所本庁併置の簡易裁判所に申し立てることが可能である。
　調停期日は、1～2回程度が多い。期日において調停委員が対象債権者の意向を確認したうえ、事前協議が整っている場合は、第1回調停期日において調停成立となるか、またはいわゆる17条決定（特定調停法22条、民事調停法17条）が出される。対象債権者の意向を確認した結果、調整が必要とされた場合は、期日間に当該対象債権者との間で調整を行い、第2回以降の調停期日での成立をさせることになる。

(3)　廃業支援型日弁連スキーム

a　手続選択のポイント[16]

　弁済計画案について全対象債権者の同意が得られる見込みを要件としていることは、事業再生型と同様である。過大債務があるというだけでなく、もはや経営改善が困難であり、事業譲渡等も期待できないことなど、事業の再生可能性がないことや、早期の事業廃止が金融機関にとって経済的合理性があることを金融機関に説得的に説明できる程度の事情が必要である。
　廃業支援型日弁連スキームは、金融債務を残して、公租公課、賃金、取引先債務を完済したうえで、原則として金融機関のみを対象債権者とする手続であるため、金融債務以外の債務の支払を見込めるかどうかの検討が必要となる。
　廃業・債務整理の手法としては、特別清算手続も選択肢となるが、経営者

---

[15] 日本弁護士連合会「事業者の事業再生を支援する手法としての特定調停スキーム利用の手引」3頁参照。
[16] 中小GLと廃業支援型特定調停スキームの手続選択については、日本弁護士連合会「事業者の廃業・清算を支援する手法としての特定調停スキーム利用の手引」7頁参照。

の保証債務に協定や和解の効力が及ばないため、一体処理が可能な廃業型特定調停スキームが有用である。なお、信用保証協会が債権者となる場合に、債権者が廃業型特定調停スキームに加え、求償権の放棄手続が当該信用保証協会が設置された地方自治体の条例に規定していない場合には、求償権の整理を行うため、最終的に特別清算を行うことを求められることがある。

b　廃業型日弁連スキームの要件

廃業型日弁連スキームの利用は、申立人の要件、対象債権者の要件、再生計画案等の要件をすべて満たす必要がある。主な要件は以下のとおりである。

(a)　申立人の要件

①事業者（個人事業主を含む）が、過大な債務を負い、既存債務を弁済することができないこと（支払不能）または近い将来において既存債務を弁済することができないことが確実と見込まれることが要件となる。一体型の場合は、②保証人について、経営者保証GL 3項および7項(1)ニの要件を充足すること、および免責不許可事由のおそれがないことが要件となる。

(b)　対象債権者の要件

相手方となる対象債権者は、事業再生型と同様である。

(c)　弁済計画案等の要件

弁済計画案についても、対象債権者にとって経済的合理性が期待できることが必要とされ、具体的には、破産手続による配当見込額を上回る弁済額を提示することになる[17]。一体型の場合は、保証人の弁済計画案についても、経済的合理性が要件とされことは事業再生型と同様である。

c　申立てまでの準備と注意点

廃業型日弁連スキームの流れは、事業再生型とおおむね同様である。

廃業型でも、原則として金融機関のみが対象債権となり、商取引債権は手続外で返済を行うことになるため、債権者平等や経済的合理性の観点から対

---

[17]　日本弁護士連合会・前掲注(16)第1・5(5)5頁の経済的合理性の要件についても2023年11月に改訂された。

象債権者の同意を得る必要がある。このため、対象債権者への説明・協議においては、破産を回避して日弁連スキームを利用することの有用性や、弁済計画案の経済的合理性について、数的根拠を示してより説得的な説明を心がけなければならない。

　弁済計画案の作成にあたっては、破産による配当を上回る弁済が可能であることを要するが、事業再生型と異なり、同じ事業の清算手続で破産の配当を上回る弁済額を提示することは困難な場合も少なくない。なお、中小GLでは、ゼロ弁済も許容する旨を明確にしていることから（中小GLQA60参照）、廃業型私的整理において、清算価値がゼロである場合に、公租公課が多額であるなどやむをえない事情があるときには、ゼロ弁済の弁済計画案であったとしても、直ちに清算価値保障原則に反するものとはならないと考えられる。

　いずれにしても、破産手続で事業資産等の換価処分を行った場合、買い手から破産物件と評価され、換価額が大幅に下落する可能性が高いため、事業者自身が正常取引により売却する場合に比べ回収額が少額になるケースがあり、こうした事情を考慮するなどの工夫が必要である。

d　特定調停の申立て

　特定調停の申立てについては、事業再生型と同様である。

第6章

準則型私的整理で対応できない場合の対応策の概要

1　準則型私的整理が困難な類型と理由

(1)　私的整理のメリット

　中小企業の事業再生を図る場合には、法的手続の前に準則型私的整理ができないか検討することが望ましい。

　民事再生のような再建型の法的手続でも対外的には「倒産」したという風評被害を受けることが多いし、商取引債権者等も手続に取り込む必要があることから事業価値が毀損する可能性が高い。

　私的整理であれば、対外的に倒産情報として公表されることはなく、また、商取引債権者を巻き込む必要もないので事業価値毀損も避けられる。

(2)　私的整理のデメリット

　他方で、準則型私的整理は対象債権者を金融機関等に限定できるが、全債権者の同意が前提となるので、1社でも反対する債権者がいれば成立しない。

　また、商取引債権者を巻き込まないことで事業価値毀損を避けられることは私的整理のメリットではあるが、このことは商取引債権者に対して全額弁済をすることが前提であるから、多額の商取引債権が存在しており、これらを減免する必要がある場合は準則型私的整理は使えない。

同様に税金や社会保険料等の公租公課も私的整理では対象とすることはできないのでこれらの滞納額が多い場合も使えない。

2　民事再生の検討

　準則型私的整理での再生が困難な場合には法的手続による再生を検討することになる。中小企業の場合は民事再生ということになる。
　民事再生であれば保全処分を得ることで金融債権や商取引債権についても弁済を止めることができる（事業継続に不可欠な商取引債権については、少額弁済制度などを利用した弁済も可能）。これにより、資金繰りを安定させることができる。
　もっとも、民事再生でも申立て後、6カ月程度の資金繰り表の提出が求められるので、既往債務の弁済を止めれば事業継続しても資金繰りがもつことが必要である。
　ところで、民事再生法25条3号では「再生計画案の作成若しくは可決の見込み又は再生計画の認可の見込みがないことが明らかであるとき」は申立てを棄却するとされている。
　公租公課や労働債権等の未払いが多額であり、想定されるスポンサーの支援額を考慮すると一般再生債権者への弁済の見込みがない場合には開始決定が棄却されてしまうのではないかという疑問もある。
　しかし、スポンサーの支援額は実際にスポンサーと交渉してみないとわからない部分もあることから牽連破産の可能性があっても、民事再生手続でスポンサーを探すことは許容されるべきである。

3　民事再生が困難な場合の対応

　私的整理も民事再生も困難であっても単純な破産や清算は極力避けること

が望ましい。廃業がやむをえないとしても一部でも事業を残すことを検討する。

それにより従業員の雇用確保や取引先の維持が図られる可能性があるからである。また、破産手続で個別資産を換価するよりも、事業を一体として換価するほうが高額に換価できる可能性もある。

事業譲渡後の債務者会社は特別清算か破産で清算することになるが、私的整理も民事再生も選択できない中小企業の場合は破産手続を選択することが多いと思われる。

他方で、破産手続開始決定前の事業譲渡は事後的に破産管財人から否認されるリスクがあり、破産手続開始後に破産管財人において事業譲渡を行うには申立代理人や裁判所との緊密な連携が不可欠である。

4 「事業譲渡＋破産」の検討

(1) 類　型

事業譲渡と破産手続との組合せを「事業譲渡＋破産」と表記するが、これは事業譲渡の実行時期に応じて以下のような類型がある。

① 破産申立て前に事業譲渡を実行する
② 保全管理命令を得て破産手続開始前に事業譲渡を実行する
③ 破産手続開始後に事業譲渡を実行する

②は保全管理人が③は破産管財人でそれぞれ裁判所の許可を受けて、事業譲渡を行うことから否認リスクがないし、さらに③の場合は株主総会決議が不要であるというメリットがあるが、いずれも破産申立てが前提となるので事業価値が毀損するおそれがあり、商取引の継続に支障が生じるおそれもある。

①は事業価値毀損が一番少ないので、実務上はこの類型を選択することが多いと思われるが、事業譲渡対価が廉価であるとして破産手続開始後に否認

権が行使される可能性があるので、申立代理人としてはこの点に配慮した適切な事業譲渡を心がける。

(2) 否認リスク対応

上記①の類型を選択する場合は事後的に破産管財人に否認されないような適正な事業譲渡を行う必要がある。

そこで、申立代理人としては事業譲渡に関する否認権の判断基準を理解する必要がある。

(3) 否認権行使の判断基準

a 清算価値保証

事業譲渡を行う場合は、当該事業譲渡を行わずに破産した場合に破産債権者となる非承継債権者への予想される配当率を下回ってはならない。

申立代理人としては、事業譲渡をしないで破産した場合の予想配当率と事業譲渡を行って破産した場合の予想配当率を計算して、後者が前者を上回るような事業譲渡対価を設定する必要がある。

事業譲渡を行うことで原状回復義務の負担が免れたり、従業員の承継により解雇予告手当の負担を回避できた等のマイナス資産を減少させることができればそれは考慮要素となる。

b 譲渡対価の相当性

前述した清算価値保証は最低限の要請であり、清算価値保証が満たされていても事業譲渡の対価が相当でなければならない。

対価が相当であるか否かを判断するには公認会計士等の専門家に依頼して当該事業の価値を算定することが望ましい。

もっとも、事業譲渡＋破産を選択する中小企業の場合には当該選択をする時点ではキャッシュフロー自体が赤字であり、将来収益が見込めないので暖簾や営業権に価値を見出すことができないことが多く、また、資金繰りの観点から事業価値を算定するための専門家の費用負担もむずかしい場合が多い。

このような場合は複数の会社に承継する資産評価の見積りを依頼するなどして、事業譲渡対価の相当性や合理性を疎明することも許される。
c　スキームの合理性、相当性
　事業譲渡対価の相当性とスポンサー選定過程の合理性、相当性は関連する。すなわち、複数のスポンサー候補者がいて、競争の結果最も高額のスポンサー候補者に事業譲渡した場合は、その対価は相当であることが通常である。
　他方で、複数の候補者にあたらず特定のスポンサー候補者との間で協議を行い事業譲渡を行った場合には「もっと高額の売却ができたのではないか」という疑念をもたれることもある。
　しかし、中小企業の場合にスポンサー候補を複数見つけること自体が困難であるし、時間的な余裕やFAを選定する費用もないことが多い。
　このような場合は清算価値保証を満たしていることを前提に、当該中小企業の収益性、規模、業種等からスポンサー候補者が複数現れる可能性の程度、資金繰り、費用負担等の観点から当該スポンサー候補とのみ交渉することの合理性を説明することを検討する。

(4)　債権者平等原則

　事業譲渡に伴い、承継される商取引債権者と承継されない商取引債権者が生じるのが通常である。
　この場合承継される商取引債権者は100％の弁済を受けられるのに、破産手続に取り込まれた承継されない債権者は配当が受けられない、あるいはわずかな配当しか受けられないことが債権者平等原則に反するのではないかという見解もある。
　しかし、事業譲渡である以上は当該事業を構成する商取引債務を承継するのは当然である。商取引債権者との取引関係自体が事業価値を構成していることもあるので、スポンサーが必要な商取引債務の承継をすることは許容される。
　否認の対象となるか否かは、事業譲渡が資産と負債を一体とする財産処分

行為であることから、それが廉価処分であるか否かという詐害行為否認の枠組みで判断されるべきであり、事業譲渡のうち商取引債務の承継の有無のみを取り出して偏頗行為否認の問題としてとらえるのは妥当でない。

否認の可否は上記で述べたように、対価の相当性と事業譲渡スキームの相当性、合理性から判断されるべきである。

5　債務者会社の代理人としての留意点

(1)　説明資料の準備とスポンサーとの紛争回避

前述した①の類型では破産管財人から否認権を行使されないような事業譲渡を行うとともに、事業譲渡が清算価値保証を満たしていることや対価が相当である旨、スポンサー選定過程も適正であること等のエビデンスを用意しておく必要がある。

また、スポンサーとの紛争を予防するための対応も重要である。情報開示をしっかりと行い、契約書上に契約不適合免責特約を入れたり、事後に破産申立てをすることも明記しておく

株式会社では事業譲渡には株主総会の特別決議が必要であるので、株主が多い場合は集約したり、賛成を得られるように説得したりすることが必要となる。

特別決議の成立の見込みが低い場合は決議が不要となる③の類型を検討することになる。

(2)　保全管理人、破産管財人、裁判所との連携

スポンサー候補者が否認リスクを避けて、類型②や③での事業譲渡を希望する場合もある。

類型②では保全管理人が、類型③では破産管財人が事業譲渡を行う。

保全管理命令や破産手続開始決定により、密行性が失われて、事業価値は急激に毀損するので、すみやかな事業譲渡が求められる。

破産申立て前に裁判所に対して事前相談を行い、このような案件に精通している保全管理人ないし破産管財人の候補者をすみやかに選任してもらい、それらの弁護士と緊密に連携しながら手続を進めることが肝要である。

(3) 債権者に対する説明

　「事業譲渡＋破産」手続を行う場合に、どの時点で債権者に説明するのかは事案に応じて判断する。

　たとえば、譲渡対象資産に担保権が設定されている場合は担保権者の同意がなければ事業譲渡はできないので、事前に説明したうえで同意を得る必要がある。

　また、私的整理手続が先行していた場合も事前に債権者に説明しておくことが望ましい。

　他方で、譲渡対象資産に対して担保権の設定もなく、私的整理手続も先行していない事案では密行性の観点から事前に債権者に説明することはしないのが通常である。

弁護士による
「中小企業の事業再生等に関するガイドライン」の実践

2025年3月31日　第1刷発行

　　　　編　者　日本弁護士連合会
　　　　　　　　日弁連中小企業法律支援センター
　　　　発行者　加　藤　一　浩

　〒160-8519　東京都新宿区南元町19
　発　行　所　一般社団法人 金融財政事情研究会
　　出版部　TEL 03(3355)2251　FAX 03(3357)7416
　　販売受付　TEL 03(3358)2891　FAX 03(3358)0037
　　　　URL https://www.kinzai.jp/

校正：株式会社友人社／印刷：株式会社光邦

・本書の内容の一部あるいは全部を無断で複写・複製・転訳載すること、および磁気または光記録媒体、コンピュータネットワーク上等へ入力することは、法律で認められた場合を除き、著作者および出版社の権利の侵害となります。
・落丁・乱丁本はお取替えいたします。定価はカバーに表示してあります。

ISBN978-4-322-14487-1